KB041180

영혼이란 무엇인가

영혼의 역사

영혼이란 무엇인가

영혼의 역사

장영란 지음

서광사

영혼이란 무엇인가

영혼의 역사

장영란 지음

펴낸이 | 이숙
펴낸곳 | 도서출판 서광사
출판등록일 | 1977. 6. 30.
출판등록번호 | 제 406-2006-000010호

(10881) 경기도 파주시 회동길 77-12 (문발동)
대표전화 (031) 955-4331   팩시밀리 (031) 955-4336
E-mail: phil6161@chol.com
http://www.seokwangsa.co.kr | http://www.seokwangsa.kr

제1판 제1쇄 펴낸날 — 2020년 12월 10일

ISBN 978-89-306-0234-1   03100

처음 내가 고대 그리스 철학을 연구할 때는 아리스토텔레스 철학에 대한 연구가 거의 없었다. 특히 아리스토텔레스의 영혼론에 대한 연구는 국내에 전무했고 국외도 상대적으로 적은 편이었다. 그래서 아리스토텔레스의 『영혼론』과 관련된 텍스트 연구는 예상보다 상당히 많은 시간을 소요했다. 그것은 『아리스토텔레스의 감각-지각』이라는 제목으로 박사 학위 논문으로 제출되었다. 이후 아리스토텔레스의 영혼론의 핵심 주제들에 관해 추가적으로 내용을 보강하여 『아리스토텔레스의 인식론』이라는 제목으로 출판하였다. 당시에 '아리스토텔레스의 영혼론'이라는 제목도 검토했으나 현대 철학의 분야에 따라 정했다. 그렇지만 지금 생각해보면 이 책의 내용이 근현대 철학의 '인식론' 영역과는 맞지 않으며 훨씬 확장된 주제를 다루고 있기 때문에 지금도 제목에 아쉬운 면이 있다.

이렇게 그리스 철학을 연구하면서 그리스 신화와 상징 및 이미지 등에 대한 글을 쓰기 시작했는데 이제는 많은 연구자들이 신화에 대해 학문적으로 관심을 가진 것 같다. 그리스 신화는 나의 철학적 주제에서 벗어난 것이 전혀 아니다. 그것은 서구 사상의 기원과 고대 그리스 철학의 원형을 담고 있기 때문이다. 더욱이 인간 정신을 총체적으로 이해하는 데 상당한 기여를 한다. 그리스 신화를 연구하면서도 영혼에 관한 논의는 여전히 가장 중요한 연구 주제이다. 내가 이제껏 저술한 다양한 논문들과 책들은 모두 '영혼'이라는 주제와 직간접적으로 확장된 것이다.

이 책은 본래 『영혼의 역사』라는 제목으로 2010년 한국간행물윤리위원회의 학술분야 우수저작상을 수상했다. 당시에는 출판지원금으로 책 전체에 많은 도판들이 총천연색으로 들어갔고, 상당히 높은 가격으로 출간되었다. 다른 사람들에게 쉽게 권해주지 못해서 저자로서는 안타까웠다. 그 후 출판사에서 절판을 하게 되었고 내용을 정리하여 좀 더 많은 이들이 볼 수 있게끔 새로운 책으로 내고 싶었다. 서광사 이숙 사장님께서 이 책을 읽어보시고 선뜻 출간해주시기로 결심해주셔서 너무 감사한 마음이다. 사실 다시 발간하려 했을 때 총천연색 도판들만 제거하고 나머지는 원형을 그대로 유지할 생각이었다. 그러나 전체적으로 분량을 최대한 줄이기 위해 형식과 디자인을 변경했을 뿐만 아니라 내용도 적절하게 줄이기로 결정했다. 전체적으로는 '영혼'이라는 주제가 의식의 흐름 속에서 자주 중단되지 않고 망각되지 않도록 구성하려 노력했고 '저자의 말'과 '들어가는 말'을 대부분 새로 작성하였다. '저자의 말'은 새로 작업한 『영혼이란 무엇인가』에 대한 소회이고, '들어가는 말'은 '영혼의 역사'에 대한 작은 이야기이다.

사실 철학이라는 학문은 너무나 드넓고 너무나 깊어서 어느 쪽으로도 끝이 보이지 않는 바다와 같다. 철학자들은 각자 작은 배를 만들어 타고 나가 항해하는 자들과 같다. 나는 처음 '아리스토텔레스'의 조언을 따라 작은 배를 만들고 '영혼'이라는 노를 의지하여 바다로 나갔다. 그동안 최선을 다해서 노를 저어가면서 사유의 그물에 물고기들을 걸어 들였다. 하지만 이제 긴 세월이 지나 나의 배는 너무 낡고, 멀리까지 둘러보니 나의 배는 너무 작아 보였다. 진리를 향해 떠난 바다는 가도 가도 끝도 없는 길이었다. 언제부턴가 알고 있는 것들을 정리하려는 생각들이 자주 들기 시작한다. 그냥 철학이라는 바다가 너무 좋아 무작정 저어갔는데 이제 다른 사람도 갈 수 있는 길을 그려보기 시작했다. 아직도 오는 사람은 많지 않지만 언젠가 오고 싶은 사람이 있을 것이라고 생각하면서 만들어본다.

2020년 11월
장영란

'영혼의 역사' 작은 이야기

우리는 '영혼'을 잃어버린 시대를 살아가고 있다. 오늘날 현대인에게는 '영혼'이라는 개념 자체가 낯설 수 있다. 근대 이후에 영혼의 개념은 종교 이외 학문의 영역에서는 찾아보기 힘들게 되었다. 심지어 문학이나 예술에서 사용될 때도 흔히 정신 개념을 대체하는 낡은 흔적을 가진 용어로만 인식되었다. 우리는 영혼이라 하면 당연히 인간에게만 국한하여 생각한다. 그러나 고대 그리스의 경우에 영혼은 단순히 인간에게만 발견되는 것은 아니었다. 더욱이 인간의 모든 정신적 능력과 기능에 대한 개념만도 아니었다. 고대 그리스인들은 인간의 영혼에 대해 어떻게 이해하였을까? 초기 그리스 문헌에 나타나는 '영혼' psyche 개념은 지금과는 다른 방식으로 사용되고 있다. 사실 우리가 현대적인 관점에서 바라보는 영혼 개념은 어떤 측면에서 멀리는 중세에, 가까이는 근대에 구체화되었다고 할 수 있다.

고대 그리스에서 영혼은 다양하게 이해되었다. 그리스어로 프쉬케

psyche는 일차적으로 '생명' 또는 '목숨'을 의미하였다. 오늘날 영혼의 다양한 기능들은 다른 용어들로 독자적으로 사용되었다가 결국 psyche 개념에 통합되는 과정을 거친다. 그리스 철학에서 영혼은 다시 기능에 따라 구분되어 사용된다. 플라톤은 영혼을 이성, 기개, 욕망으로 구분하였고, 아리스토텔레스는 이성적인 부분과 비이성적인 부분으로 구분하였다. 그러나 영혼psyche이라는 상위의 개념 자체를 구분하기보다는 영혼의 부분들을 기능에 따라 구분했던 것이다. 그렇지만 중세 그리스도교는 '상위'의 영혼이라는 개념 자체를 구분했다. 그리스어 프쉬케psyche를 번역한 라틴어 아니마anima는 신체와 분리 불가능한 것이며 신체와 함께 소멸하는 것으로 사용되었다.

헬레니즘 시대와 중세에 접어들면서 그리스의 영혼psyche 개념은 '영'spiritus과 '혼'anima으로 나뉘게 된다. 나는 그리스도교의 '혼'anima이 정확히 그리스의 '영혼'psyche의 번역이 아니라고 생각한다. 그리스의 영혼 개념에는 '혼'의 측면뿐만 아니라 '영'의 측면도 어느 정도 있기 때문이다. 그럼에도 그리스 철학의 프쉬케psyche를 현대어로 '혼'이라 번역하는 경우가 있다. 물론 중세 그리스도교에서 '영'은 특별한 방식으로 인격화되어 사용되고 때로는 '신'과 동일시되기도 한다. 따라서 그리스 철학의 영혼과 분명히 차이가 있다. 하지만 그리스 철학에서 psyche를 군이 영혼이 아닌 혼으로 번역할 필요는 없다. 이것은 중세에서 영과 혼을 구분하는 기준을 오히려 고대로 거슬러 올라가 적용하는 것일 뿐이다. 그리스 주요 철학의 psyche 개념은 그리스도교의 psyche 개념과 다를 뿐만 아니라, 그리스도교의 spiritus도 psyche와 생명의 원리이면서 지성의 원리로서 유사한 면은 있지만 psyche보다 훨씬 신적이며 초월적이고 지성적 측면이 강하다.

나는 고대 그리스의 프쉬케를 '영혼'으로 번역하고, 중세에 사용되는 anima는 혼으로, spiritus는 영으로 번역하고자 한다. 라틴어 spiri-tus는 프쉬케의 번역이 아니고 프네우마pneuma의 번역이다. 사실 그리스의 프네우마는 중세 그리스도교가 생각했던 초월적인 측면이 훨씬 적은 편이다. 오히려 프쉬케보다 프네우마가 훨씬 물질적인 측면과 관련이 깊다.[1] 그렇지만 그리스도교에서 프네우마는 비물질적이며 초월적인 측면과 연관된다. 히브리어 네페쉬nephesh나 루아ruah를 번역하는 가운데 그리스어에서 프쉬케와 구별되는 번역어를 찾는 과정에서 프네우마가 선택된 것으로 보인다.[2] 사실 초기 그리스도교의 교부들이 활동할 때 헬레니즘 시대의 대표적인 철학은 에피쿠로스학파와 스토아학파이다. 그들은 영혼을 유물론적 측면에서 설명했었다. 그러나 그리스에서 프네우마가 주로 어떻게 사용되었든 간에 그리스도교에서 번역어 프네우마를 어떻게 사용했는지가 중요하다.

고대 그리스의 프쉬케 개념이 아니마anima와 스피리투스spiritus를 통합한 것이라 생각하는 학자들도 있고, 단지 한 부분 아니마만을 지시한다고 생각하는 학자들도 있었다. 그렇지만 고대 그리스 서사시부터 철학에 이르기까지 영혼 개념은 매우 다양하고 풍부한 측면을 포괄하고 있기 때문에 단적으로 신체와 함께 소멸되는 영혼의 개념으로 국한해서 사용하는 것은 적합치 않아 보인다. 그렇지만 고대 후기와 헬레니즘 시대를 기준하여 그리스의 프쉬케를 '혼'으로 번역하겠다는 주장을 배척하지는 않는다. 다만 고대 그리스 철학에서 영혼에 관한 논의가 플라톤에서 압도적으로 나타나는데 여기서는 프쉬케를 '혼'으로 번역하는

---

1 장영란, 『좋은 삶이란 무엇인가』, 서광사, 2018, 190-195쪽.
2 「창세기」 2:7에서 신이 인간을 창조할 때 숨nephesh을 불어넣어 주었다고 한다. 그래서 최초의 아담은 살아 있는 psyche를 가졌고, 마지막 아담은 pneuma를 가졌다고 한다.

것은 적절치 않아 보이기 때문이다.

중세 그리스도교는 일반적으로 인간을 설명할 때 신체 soma, corpus, 혼 psyche, anima, 영 pneuma, spiritus으로 구분하는 삼분법 trichotomy을 사용한다. 그러나 혼과 영을 구별해 사용하지 않기도 하여 신체와 영혼의 이분법 dichotomy으로 설명하기도 한다. 우리는 플라톤의 영혼의 삼분법에 대해서 자주 들을 기회가 있었다. 플라톤은 인간의 영혼을 이성 nous, 기개 thymos, 욕구 epithimia 등 세 부분으로 구분한다. 그러나 초기 그리스도교의 오리게네스 Origenes는 영혼이 아닌 '인간'을 구분하여 설명할 때 삼분법을 사용한다. 오리게네스에게 인간은 영 pneuma, 혼 psyche, 신체 soma 등 세 부분으로 구분된다. 플라톤은 인간에 대해서는 영혼 psyche과 신체 soma라는 '이분법'을 사용한다. 사실 고대 그리스 철학에서는 대부분 인간이 '영혼'과 '신체'로 결합되어 있다고 주장했다. 그러나 그리스도교는 영혼과 신체 이외에 '영' spiritus이 존재한다고 생각했다. 이것이 그리스 철학과 그리스도교의 영혼 개념의 주요 차이점이라 할 수 있다.

나아가 중세 그리스도교에서 영혼을 다시 세 가지 부분으로 구분하여 설명한다. 그것은 '영', '지성', '혼'이다. 여기서 지성은 그리스어 누스 nous를 가리키는 것으로 보인다. 오리게네스의 저술을 라틴어로 번역할 때 누스는 멘스 mens로 번역되었다. 아우구스티누스도 혼 anima과 구분하여 '혼'의 가장 탁월한 부분으로서 '지성' mens을 구분하여 사용한다. 지성은 처음에는 라틴어로 mens이나 때로는 intellectus로 기술되다가 각기 독자적으로 쓰이기도 했으며, 나중에는 독립적인 용어들이 되어 현대 영어권에서는 각각 mind와 intellect로 번역된다. 또한 지성 intellectus은 이성 ratio과 독립적으로 사용되기도 했다. ratio는 그리스어 logos의 번역어로 영어로 reason을 의미한다. 그러나 그리스어 로고스는 다양한 의미를 가지며 ratio는 특히 '계산'이나 '헤아리다'라는 의미

를 번역한 것이다. 그리스도교에서 사도 요한은 그리스도를 로고스Logos
라고 말할 때 '말' 또는 '말씀'의 의미를 번역한 것이다.[3]

사실 지성은 고대 그리스로부터 영혼의 부분들 중 독자적인 지위를
가지고 있었다. 플라톤은 동굴의 비유에서 지성nous에 의해서 인식되는
동굴 밖의 세계와 감각aisthesis에 의해 인식되는 동굴 안의 세계를 구분
했다. 지성은 진리를 인식할 수 있는 부분으로 인간을 다른 동물과 구
분되게 한다. 아리스토텔레스도 인간의 영혼에서 지성이 독립적이며
불멸할 가능성을 검토하였다. 신플라톤주의자 플로티누스Plotinus는 지
성nous을 영혼psyche과 구분할 뿐만 아니라 독립적인 상위의 존재로 설명
한다. 영혼에 대해 지성의 우월성에 대한 그리스의 사유 방식은 중세
그리스도교에도 상당한 영향을 미친 것으로 보인다. 중세 신학에서는
'영'과 독립적으로 '지성'의 존재를 강조하며 신적인 부분으로 생각하
였다. 그렇지만 중세 신학은 아리스토텔레스가 검토한 것처럼 지성이
신체로부터 독립적이며 불멸할 수 있을 뿐만 아니라 플라톤처럼 영혼
전체가 신체와 독립적이며 불멸한다고 주장한다.

근대에는 데카르트 이후 학문적으로 '영혼'은 거의 사용되지 않고
대신 '정신'mind이라는 말을 주로 사용하였기 때문이다. 데카르트는 인
간이란 정신과 신체의 결합이라 생각했다. 정신은 사유하는 실체이고
신체는 연장된 실체이다. 물론 데카르트도 영혼이라는 용어를 학문적
으로 전혀 쓰지 않은 것은 아니다. 그는 정념에 대한 연구와 관련하여
『영혼의 정념들』(Les passions de l'âme)이란 작품을 썼다. 그렇지만 데
카르트 이후 점차 영혼은 '정신'이라는 용어로 대체되어 가면서 망각에

---

3 「요한복음」 1:1 첫 구절은 다음과 같다. "태초에 말씀Logos이 계셨다. 말씀은 하느
님Theon과 함께 계셨고, 말씀이 곧 하느님이시다."

빠져들었다. 이후 근현대 철학의 주요 문제들 중의 하나는 영혼과 신체soul-body가 아닌 정신과 신체mind-body의 문제로 표현되었다. 사실 현대 과학에서 인간 영혼의 연구는 신비적으로 초월적인 요소를 완전히 제거한 '정신'mind 개념이 통용되었기 때문에 과학의 영역에서 접근이 가능했다고 볼 수 있다. 데카르트 이후에도 근대 철학에서 여전히 칸트와 같이 영혼 개념을 사용하는 학자들이 있었지만 점차 망각되기 시작했다.

더욱이 근대 이후에 이성이 점차 도구적으로 사용되며 제 역할을 하지 못하게 되면서 현대인은 적절하게 자신을 조절하고 통제하는 데 익숙하지 않아 정신적으로 불안정한 상태가 가속화되고 있다. 특히 문명화 과정에서 지나치게 정신적으로 억압되어 히스테리나 우울증 등이 증가되고, 심지어 감정적 기능이 아예 제대로 작동하지 않는 사이코패스와 같이 정신병 증후군들이 증대되고 있는 추세이다. 19세기말에 정신분석학이 프로이트에 의해 제안되자 20세기 이후에는 모든 현대인의 정신적 문제들은 정신분석학에 의해 무차별적으로 해석되고 적용되기 시작했다. 정신분석학psychoanalysis에서 사용된 '영혼'(정신)의 개념은 과학적 방식으로 분석된다. 철학과 달리 정신분석학은 다양한 정신 현상을 설명하기 위해 인간 영혼의 층위를 구분한다. 프로이트는 초기에는 무의식Unconscious, 전의식Preconscious, 의식Conscious 등으로 구분하는 지형이론Topographic theory을 사용했지만, 나중에는 이드Id, 자아Ego, 초자아Superego 등으로 구분하는 구조 이론Structural theory을 사용하여 분석했다.

현대 철학자들은 각기 다양한 용어들을 사용하면서 기존의 영혼의 개념이 가진 낡은 외투를 벗어내려 한다. 미셸 푸코는 '자아'self 또는 '주체'라는 개념을 사용하고 있으며, 아도는 '영적' 또는 '영성의'spiritual라는 개념을 적용한다. 그러나 '영혼'의 개념은 자아나 영성 개념보다는 훨씬 더 철학적으로 풍부한 의미와 내용을 가지고 있다. 나는 '영'spiritus으로부터 나온 '영성'spirituality은 엄밀히 '영혼' 개념을 포괄하지 못한다고 생각한다. 따라서 '영성'이라는 표현은 상당히 제한적으로 사용될 필요가 있다. 따라서 그것은 철학에서 일반적으로 사용되기는 어려운 것으로 보인다. 푸코나 아도가 사용하고 있는 개념보다 전통 철학의 개념으로 포괄적이고 일반적으로 사용할 수 있다. 현대 철학은 경험과학으로서 스스로 자신의 한계를 정해놓고는 더 이상 말하려 하지 않았기 때문에 인간의 삶의 많은 부분들이 설명되지 않고 내버려진 채로 남아 있었다. 정신분석학이나 인지과학 등이 인간의 다양한 정신 현상들을 과학적으로 분석하고 경험적으로 설명하고 있지만, 현대인들의 근본적인 갈망을 해결해주기에는 한계가 있다. 나는 서구 역사 속에 지나간 고대인들의 인간의 삶에 대한 원형적 사유와 보편적 이해가 '영혼' 속에 깊이 스며져있다고 생각한다. 따라서 고대 그리스 신화와 철학에 나타난 '영혼'이라는 깊은 우물 속에서 현대인의 삶의 근본적인 문제의 단초를 길러낼 수 있으리라 기대한다.

I

영혼의 기원과 개념:
모든 것에서 영혼을 찾다

고대 그리스인들은 인간의 영혼에 대해 어떻게 이해하였을까? 초기 그리스 문헌에 나타나는 '영혼' 개념은 지금과는 다른 방식으로 사용되고 있다. 사실 우리가 현대적인 관점에서 바라보는 영혼 개념은 어떤 측면에서 멀리는 중세에, 가까이는 근대에 구체화되었다고 할 수 있다. 우리는 영혼이라 하면 당연히 인간에게만 국한하여 생각하며, 대부분 신체와 대조적인 인간의 정신적 능력이나 기능과 관련하여 생각한다. 그러나 고대 그리스의 경우에 영혼은 단순히 인간에게만 발견되는 한정된 것은 아니었으며, 처음부터 인간의 모든 정신적 능력과 기능에 대한 개념도 아니었다. 물론 오늘날 현대인에게는 '영혼'이라는 개념 자체가 낯설 수 있다. 아직 문학이나 예술 및 종교에서는 영혼에 대한 표현들이 가끔씩 등장하기도 하지만, 현대 철학에서는 별로 마주칠 일이 없다. 근대의 데카르트 이후에는 학문적으로는 영혼은 거의 사용되지 않

고 대신 '정신'이라는 말을 주로 사용하였기 때문이다. 대개 현대에 이
르러 영혼의 문제는 종교에서 자주 사용하고 있다.

고대의 영혼 개념은 오랜 세월 동안 점진적으로 형성되어 오다가 점
차 구체적으로 정의된 것이다. 그리스의 영혼 개념의 형성과 변천을 살
펴보기 위해서는 그리스 철학의 사상적 배경이 되는 다양한 그리스 문
헌들을 검토할 필요가 있다. 그렇다면 우리가 가장 먼저 다루어야 할
작품은 당연히 그리스 최초의 문헌이라 할 수 있는 호메로스의 작품일
것이다. 호메로스의 작품에는 고대 그리스인들이 일반적으로 생각하던
영혼 개념의 밑그림이 그려져 있다. 호메로스 시대에 표현된 영혼의 기
초적인 개념과 형태는 그리스 자연철학자들의 사상에 나타나는 영혼
개념의 원형을 이루고 있다. 따라서 그리스 초기 서사시와 서정시 및
비극에 나타나는 영혼 개념의 의미와 기원을 살펴보고, 영혼이 가지는
고유한 특징들과 영혼과 관련된 다양한 기능들을 순차적으로 살펴볼
필요가 있다.

1. 영혼의 기원

영혼은 어디서 기원하는가

우리가 사용하는 영혼이라는 말은 어디에서 유래되었을까? 그것은
그리스어에서 '숨쉬다'를 의미하는 프쉬코psycho에서 유래되었다. '영
혼'은 그리스어로 프쉬케psyche이며, 후에 라틴어로는 아니마anima라는
말로 번역되어 사용되었다. 현대어에서 영혼이나 정신에 관련된 용어
들은 대부분 프쉬케와 아니마에서 유래되었다. 그러나 프쉬케라는 용
어가 고대 그리스에서 우리가 의미하는 영혼이라는 말에 적합한 용어

로 자리 잡는 데는 상당한 시일이 걸렸다. 초기에 등장하는 호메로스의
작품에는 영혼의 기능과 관련된 용어들이 다양하게 나타난다. 사실 호메
로스는 영혼을 특징짓는 고유한 말을 갖지 않았으며(Snell 1994:28), 심
지어 영혼에 관한 지식을 가진 적이 없다(Redfield, J. 1985:96)는 주장
까지도 있었다.

    그러나 호메로스가 영혼에 대해 알지 못했다는 극단적인 주장은 바
로 현대적인 의미의 영혼 개념을 기준으로 삼아 판단한 결과인 것으로
보인다. 비록 호메로스가 현대적인 의미의 영혼과 다른 개념을 제시하
거나, 또는 영혼의 통합적인 개념을 명확하게 제시하지 못하고 있다고
해서, 우리가 생각하는 '영혼'에 대한 개념조차 형성하지 못했다고 말
할 수는 없다. 단지 어떤 특정한 단어로 영혼의 기능을 총괄하지 못하
였을 뿐이지, 영혼과 관련된 다양한 표현으로 영혼의 각 기능에 대해서
흥미롭게 설명하고 있다. 일반적으로 영혼으로 번역하는 '프쉬케'psyche
도 호메로스가 사용하고 있는 영혼의 기능들 중 하나를 가리키는 단어
일 뿐이다. 플라톤을 전후로 프쉬케가 영혼 개념의 대표적인 용어로 사
용되었지만, 그리스 초기 호메로스의 경우에는 매우 한정된 의미로 사
용했다.

    호메로스에게 있어 영혼은 단지 어떤 것을 살아 있게 해주는 것이다.
그렇지만 영혼은 삶 혹은 생명보다는 죽음에 더 밀접한 존재이다. 호메
로스는 인간이 살아 있을 때에는 영혼을 말하지 않고, 인간이 죽을 때
신체를 떠나는 것을 '영혼'이라고 한다. 『일리아스』Ilias에서 아킬레우
스가 헥토르를 살해하여 죽음이 닥치자 헥토르의 영혼이 신체를 떠나
하데스의 집으로 갔다고 한다(Il. 22.361-363). 그렇다면 영혼은 인간
이 살아 있을 때는 도대체 어떠한 역할을 하는 것인가? 현재 남아 있는
문헌들로부터는 확실하게 입증할 만한 것을 찾을 수 없다. 영혼의 어원

은 '숨을 쉬다' 를 의미하는 '프쉬코' psycho라는 동사와 관련 있다. 호메로스는 인간이 죽을 때나 실신할 때 영혼이 떠나는 걸로 표현하고 있다 (*Il.* 5.696). 영혼은 죽는 사람의 입을 통해서 빠져나오거나, 또는 죽음의 원인이 되는 상처를 통해서 빠져나온다(*Il.* 9.408-9,14.518-519). 실제로 인간의 생명은 숨을 내쉬고 들이마시는 호흡과 밀접하기 때문이다. 그리스의 초기 철학자 아낙시메네스Anaximenes가 '공기' 를 이 세계에 존재하는 모든 것들의 원인 혹은 원리arche로 삼은 것도 숨과의 연관성 때문일 것이다.

그렇지만 그리스 서사시 시대에서 영혼은 살아 있는 사람의 영혼과는 별로 상관이 없는 것처럼 나타난다. 호메로스의 작품에서는 대개 영혼이 죽음과 죽은 자들에게만 한정되어 사용되기 때문이다. 또한 호메로스는 살아 있는 '인격' 을 가리키는 어떠한 다른 낱말도 가지고 있지 않다(Dodds 2002:29). 더욱이 우리가 기대하는 것과 달리 호메로스의 영혼 개념은 인식 능력과는 별다른 관련이 없으며 단순히 '생명' 의 원리로만 사용되고 있는 듯하다. 즉 그것은 이 세계에 살아 있는 모든 것들이 갖고 있는 것이며, 살아 있지 않은 것들과 구별해 주는 원리이다. 이것은 영혼을 포괄적으로 사용하는 현대적인 용법에 비해 상당히 제한적으로 보인다. 그러나 호메로스에게서 영혼을 대부분 '목숨' 이라는 단어로 대체하여 사용할 수는 있지만 그 반대로 사용하기는 어렵다(Rohde 1066:31). 영혼에는 단순히 생명이나 목숨 이상의 어떤 의미가 규정되지 않은 채로 포함되어 있기 때문이다.

영혼은 어디로 가는가

영혼이 생명의 원리로 사용된다면 인간의 신체에서 영혼이 빠져나가는 때가 바로 죽음의 순간이라 할 것이다. 인간의 신체로부터 영혼이 빠져나가면, 인간의 신체는 더 이상 '인간'이라 불릴 수 없다. 더 이상 살아 있는 인간의 신체로서 기능하지 못하기 때문이다. 죽은 신체는 시체라고 불릴 뿐이다. 그래서 아리스토텔레스는 영혼을 신체의 '본질'이라고 한다(DA 412b15-17). 영혼이 없는 신체는 더 이상 인간이라 할 수 없기 때문이다. 그래서 죽는 순간에 영혼이 빠져나간 신체는 사르페돈Sarpedon이나 멤논Memnon 등과 같이 불릴 수 있을지라도 엄밀히 시체에 불과하다. 우리는 습관적으로 사르페돈이나 멤논이라 부를 뿐이다.

그렇다면 인간이 죽으면 영혼은 어떻게 되는가? 영혼이 신체를 빠져나가면 마치 한줌의 연기처럼 사라져버리지는 않을까? 플라톤의 『파이돈』에도 소크라테스의 죽음을 앞두고 케베스Kebes가 영혼이 인간의 몸에서 나온 후에는 더 이상 어디에도 있지 못하고 파괴되어 소멸되는 것은 아닌지, 또는 숨이나 연기처럼 산산이 흩어져 날아가버려 더 이상 아무 데도 있지 않게 되는 것은 아닌지를 묻는 장면이 등장한다(Phd. 70a). 그러나 호메로스의 경우에는 이러한 걱정을 할 필요는 없다. 영혼은 죽음 이후에도 여전히 남아 있는 '것'이기 때문이다. 도대체 어떻게 호메로스는 이렇게 생각하는 것이 가능했을까? 호메로스가 말하는 영혼 개념으로는 아주 당연한 결과일 수 있다. 영혼 자체가 생명의 원리이기 때문에 그것은 결코 소멸하거나 파괴될 수 없기 때문이다.

그렇다면 우리는 또 다른 의문을 제기할 수 있다. 영혼이 죽음 이후에도 살아남는 것이라면 육체를 빠져나가 어디에 어떻게 있는 것인가? 그리스 신화에 보면 죽은 영혼들은 죽은 자리나 무덤 주위를 배회하다가 '영혼의 인도자'를 의미하는 프쉬코폼포스Psychopompos라는 별칭을 가진 헤르메스의 안내를 받아 지하 세계로 가게 된다. 가령 『오뒷세이아』에 보면 헤르메스가 아름다운 황금 지팡이를 들고 죽은 자들의 영혼을 불러 모으는 장면이 나온다. 트로이 전쟁에 참전한 후 십 년 만에 고

향으로 돌아온 오뒷세우스가 페넬로페Penelope의 구혼자들을 모조리 참
살하자, 헤르메스가 나타나 바로 죽은 구혼자들의 영혼을 황금 지팡이
로 깨워 데리고 가는데 영혼들이 마치 박쥐처럼 찍찍거리며 따라가는
걸로 나온다(Od. 24.1-5). 영혼은 하데스에서 마치 아무런 의식도 없
는 것처럼 떠돌아다니는 것으로 나타난다. 처음에 하데스의 영혼들은
한결같이 오뒷세우스를 알아보지 못하며, 희생 제물로 바친 짐승의 검
은 피를 먹고서야 겨우 의식phrenes을 되찾아 이야기를 나눌 수 있었다
(Od. 11.152-154). 그래서 피는 인간의 '의식'consciousness과 밀접한 연
관이 있다고 생각되었다(Cornford 1995:132).

영혼은 어디에 있는가

이제 살아 있는 인간의 영혼으로 되돌아오자. 만약 영혼이 인간이 죽
기 직전까지 살아 있는 존재 속에 있다면 도대체 어디에 있는 것일까?
물론 영혼이 비물질적인 어떤 것이라면 영혼의 공간적 위치를 말하려 하
는 것은 오류일 것이다. 엄밀히 비물질적인 것은 공간을 차지하지 않는
다고 생각하기 때문이다. 그렇지만 초기 그리스인들은 살아 있는 인간
의 영혼이 머무르는 자리를 분명히 신체soma라고 지시하고 있다. 사실
일상적으로 우리는 나의 영혼이 나의 신체 안에 있다고 생각하지, 신체
밖에 있다고 생각하지 않는다. 만약 그렇다면 그리스인들은 도대체 영
혼이 신체의 어디에 있다고 생각하였을까? 일반적으로 우리가 생각하듯
이 그리스인들도 인간의 생명과 가장 밀접한 곳은 머리라고 생각했다.
그래서 생명의 원리로서 영혼은 대개 머리와 연관된다. 그렇지만 때로는
예외적으로 영혼이 '사지'에서 빠져나가는 걸로 묘사되기도 한다.

호메로스의 경우에도 대개 머리kephale는 '생명'과 '명예'와 연관되어
있다. 우선 머리는 생명의 자리와 밀접한 관계가 있다. 호메로스는 죽

음을 당할 것이라는 표현을 "너의 머리로 대가를 치를 것이다", 즉 "너의 머리를 내놓아야 할 것이다"라고 한다(*Od.* 22. 218). 이것은 아테나 여신이 멘토르Mentor의 모습으로 변신하여 고향 이타케로 돌아온 오뒷세우스를 도우려 하자 페넬로페의 구혼자들 중의 한 명인 아겔라오스가 협박하면서 던진 말이기도 하다. 또한 아가멤논이 자신의 동생 메넬라오스Menelaos가 파리스와 싸우다가 거의 승리하려는 순간에 트로이의 판다로스가 쏜 화살에 맞아 부상을 당하자 슬퍼하며 말하는 장면에도 나타난다.

"비록 올림포스 신이 바로 그 순간 이루어주지는 않겠지만 나중에 늦더라도 결국 반드시 이루어줄 것이다. 그 때는 그들이 자신들의 머리들과 아내들과 자식들로 무거운 대가를 치러야 할 것이다."(*Il.* 4.160-163)

다음으로 머리는 명예와도 밀접한 관련이 있다(Onians 1954:97). 그들은 맹세를 할 때도 자신의 머리에 걸고 한다. 제우스는 자신이 잠을 자는 동안에 트로이군이 전쟁에서 패하게 되자, 헤라가 의도적으로 접근하여 자신을 유혹했다고 생각했다. 그래서 헤라가 포세이돈과 짜고 그리스군이 승리하도록 만든 것이라고 비난을 하며 위협을 한다. 그러자 헤라는 자신이 맹세코 포세이돈과 사전에 모의를 해서 제우스를 잠들게 한 것은 아니라고 말한다. 그녀는 제우스에게 하늘과 땅 및 스튁스Styx강에 걸고 맹세할 뿐만 아니라, 제우스 자신의 거룩한 머리에 걸고 맹세를 한다.

"이제 대지와 저 위의 드넓은 하늘과 스튁스의 떨어지는 강물이 내 증인이 되게 해주세요. 스튁스야말로 축복받은 신들에게 가장 크고 무서운 맹세잖

아요. 또한 그대의 신성한 머리hiere kephale와 우리의 결혼 침대가 내 증인이

되게 해주세요. 난 결코 거짓으로 맹세하지 않아요. 내가 원해서 대지를 흔

드는 포세이돈이 트로이아인들과 헥토르를 비탄에 빠지게 하고 [그리스인

들]을 돕는 것이 아니에요."(*Il*. 15.36-40)

나아가 신들뿐만 아니라 인간들도 누구한테 맹세를 하거나 또는 누
군가에 의해 맹세를 하게 될 때 머리에 걸고 한다(*Od*. 15.261-262). 오
뒷세우스의 아들 텔레마코스가 아버지의 소식을 들으러 스파르타에 갔
다가 다시 서둘러 고향으로 되돌아가려 할 때 죄를 짓고 도망을 다니는
자가 나타나서 텔레마코스에게 그의 정체가 무엇인지를 물을 때도 머
리를 두고 맹세를 하는 장면이 나타난다. 누군가와 머리를 두고 맹세하
는 것은 목숨이나 생명을 내놓는다는 것이다. 따라서 영혼이 머리에 있
다는 것을 보여준다. 지하 세계의 신 하데스Hades의 상징물은 보이지 않
는 '투구'이다(Onians 1954:100). 하데스의 투구kynee는 그것을 쓰는
사람을 다른 사람에게 보이지 않게 해준다. 그런데 단지 머리에만 투구
를 썼는데 몸 전체가 보이지 않는다는 것은 무슨 의미인가? 아마도 고
대 그리스인은 영혼이 머무르는 머리를 몸 전체의 대표적인 부분으로
생각했던 것으로 보인다.

　나아가 영혼은 인간의 머릿속의 '뇌'와도 밀접한 연관이 있다. 피타
고라스 학파의 히포Hippo는 모든 것의 근원arche이 물hydor이라고 말하는
데 그것은 모든 씨앗이 축축하다 생각했기 때문이다. 그는 영혼이 엥케
팔로스enkephalos, 즉 뇌와 그것의 흐름이라고 하며 물속에 들어있다고
했다(DK31A4). 데모크리토스Democritos도 죽었다 다시 살아난 사람들
에 관한 이야기를 하면서 그들은 본래 죽었던 것이 아니라 졸도했던 것
같다고 한다. 왜냐하면 영혼을 묶는 끈들이 골수에 뿌리내린 채 여전히

머물러 있고 심장도 깊은 곳에 생명의 불씨를 유지하고 있었던 것처럼 보이기 때문이라고 한다(DK68B1). 즉 데모크리토스도 영혼은 뇌에 있다고 말하는 것이다. 플라톤은 『티마이오스』에서 머리를 "가장 신적인 것이고 우리에게 있는 모든 것에 대해 주인 노릇하는 것"(Ti. 44c)이라 했다. 영혼이 처음에 천상에서 탄생하였기 때문에, 우리의 제일 높은 부분 혹은 하늘을 이고 있는 부분인 머리에 의존하게 되었다는 것이다(Ti. 90a). 영혼이 새로운 생명의 씨앗sperma이며 머릿속에 있다는 생각은 대지의 어머니 여신과 관련되어 있다. 특히 곡물의 머리는 인간의 머리에 비유되기도 했다. 플라톤은 영혼이 신체 안에 들어오는 것을 대지에 씨앗을 뿌리는 것에 비유하고 있다(Ti. 42d). 특히 골수는 생명을 지닌 부분으로 영혼과 신체를 함께 묶어주는 생명의 끈이 뿌리를 내리는 부분이기도 하다(Ti. 73b).

그렇지만 호메로스가 영혼이 머릿속에 있다고만 단정하기는 아직 어렵다. 영혼은 인간의 신체 가운데 특히 머리와 밀접하게 연관되어 말해지기도 하지만, 때로는 신체 전체와 관련해서도 말해지기 때문이다. 즉 그것은 죽음의 순간에 '입'을 통해 빠져나가기도 하지만 '사지'에서 빠져나간다고 말해진다. 영혼이 신체의 어느 특정 부분이 아닌 사지나 전신에 퍼져있다는 생각은 영혼이 신체를 살아 움직이게 해준다는 전제에서 출발한다. 손을 칼에 베거나 넘어져 다리를 다치면 아프다. 우리 몸의 어느 부분이 다치든지 간에 우리는 즉각 고통을 느낀다. 따라서 영혼이 전신에 퍼져있다는 생각을 하게 된다. 데모크리토스나 레우키포스와 같은 원자론자는 영혼의 원자들은 구형이라고 생각했다. 구형이 가장 잘 움직이고 모든 것을 통과할 수 있다고 생각했기 때문이다(DA 405a11). 구형의 영혼 원자는 신체 전체에 골고루 퍼져있다. 그래서 사람이 죽어 영혼이 빠져나가게 되면 몸 전체가 굳어버려 움직이지 않게 되는 것이다. 영혼을 특별히 머리와 밀접하게 연관 짓는 것은 전쟁 중에 머리에 상처를 입으면 치명적이라는 것을 경험했기 때문일 것이다. 호메로스에게 머리는 목숨이 들어있는 부분으로서 중요하지만, 점차 영혼이 다양한 기능을 포괄하게 되면서 머리는 인간의 가장 중요한 부분으로 자리 잡게 되는 것으로 나타난다.

2. 영혼의 종류

호메로스의 영혼, 의식 없이 떠돌다

영혼은 인간에게 생명 자체와 같다. 영혼이 빠져나간 인간의 몸은 죽음의 전리품에 불과하다. 인간은 언젠가는 죽음에 이를 수밖에 없다. 왜 인간은 신과 같이 불멸할 수 없는 것인가? 그리스 신화에서 신과 인간의 가장 일반적인 차이점은 '죽느냐, 죽지 않느냐'라고 할 수 있다. 인간은 죽을 운명을 가진 존재이며 신은 불멸하는 존재이다. 그런데 만약 인간이 죽은 후에 영혼이 소멸하지 않는다면 어떤가? 그렇다면 인간도 신과 같이 불멸하는 부분을 가진 것이 아닌가? 호메로스의 경우에는 인간이 죽은 이후에도 영혼은 살아남는다. 그래서 영혼이 '불멸성'과 관련하여 신적이라 말할 수도 있을 것이다. 그러나 만일 그렇다고 할지라도 이 '불멸성'은 아주 다른 차원 혹은 다른 종류의 것이다. 근본적으로 신들의 불멸성과 인간 영혼의 불멸성은 아주 다른 차원의 것이라 할 수 있다.

신들은 태어나기는 하지만 죽지 않는다. 그들은 태어난 후에 불멸한다. 그들은 죽음을 통과하지 않는 존재이다. 그러나 인간들은 태어나기도 하고 죽기도 한다. 그들은 언젠가 반드시 죽어야만 하는 존재이다.

죽음이라는 통과 의례를 거치면 인간은 죽을 수밖에 없으며 이 세계에 단지 시체를 남겨둘 수밖에 없다. 그렇지만 영혼이 신체로부터 빠져나와 하데스에서 살아간다고 하지만 그것은 허상으로서만 존재할 뿐이다. 로드는 죽은 자들의 영혼이 살아남는다고 해서 '불멸성'을 말하는 것은 옳지 않다고 한다. 그것들은 심지어 살아 있다고 말하기도 어려우며 다만 거울에 비춰진 이미지에 불과할 뿐이라는 것이다(Rhode 1966:9). 사실 단순한 이미지로서 영혼은 그것이 산 자의 몸속에 들어 있을 때 가능한 기능들을 전혀 갖지 못하기 때문일 것이다. 먼저 호메로스의 경우에는 산 자의 영혼에 대해 생명력 이외에 특정한 기능을 언급하지 않고, 죽은 자의 영혼이 어떤 종류의 생명력을 가졌는지를 명확하게 말하고 있지 않아 영혼의 동일성 문제를 단정지어 말하기 어렵다. 사실 호메로스의 작품에서는 엄밀한 의미에서 영혼의 불멸성을 말하기는 어렵다. 우리가 영혼의 불멸성을 말하기 위해서는 최소한의 조건이 충족되어야 한다. 영혼은 살아 있거나 죽었을 때 똑같이 자기 자신을 동일한 것으로 인식해야 한다. 말하자면 소크라테스의 영혼은 살아 있을 때나 죽었을 때 동일하게 자기 자신을 인식해야한다. 즉 영혼의 '동일성'이나 '정체성'이 죽음 이전과 이후에 유지되어야 한다. 만약 산 자의 영혼과 죽은 자의 영혼이 죽음을 통하여 달라졌다면 어떻게 '불멸'한다는 표현을 사용할 수 있겠는가?

호메로스는 죽은 자의 영혼에 정체성을 인정하지 않는 것처럼 보인다. 죽은 자의 영혼은 자기 자신이 누구인지를 정확하게 인식하지 못하고 있다. 죽음 이후에는 영혼은 살아 있을 때 가졌던 인격을 보전하지 못하기 때문이다. 『오뒷세이아』제11권에 나오는 지하 세계의 영혼들은 특이한 방식으로 동일성을 유지하지 못하는 것으로 나온다. 오뒷세우스는 하데스의 영혼들을 알아보지만, 죽은 자의 영혼들 자체는 처음에 오뒷세우스를 알아보지 못한다. 죽은 자의 영혼은 희생 제물의 검은 피를 마시고서야 겨우 오뒷세우스를 알아본다(Od. 11.152ff). 말하자면 하데스의 세계를 떠도는 영혼들은 아무런 의식이 없는 것으로 나타난다. 그렇다면 그것은 산 자의 영혼과 연속성을 가졌다고 말하기가 어렵다. 왜냐하면 그가 살아 있을 때 생각하고 느꼈던 모든 것을 가지지 않았기 때문이다. 물론 희생 제물의 피를 통해 종교적으로 잠시 의식을 되찾을 수 있지만 아무런 의식을 가지고 있지 않는 영혼을 엄밀한 의미에서 누군가의 영혼이라 할 수 없다. 다만 불특정한 영혼들에 불과하기 때문이다. 이러한 영혼은 살았을 때와 죽었을 때의 연속성을 가지고 있지 않기 때문에 동일하다고 말하기 어렵다. 나아가 영혼이 아무런 의식 없이 살아가는 것을 단순히 존속할 수 있다고 해서 불멸이라고 말하기는 힘들다.

그렇지만 호메로스는 때로는 죽은 자의 영혼이 예외적으로 개별적 인격을 유지하는 것으로 설명하기도 한다. 『일리아스』에서 죽은 파트로클로스Patroklos의 영혼이 아킬레우스를 찾아왔을 때 그리움에 사무치던 아킬레우스는 파트로클로스를 끌어안으려 했다. 파트로클로스는 살아 있었을 때와 똑같은 모습을 하고 있었다. 그렇지만 아킬레우스는 파트로클로스의 영혼을 끌어안을 수가 없었다. 그것은 희미하게 비명을 지르며 '연기'처럼 땅 밑으로 사라졌기 때문이다(Il. 23.65-67;100-101). 이와 마찬가지로 『오뒷세이아』에서 고향으로 가는 방법을 알기 위해 키르케Kirke의 도움으로 하데스를 여행하게 된 오뒷세우스가 자신의 어머니인 안티클레이아Antikleia의 영혼을 만난다. 어머니를 그리워하던 오뒷세우스는 세 번이나 어머니를 붙잡으려 했으나 마치 '그림자'skia처럼, '꿈'처럼 두 손에서 빠져나간 것으로 표현되고 있다(Od. 11.204-207).

죽은 자의 영혼, 만질 수도 붙잡을 수도 없다

도대체 호메로스는 여기서 '영혼'을 무엇이라 설명하려고 하는 것인가? 영혼은 살아 있는 인간의 모습을 그대로 지닌 것처럼 보이지만 아주 다른 존재로 나타난다. 그것은 만질 수도 잡을 수도 없다. 즉 그것은 '거의' 물질적 특성을 가지지 않았다. 그렇지만 그것을 전혀 지각할 수 없는 것은 아니다. 왜냐하면 최소한 그것은 보이기 때문이다. 아킬레우스는 자신 앞에 나타난 파트로클로스가 살아 있을 때와 똑같은 모습을 하고 있을 뿐만 아니라 목소리를 가졌고 옷도 입은 것을 보고 착각하여 얼싸안으려 했다. 여기서 영혼은 우리가 말하는 현대적인 의미의 영혼이 아니고 '허상' 혹은 '환영' 혹은 '모사물'과 같은 어떤 것으로 보인다. 때로는 호메로스가 말하는 죽은 자의 영혼이 단순히 환영phasma일 뿐이라고 주장하는 학자도 있다(Redfield 1985:97). 그렇지만 영혼은 원래 산 자의 몸속에서는 생명의 원리로서 작용하기 때문에 죽은 이후에 비록 환영처럼 나타난다고 하더라도 단순한 환영과는 차이가 있다. 인간이 죽는 순간에 영혼은 몸에서 빠져나와 하데스로 가게 된다. 하데스에서 영혼은 에이돌론eidolon과 동일시된다(Onians 1954:94). 그것은 특별한 상황에서 볼 수 있지만 잡을 수는 없으며 한 때 살았을 때와 유사한 형태를 가지고 있을 뿐이다.

우리는 여기서 '에이돌론'에 대해서 살펴볼 필요가 있다. 그것은 특히 인간의 영혼의 기능이나 특징과 밀접한 관계가 있다. 그리스인들은 보이지 않는 세계와 보이지 않는 것들을 어떠한 방식으로든 보여주려고 했다. 도대체 어떻게 보이지 않는 것을 보이게 만들 수 있는가? 그것은 신비적인 주술이나 마법 등과 같은 방법을 사용하는 것이 아니다. 그리스인들은 신성한 힘을 표상하는 상징들을 통해 보이지 않는 것을 보이게 했다. 그것은 신성한 힘을 가진 특정한 방식의 형상으로 표현된다. 베르낭Vernant은 호메로스에게 나타나는 '에이돌론'의 종류를 다음과 같이 구별하고 있다(Vernant 2005:378).

첫째, '죽은 자의 영혼'psyche과 같은 그림자skia라 할 것이다. 그것은 주로 그림자나 꿈 혹은 연기로 비유된다. 가령 파트로클로스의 영혼은 바로 이러한 종류의 환영이라 할 것이다. 그래서 아킬레우스는 파트로클로스의 영혼을 보고는 마치 산 사람을 끌어안는 것처럼 행동한 것이다. 비록 실체는 없지만 생전의 모습 거의 그대로 만들어진 허상eidolon이기 때문에 착각을 일으키는 것이다. 아킬레우스의 친구 파트로클로스Patroklos의 경우나 오뒷세우스의 어머니 안티클레이아Antikleia의 허상은 실재와 아주 비슷할 뿐만 아니라 거의 비슷하다고 할 수 있다.

둘째, 신이 만드는 환영인 '파스마'phasma가 있다. 가령 『일리아스』에서 아프로디테가 그리스군과 싸우는 자신의 아들 아이네이아스Aineias를 보호하다가 상처를 입자, 아폴론은 아이네이아스를 구해낸다. 아폴론은 아이네이아스와 그의 무구와 똑같은 환영을 만들어내어 전쟁터에 남겨두어 트로이군과 그리스군이 이 환영을 두고 서로 싸우도록 했다(Il. 5.449-453). 이러한 환영은 비록 실제로 존재하는 것은 아니지만 거의 유사한 형태로 만들어지는 걸로 나타난다. 메넬라오스가 스파르타를 떠나버린 헬레네를 사무치게 그리워하자 초자연적인 환영phasma으로서 헬레네가 나타난다(Aesch. Ag. 410-426).

셋째, 꿈속의 이미지인 '오네이로스'oneiros가 있다. 그리스인들은 신들이 실재와 똑같이 오네이로스를 만들어 보낸다고 이야기한다. 가령 『일리아스』에서 제우스는 테티스의 부탁을 받고 아킬레우스의 명예를 높이기 위해 거짓 꿈을 이용했다. 아가멤논을 속이기 위해 그가 가장 존중하는 인물인 네스토르Nestor의 모습으로 꿈의 신을 변신시켜 보냈다. 아가멤논은 제우스에게 속아서 트로이군과 전쟁을 준비하고 크게 패하게 된다(*Il*. 2.1ff). 꿈속의 이미지들도 마치 실재의 인물인 양 아주 비슷하게 나타난다.

호메로스가 말하는 죽은 자의 영혼은 본성적으로 신들에 의해 만들어진 환영과 다르다. 그것은 본래 산 자를 살아 있게 해주는 생명의 원리였다. 죽음을 거치면 변화될 만한 특별한 이유나 원인이 없는 한에서, 영혼은 여전히 생명의 원리로서 본질적인 특성을 가질 수 있다. 그렇지만 호메로스는 이러한 특성을 특별히 문제 삼지 않은 것으로 보인다. 단지 죽은 후에도 '남아 있다'는 것 외에 영혼은 별다른 생명의 특징을 드러내지 않기 때문이다. 그래서 호메로스의 경우에 죽은 자의 영혼은 쉽사리 '허상'으로 생각되는 것이다. 죽은 자의 영혼이 피를 통해 의식을 되찾고 자신의 의지에 따라 말하는 것은 어떤 방식으로 아주 옅게 실재한다는 것을 보여준다. 이에 비해 신에 의해 만들어진 환영이나 꿈의 이미지는 마치 진짜 인간처럼 보이고 말하지만 처음부터 존재하지 않았고 비자발적인 허상인 것처럼 보인다.

넷째, 콜로소스kolossos가 있다. 그것은 이동 가능한 석상이나 목상과는 달리 원래 움직일 수 없는 특성을 가지고 있다. 콜로소스는 대부분 땅속에 박힌 돌이나 아예 묻혀 있는 돌로 만들어졌다. 우리는 콜로소스를 통해 고대의 신상으로부터 중세의 성상에 이르기까지 우상의 기능과 상징이 무엇인지를 알 수가 있다. 콜로소스는 죽음과 죽은 자의 영혼과 밀접하게 연관이 있다. 그리스인들은 죽은 자에게 장례 의식을 치러 주지 않으면 영혼이 하데스로 들어가지 못해서 산 자의 세계와 죽은 자의 세계를 떠돌아다닌다고 생각했다. 때로는 죽은 자의 영혼은 산 자에게 해로운 행위를 할 수 있다. 그래서 죽은 자의 시신을 되찾지 못할 때 그것을 대신하여 콜로소스를 만든다. 그것은 단순한 이미지만이 아니라 죽은 자를 모사한 것이다. 더욱이 그것은 산 자들을 지하 세계와 연결하는 역할을 한다. 콜로소스 의식을 통해 사람들은 "모든 곳에 있으면서 동시에 아무 곳에도 없는, 잡히지 않는 혼령을 땅의 어떤 특정 지점에 고정시켜서 움직이지 못하게 하며 자리 잡게 하고자 한다."(Vernant 2005:385). 가령 아르테미스 여신의 분노를 일으켜 자신의 사냥개들에 의해 찢겨 죽은 악타이온Aktaion의 유령eidolon이 출몰하여 온갖 악행을 저지르자 사람들이 델포이 신탁에 가서 물었다. 그러자 그 신탁은 악타이온의 조각상을 만들어 유령이 나타나는 장소에 조각상을 박아 넣고 쇠사슬로 묶으라고 대답했다. 그 이후로 악타이온의 유령은 더 이상 나타나지 않았다고 한다(Paus. 4.38.5).

콜로소스는 일종의 영혼의 집 역할을 한 것으로 보인다. 세계 여러 지역에서 '돌'은 영혼의 집으로 생각되었다. 지상에서 가장 변하지 않는 것은 돌이다. 고대 사회에서 지석묘나 고인돌 등의 죽음의 문화도 같은 상징적 의미와 연관된다. 고대 그리스인들은 콜로소스를 통해 보이는 세계와 보이지 않는 세계의 경계를 넘나들 수 있었다. 첨단 과학 기술이 지배하고 있는 현대 사회에서는 보이지 않는 것과 보이지 않는 세계는 부정될 수 있다. 하지만 고대인들이 단순히 인간의 마음속에 신성한 것을 불러일으키기 위해 종교적 기호와 상징을 사용한 것은 아니다. 그것들을 통해 한편으로는 항상 신성한 존재와 교류하려는 목적과 신성한 힘을 드러나게 하려는 목적을 가졌다. 고대인들은 종교적 상징을 통해 산 자와 죽은 자의 세계의 연속 가능성과 분리 가능성을 동시에 보여주고 있다.

2.1 감정과 의식의 원천으로서의 튀모스

사실 호메로스의 영혼 개념은 주로 생명의 원리로만 사용되기 때문에, 오늘날 영혼의 일반적 기능을 모두 포괄하지 못한다. 그래서 호메로스에게서 영혼 개념 이외에 흔히 우리가 영혼의 기능과 역할이라 생각하는 개념들을 찾아서 검토할 필요가 있다. 호메로스는 이미 인간의 다양한 감정과 상황 판단 및 선택과 행위에 대해 심층적인 설명을 하고 있다. 따라서 우리가 말하는 현대적인 의미의 기능을 전혀 이해하지도 파악하지도 못했다고 말할 수는 없다. 호메로스는 『일리아스』와 『오뒷세이아』를 통해 인간의 다양한 감정과 욕구에 대해 실감 나는 표현들을 자유자재로 사용하고 있다. 그러나 호메로스가 사용하고 있는 독특한 개념들이 제대로 정리되지 못하고, 후대에 개념들의 의미가 변화되거나 소실되어 새로운 개념으로 통합되었기 때문에 호메로스의 영혼 개념이 단순해 보일 뿐이다. 호메로스는 생명의 원리로서의 영혼 외에도 '영혼'의 기능을 표현하는 독립적인 용어들을 통해 인간의 다양한 기능과 능력을 설명해내고 있다. 즉 호메로스는 생명력으로서의 영혼 외에 영혼의 심리적 활동에 대해 튀모스thymos, 누스nous, 프렌phren 혹은 프레네스phrenes, 카르디아kardia 등의 용어들을 사용하고 있다.

영혼과 같이 튀모스thymos도 인간이 죽을 때 몸에서 빠져나가는 것으로 이야기된다. 튀모스는 "죽음과 함께 파괴되고 죽음에 의해 흩어진다."(Onians 1954:95-96). 대부분 영혼은 어원과 일치하여 숨을 쉬는 '입'으로부터 빠져나가는 걸로 나오지만, 예외적으로 '사지'를 통해 나가는 것으로도 나온다. 헥토르는 아킬레우스의 무구를 입고 출정한 파트로클로스를 죽음으로 몰아넣었다. 파트로클로스는 죽어가면서 헥토르가 오래 살지 못할 것이며 아킬레우스의 손에 쓰러지게 될 것이라고 예언했다. 그런 다음에 파트로클로스는 죽음을 맞이하게 되는데 "영혼이 사지rhethos로부터 튀어나와 하데스로 향했다."고 한다(II. 16.856). 마찬가지로 튀모스도 "사지melos로부터 떠났다."(II. 13.671)라고 표현되었다.[1] 그렇지만 튀모스는 영혼과 달리 인간의 몸을 떠나 살아남는 것은 아니다. 말하자면 튀모스는 죽음과 관련하여 사용되는 영혼과는 달리 삶과 관련된 기능이다. 그래서 영혼은 죽은 자에 대해 주로 사용되지만, 튀모스는 산 자에 대해 주로 사용된다. 그러나 영혼은 죽은 후에도 남는 반면에 튀모스는 죽는 순간에 사라지는 것이다.

영혼이 머리에 위치해 있다고 생각되는 것과 달리, 튀모스는 전통적으로는 횡경막으로 생각되었던 폐phrenes나 또는 가슴stethos에 위치해 있다고 생각되었다. 제우스는 아킬레우스의 명예를 높이기 위해 다른 신들에게 전쟁에 개입하지 말라고 명령해놓고는 트로이편을 들었다. 마침 트로이의 헥토르는 전면에 나서서 트로이군을 격려하며 그리스군을 살육하자고 부추긴다. 이 말을 들은 헤라가 분노하여 몸을 떨며 포세이돈에게 호소하는 장면이 나온다. 헤라는 포세이돈에게 "너의 프레네스phrenes에 있는 튀모스는 죽어가는 다나오스Danaos인들에게 연민을 느끼지 못하는가?"(Il. 8.1-202)라고 말한다.[2] 여기서 튀모스는 프레네스에 위치해 있는 걸로 나오지만 몇 가지 예외적인 경우에는 '사지'에 있다고 말해지기도 한다. 가령 하데스에 간 오뒷세우스가 죽은 어머니를 만나 어찌 돌아가시게 되었냐고 묻자, 어머니는 자신이 오뒷세우스가 염려하는 것처럼 누군가에 의해 살해되거나 혹은 슬픔으로 쇠약해서 "사지로부터 튀모스를 빼앗아 가는"(Od. 11.197-203) 병이 들어 죽은 것도 아니라고 한다. 그녀는 자신의 아들 오뒷세우스에 대한 그리움으

---

1 호메로스는 사지에 대한 그리스 용어를 달리 쓰고 있지만 둘다 '사지'를 의미한다. rhethos는 얼굴이나 용모 및 입 등을 의미하기도 했지만 신체의 부분(Theoc.23, 39)을 의미하기도 했다. melos도 'mel'에서 나왔는데 신체의 '부분'이란 의미를 가진다. 따라서 둘 다 신체의 부분과 관련하여 사지라는 의미로 번역되었다.
2 호메로스는 『일리아스』에서 당대의 그리스인들을 아르고스인들, 다나오스인들, 아카이오스인들 등으로 부르고 있다.

로 죽은 것이다.

일반적으로 튀모스는 감정의 원천이라 말할 수 있다. 그것은 사람들에게 무언가를 '불러일으키는' 혹은 '고취시키는' 것이다. 가령 아킬레우스가 자신의 용감한 튀모스에 고무되어 아이네이아스Aineias와 맞서 싸우러 나왔다는 표현에도 나타난다(Il. 20.174-175). 아이네이아스는 자신이 아킬레우스를 이기지 못한다는 사실을 알고 있었지만 아폴론이 격려하여 아킬레우스와 대결하게 된다. 아폴론은 아이네이아스에게 그의 어머니는 바로 제우스의 딸 아프로디테이지만 아킬레우스의 어머니는 그보다 지체가 낮은 바다 신의 딸이라고 말하며 설득했다.

더욱이 인간의 감정인 우정, 복수, 기쁨, 비탄, 분노, 두려움 등이 모두 튀모스로부터 나온다(Bremmer 1983:54). 트로이 전쟁에서 헥토르가 그리스인들에게 도전을 하는데 아무도 나서는 사람이 없자 메넬라오스Menelaos가 "튀모스에서 크게 개탄했다."(Il. 7.95)고 한다. 메넬라오스는 아무도 헥토르와 맞서 싸우지 않는다면 큰 치욕이 될 것이라고 하며 자신이 직접 나서려 한다. 그렇지만 아가멤논이 메넬라오스를 말려서 살아남게 한다. 사실 메넬라오스는 헥토르의 적수가 되지 못하기 때문이었다. 또한 헬레네가 트로이 전쟁의 수많은 전투 장면을 수놓은 천을 짜고 있을 때 이리스Iris 여신이 파리스와 메넬라오스가 대결한다는 소식을 알렸다. 그러자 헬레네의 마음thymos속에 전남편과 고향 도시와 부모님에 대한 '달콤한 그리움'이 일어났다(Il. 3.130-140). 튀모스는 감정의 변화와 관련하여 능동적으로 표현되기도 하지만 수동적으로 표현되기도 한다. 우선 튀모스가 수동적으로 표현되는 경우는 주로 '신'에 의해 불어넣어지기 때문이다. 이것은 자신의 의지와 상관없이 일어나는 격렬한 감정을 가리킬 때가 많다. 그렇지만 튀모스가 수동적으로 작용하는 것 때문에 호메로스에게서 튀모스가 인격적인 주체 관념이 정확하게 작용한다고 말하기 어렵다는 견해도 있다.

그러나 튀모스가 능동적으로 사용되는 경우에는 자의식의 단초로서 해석될 수도 있다. 이것은 튀모스가 단지 감정에만 국한되는 것은 아니고, 때로는 지적인 상태와도 직접적으로 연관되어 사용될 때 보다 분명해진다. 그리스군과 트로이군의 전면전이 일어났을 때 파리스의 화살이 디오메데스Diomedes의 발을 관통하자 그리스군은 공포에 질려 모두 도망가고 오직 오뒷세우스만 남게 되었다. 그러자 그는 침통한 마음으로 잠시 고민을 하면서 마음속으로 달아나면 수치스러울 것이고, 그렇다고 혼자 버티다가 붙잡히면 낭패라고 생각한다. 그러나 그는 바로 "그런데 왜 나의 튀모스thymos는 이런 생각을 하는 것일까?"(Il. 11.401ff)라고 말한다. 여기서 튀모스는 사유와도 연관되는 것으로 보인다. 이러한 특징은 키르케Kirke가 오뒷세우스에게 고향으로 돌아가는 길을 상세하게 설명하면서 어느 길을 선택할지는 "그대 자신이 튀모스thymo에서 심사숙고하라."(Od. 12.58)는 표현에도 나타난다. 우리는 인간의 능력을 설명할 때 감각과 이성 및 의지 등으로 구분할 수 있다. 하지만 인간의 능력들은 실제로 작용할 때는 각각 독립적으로가 아니라 유기적으로 작용한다. 인간은 이성을 갖고 있기 때문에 다른 동물이 가진 감정과 달리 훨씬 다양하고 복잡한 감정들을 드러낸다. 이러한 측면은 고대인들도 알고 있던 것으로 보인다. 그래서 튀모스의 기능이 때로는 사유 능력과 연계되어 작용하기도 했던 것이다. 따라서 호메로스는 튀모스를 단순히 감정이나 의지에만 한정시켜 사용하지 않고 사유 능력과도 중첩시켜 사용했다.

2.2 실천적 사유로서의 프레네스

호메로스는 튀모스와 긴밀하게 연관되어 있는 프렌phren이나 프레네스phrenes를 감정과 포괄적인 의미의 인식을 포함하지만, 나중에는 프로네인phronein은 '생각하다' 또는 '이해하다' 와 같이 지적인 의미로 사용된다(Onians 1954:14). 프렌은 폐 혹은 횡격막이라는 신체적 기관과 직접적으로 관련되어 있지만, 누스nous는 유비적으로 정신적인 활동과 관련된 기관일 뿐이다(Claus 1981:16). 프레네스는 일반적으로 실질적으로 행동할 수 있는 능력과 관련된 '생각들' 과 관련 있다. 그래서 만약 그것들이 없거나 없어지면 어리석은 행동을 하게 되는 것으로 나타난다. 가령 아킬레우스가 아가멤논의 사과를 받지 않을 뿐 아니라 선물들도 거절하면서 제우스가 아가멤논의 '프레나스' phrenas를 빼앗아버렸다고 말한다(Il. 9.377). 또한 트로이의 안테노르는 파리스에게 트로이 전쟁의 화근인 헬레네를 그리스군에게 돌려주자고 주장했다. 파리스는 신들이 안테노르의 '프레나스' 를 빼앗아버렸다고 말하며 자신은 결코 헬레네를 돌려주지 않겠다고 말한다(Il. 7.360ff). 여기서 프레네스는 '정상적인 정신' 혹은 제정신, 또는 '올바른 판단' 정도를 의미한다. 그러나 프렌phren이란 단어 자체는 기원전 4세기 초에 거의 사라져버리고, 단지 프로네인phronein, 프로네시스pronesis, 소프로쉬네sophrosyne 등과 같은 파생어들만 남게 된다. 그것은 누스nous보다도 훨씬 더 감정적, 의지적, 지성적 요소들을 많이 포함하고 있다. 그러나 누스와 대조적으로 항상 행동의 시작이나 단초와 연관되어 있다. 프렌의 파생어들은 항상 지적인 요소를 가지며 또한 항상 행동과 관련된다.

누스nous는 튀모스나 프레네스에 비하면 훨씬 더 많은 지적인 특징을 갖고 있다. 스넬은 튀모스와 누스 간의 경계선이 튀모스와 영혼 간의

경계선만큼 뚜렷하지 않다고 한다(Snell 1994:35). 일반적으로 누스가
주로 지적인 내용을 포괄하고 튀모스는 주로 감정적 내용을 포괄하지
만, 누스와 튀모스는 많은 면에서 교차한다. 왜 호메로스에게서 누스와
튀모스가 교차하여 사용되고 있는 것일까? 일차적으로 아직 분석적인
사유와 체계적인 개념 분류가 이루어지지 않았기 때문일 것이다. 나아
가 근본적으로 누스와 튀모스라는 개념이 가진 고유한 특징에서 비롯
된다고 할 수 있다. 주로 튀모스로 포괄되는 감정과 정서의 표현 범위
는 때로는 지적인 상태와 중첩되기도 한다. 실제로 '감정'은 단순히 지
각만으로 이루어지지도 않고, 또한 단순히 사유만으로 이루어지지 않
는다. 사실 그것은 어떤 방식으로 양자가 혼합되어 있는 상태라 할 수
있다.

　호메로스 같은 고대인이 다양한 감정의 종류와 감정의 깊이와 폭을
표현하기 위해 신체에 해당하는 용어를 활용하거나 또는 정신적인 기
능에 가까운 용어를 사용했다고 볼 수 있다. 고대 그리스 초기에 호메
로스가 인간의 능력에 관한 다양한 용어를 정확하게 구분하여 사용하
지 않은 점은 인정할 필요가 있다. 그렇지만 튀모스와 누스 개념이 때
때로 미분화되어 사용될 수밖에 없는 이유를 충분히 이해할 수는 있다.
후대에 플라톤이나 아리스토텔레스는 특정 능력이 다른 능력과 중첩되
어 사용되는 경우에 좀 더 분명하게 설명 방식을 제시한다.

2.3 직관적 사유로서의 누스

　어원적으로 누스nous와 노에인noein은 '냄새 맡다'를 의미하는 어근에
서 파생된 것으로 보인다. 그러나 호메로스 서사시에서 발전된 노에인
개념은 '시각'과 훨씬 밀접한 연관이 있다. 그것은 일차적으로 어떤 것

을 '알아차린다' 는 의미가 있다. 『일리아스』에서 헬레네가 노파의 모습
으로 자신 앞에 나타난 아프로디테를 알아차리는 장면이 나온다(*Il.*
3.385-398). 아프로디테는 메넬라오스에게 살해되기 직전에 파리스를
구해내어 트로이 성의 침실에 눕혀놓고는 헬레네를 불러내기 위해 노
파의 모습으로 나타난다. 그렇지만 헬레네는 노파가 아프로디테인 것
을 알아챈다. 누스는 단지 사물의 외양이 아닌 실제의 모습을 직관적으
로 통찰하는 것을 가리킨다. 나아가 이미 누스 개념에서 파생된 의미로
'계획하다' 나 '일을 꾸미다' 등의 의지적 요소도 나타나며, 어떠한 상
황을 꿰뚫어 알고 사물의 본성에 대해 깊이 통찰하는 측면도 나타난다.
그렇지만 여기서 누스와 노에인은 결코 이성이나 추론을 의미하지 않
는다. 그렇지만 호메로스에게도 이러한 방향으로 의미가 발전될 소지
가 전혀 없는 것은 아니다(Fritz 1974:24-26).

　일반적으로 노에인은 '알다' 의 범위에 포함되는 것이라 할 수 있다.
이러한 노에인의 의미와 관련하여 가장 적절한 예는 파트로클로스가
아킬레우스의 무장을 하고 무모하게 트로이군을 추격하는 장면이다.
아킬레우스는 트로이군이 그리스 함선이 있는 곳까지 밀고 들어오면서
사태가 급박하게 돌아가자 파트로클로스에게 자신의 무구를 내어주면
서 한 가지 조건을 걸었다. 그것은 트로이군을 그리스 함선에서 몰아내
는 즉시 돌아오라는 당부였다. 그러나 파트로클로스는 아킬레우스의
당부를 무시하고 트로이 성벽까지 돌진하다가 결국 아폴론과 헥토르에
의해 죽음에 이르게 된다. 만약 파트로클로스가 아킬레우스의 충고를
들었다면 죽음의 운명을 피할 수 있었을 것이다. 여기서 호메로스는 파
트로클로스의 어리석음을 지적하며 인간의 누스가 신의 누스에 비해
얼마나 하찮은가를 말한다. "제우스의 누스nous는 항상 인간의 누스보
다 더 강력한 것이다."(*Il.* 16.688). 또한 아테나 여신이 오뒷세우스가

고향으로 돌아가지 못하고 칼륍소Kalypso의 동굴에 붙잡혀서 괴로워하고 있을 뿐만 아니라 그의 아들 텔레마코스Telemachos도 구혼자들의 손에 죽을 지경이 되었다고 불평하자 제우스가 아테나를 나무라는 말에도 잘 드러나 있다(Od. 1.31ff). 제우스는 아테나가 오뒷세우스를 고향으로 돌아가게 해서 구혼자들에게 복수하려는 계획을 가진 것을 알고 "너 자신이 그러한 생각nous을 해내지 않았느냐?"(Od. 5.24)라고 말한다. 여기서 누스는 통상적인 의미의 '생각'이나 '직관'을 의미한다.

누스 개념에 새로운 전기가 마련되는 것은 파르메니데스에 이르러서이다. 진리aletheia의 길에서 누스와 노에인은 항상 필연적으로 '있는 것'einai과 연관되므로 진리와 연관된다. 여기서 누스는 틀릴 수가 없다는 것을 함축하고 있다. 그것은 결코 순수하고 단순한 감각 지각은 아니며, 헤라클레이토스의 직관적 누스와 훨씬 밀접하게 연관된다. 파르메니데스에게 누스는 기존의 사람들과 유사한 의미로 사용되는 측면도 있지만 아주 이질적으로 사용되는 특징이 있다. 호메로스나 헤시오도스 및 헤라클레이토스와 같은 학자들은 누스를 사용하면서도 결코 이유나 까닭을 설명하는 절이 따라 나오지 않는다. 그러나 파르메니데스에서는 가르gar, 에페이epei, 후네카houneka와 같이 이유를 설명하는 절이 따라 나온다(Fritz 1974:51). 이것은 파르메니데스의 누스 개념에 논리적 추론 능력도 포함된다는 것을 보여준다.

그러나 파르메니데스도 억견doxa의 길에 대해 논할 때는 오류에 대해 말한다. 그는 잘못된 믿음의 원인으로 감각을 언급하지는 않는다. 감각은 진리에 대해 눈이 멀고 귀가 멀었기 때문에 참된 존재를 파악할 수가 아예 없기 때문이다. 물론 감각은 인간이 오류를 범하는 데 어떠한 방식으로든 기여할 수 있다. 그렇지만 근본적으로 인간들이 오류를 범하게 되는 것은 '방황하는 사유'noos plaktos 때문이다(Fr.6). 감각은 누스

와 동일시되지는 않지만 대조적인 것은 아니며 누스가 개입하여 일어
난 오류의 원인 정도로 생각될 수 있다. 그렇지만 파르메니데스의 대를
잇는 제논Zenon과 멜리소스Melissos는 오류의 원인을 감각에 있다고 단언
하며 논리적 추론에 의해 감각을 반증하려 했다(DK29A25,27). 그들은
누스와 노에인 개념의 발전에 중대한 영향을 미쳤던 감각적 지각과 논
리적 추론을 구분하는 데 중요한 역할을 했다고 평가되고 있다(Fritz
1974:55).

3. 영혼 개념의 변천

3.1 영혼, 자아와 욕망의 주체

초기 그리스에서 주로 생명력을 표현하는 데 사용되던 영혼은 후대
로 가면서 점차 보다 포괄적이고 통합적인 의미를 갖게 된다. 이제 영
혼은 호메로스나 헤시오도스의 경우에서와 같이 단순히 생명을 의미하
지는 않게 된다. 영혼의 의미는 다양한 측면에서 점차 확대되어 간다.
그리하여 예전에는 튀모스thymos나 프레네스phrenes의 기능으로서 생각
되던 지각과 사유 등의 인식론적 기능도 점차 영혼 개념에 통합되기 시
작한다. 그리스 서정시 시대에 핀다로스Pindaros의 경우에는 보다 특별한
의미가 발견된다. 핀다로스는 죽음 이후의 영혼의 불멸과 윤회에 대한
언급을 남기고 있다. 그는 분명히 호메로스와 마찬가지로 영혼이 신체와
분리되면 지하 세계로 사라진다고 생각했다(Pind. *Pyth*. 11.19-22). 그
렇지만 핀다로스는 영혼이 신체가 죽은 이후에도 파괴되지 않고 살아
남게 되는 이유에 대해 나름대로 설명하고 있다. 영혼이 신으로부터 나

왔기 때문이라고 한다. 영혼은 수많은 신체들을 돌아다니다가 하데스에서 심판을 받고 처벌과 보상을 받게 된다(Pind. *Ol*. 2.55-65). 핀다로스의 주장은 오르페우스 종교에 나타나는 영혼의 논의와 비슷한 특성을 보인다.

그렇지만 무엇보다도 그리스 서정시 시대에 영혼 개념에 일어난 가장 큰 변화는 죽은 자뿐만 아니라 산 자에 대해서도 말해진다는 것이다. 특히 호메로스에서는 분명하게 드러나지 않던 '나' 혹은 '자아'에 대한 기본적인 개념이 형성되었다는 점도 주목할 만하다. 서정 시인 아나크레온Anacreon은 사랑하는 사람에게 "그대는 나의 영혼의 주인이오."(Fr.4)라고 말한다. 이것은 살아 있는 '나' 자신 또는 '자아'를 의미하고 있다. 더욱이 기원전 6세기 그리스 비문에는 "영혼을 거의 만족시키지 않는다."라고 쓰여져 있다(IG XII. 9.28). 여기서 영혼은 자아로서의 특징뿐만 아니라 욕망하는 존재로서의 특징도 갖는다. 따라서 호메로스의 경우에 이전에 튀모스가 하던 기능이 영혼 개념에 포함된 것으로 보인다.

기원전 5세기의 비극에도 영혼은 살아 있는 '자기 자신' 혹은 자아의 의미로 등장한다. 에우리피데스Euripides의 『메데이아』에는 남자는 괴로울 때 친구에게 갈 수 있지만 여자는 단지 '하나의 영혼'만 보고 있어야 한다고 말하는 장면이 나온다(Eur. *Med*. 247). 이것은 그리스 여성의 삶의 단면을 잘 보여주는 말로서, 여기서 영혼은 한 사람, 즉 메데이아 '자신'을 가리킨다. 또한 영혼은 인간의 '욕망'과 연관되어서도 사용되고 있다. 특히 성적 욕구의 원천으로서의 영혼에 관해서는 아나크레온과 사포와 같은 서정 시인들뿐만 아니라 아이스퀼로스, 에우리피데스, 소포클레스와 같은 비극 작가들에게서도 찾아볼 수 있다. 에우리피데스의 『히폴뤼토스』에서 코러스를 통해 영혼에 대한 에로스의 힘에 대해 말하고 있다.

"에로스여, 에로스여, 그대가 공격하는 자들의 영혼들에 달콤한 즐거움을 주며 눈에는 욕망을 흘러내리게 하는 자여, 나에게 악과 함께 나타나지 마시고 부적절하게 오지 마소서! 불의 화살도 별들의 화살도 제우스의 아들 에로스가 자신의 손에서 날려 보내는 아프로디테의 화살을 넘어서지 못하기 때문이오."(*Hipp*. 525-532)

아프로디테는 자신을 비난하는 히폴뤼토스를 파멸시키기 위해 희생양으로 파이드라Phaidra를 선택한다. 파이드라는 미노스 왕과 파시파에의 딸로 유명한 아리아드네Ariadne의 동생이다. 아리아드네는 아테네에서 온 테세우스를 사랑하여 미노타우로스Minotauros를 처치하도록 도와주었으나 낙소스섬에 버려진 인물이다. 파이드라는 나중에 테세우스와 결혼하여 아테네로 오게 된다. 그런데 테세우스에게는 이미 아마존의 여왕 히폴뤼테를 통해 낳은 히폴뤼토스Hippolytos라는 아들이 있었다. 파이드라는 히폴뤼토스를 사랑하게 되어 마음의 병이 들어 앓다가 아무것도 먹지 않고 죽으려고 작정한다.

그러나 우연히 파이드라의 사랑을 알게 된 히폴뤼토스가 격렬하게 비난하자, 파이드라는 절망에 빠져 자살하게 된다. 파이드라가 자신의 죽음의 원인으로 히폴뤼토스를 지목하는 편지를 남기자, 테세우스는 일방적으로 히폴뤼토스를 비난하며 저주하게 된다. 히폴뤼토스는 아버지 테세우스에게 자신을 변호하며 자신의 처녀 같은 영혼은 아무런 욕구를 느끼지 않는다고 말한다(Eur. *Hipp*. 1006). 그렇지만 테세우스는 히폴뤼토스를 저주하게 되고 포세이돈은 바닷가를 달리는 히폴뤼토스의 마차를 전복시켜버린다. 에로스는 자기 자신만이 아닌 타자와의 관계를 전제로 한다. 히폴뤼토스가 아프로디테를 숭배하지 않는다는 것은 타자와의 관계를 거부하는 성향을 보여준다. 아프로디테는 히폴뤼토스 자신이 아닌 타자인 파이드라를 사랑에 빠지게 만들어, 결국 히폴뤼토스를 파멸에 이르게 했다.

3.2 영혼, 감정의 원천

나아가 영혼은 아주 강한 '감정'의 원천으로서도 나타난다. 소포클레스Sophokles의 『오이디푸스 왕』에서 오이디푸스는 테베 시민들이 역병으로 인해 고통 받는 것을 보면서 자신만큼 고통을 느끼는 사람은 없을 것이라 말하며, 자신의 영혼psyche이 자기 자신은 물론 자신의 도시국가와 다른 시민들을 위해 슬퍼하고 있다고 말한다.

"나는 그대들이 모두 아파한다는 것을 잘 알고 있다네. 그러나 그대들이 아프다고 할지라도 그대들 중에 나만큼 아픈 사람은 한 명도 없네. 그대들의 고통은 그대들 각자에게 오며 다른 사람에게 오지는 않네. 그러나 내 영혼은 도시와 나 자신 및 그대들 때문에 슬퍼하네."(*OT* 58-64)

에우리피데스Euripides의 『알케스티스』에서도 아드메토스Admetos의 영혼이 자기 대신에 죽는 아내 알케스티스Alkestis를 위해 슬퍼하는 장면이 나온다.

"나는 일 년만이 아니라, 내가 살아 있는 한 그대를 위해 슬퍼할 것이요. 나를 낳은 [어머니]를 미워하고 내 아버지를 원망할 것이요. 그들은 행동이 아닌 말로만 사랑했기 때문이요. 그렇지만 그대는 내가 살 수 있도록 그대가

가진 가장 귀중한 것을 주었다오. 내가 그대 같은 아내를 잃는데 슬퍼하지
않을 수 없소."(*Alc*. 336-342)

아드메토스가 누구보다도 사랑하는 아내가 자신의 목숨을 구하기 위
해 희생했다는 사실 때문에 상심하는 장면은 그리스 비극 작가들에게
영혼은 이제 인간의 감정과 욕망의 원천으로 생각되었다는 사실을 보
여준다.

일반적으로 그리스 서정 시인들이나 비극 작가들에게서 영혼은 호메
로스와 마찬가지로 생명력의 의미뿐만 아니라 인간의 감정적 원인이나
결과와 직접적으로 연관이 있는 걸로 나타난다. 그리하여 영혼은 단순
히 죽음과 관련하여 죽은 자의 신체로부터 빠져나가는 연기나 바람과
같은 존재로부터 발전하여 산 자의 다양한 심리적 상태의 원인으로서
의 역할을 하는 것으로 나타난다. 도즈는 비극 작가들이 영혼이라는
낱말로 지시하는 "자아"는 보통 이성적인 자아라기보다는 감정적인
자아라고 한다. 또한 영혼은 용기, 격정, 연민, 불안, 동물적 욕구의 장
소로서 말해졌을 뿐이며, 플라톤 이전에는 이성의 장소로는 거의 말해
지지 않았다(Dodds 2002 : 111). 그러나 그리스 비극 시대에 영혼의 개
념이 튀모스의 기능을 포괄했다면, 보다 넓은 의미의 사유의 기능까지
도 어느 정도 포괄했을 것이다. 왜냐하면 특히 용기와 연민 및 불안 등
과 같은 인간의 감정은 사유의 기능과 밀접하게 연관되어 작용하기 때
문이다.

인간은 우리가 생각하는 것보다 훨씬 오래 전부터 이 세계와 연관하
여 자신의 삶과 죽음 및 운명 등을 이해해내려고 노력했다. 실제로 철
학 이전의 고대 신화와 종교에 나타난 세계관에는 인간이 이미 어느 정
도는 '영혼'에 대한 개념을 가지고 있었다는 것을 알 수 있다. 인간이라

면 필연적으로 받아들일 수밖에 없는 죽음이라는 현실 앞에서, 인간은 근본적인 한계를 느낄 수밖에 없었을 것이다. 결국 죽음에 대한 반성적 사고는 인간 자신에 대한 본질적인 성찰을 요구하였을 것이다. 물론 그리스의 경우에 이러한 사유가 구체화되고 체계화되는 데는 더 오랜 세월이 필요했다.

3.3 영혼의 통합적 의미

현대인들에게 영혼은 어떤 의미를 가질까? 현대 사회에서 영혼의 개념은 삶의 일상적인 영역이 아니라 비일상적 영역에서 만나게 된다. 일상적 삶에서 '영혼'이라는 말은 폐기되었다고 해도 과언이 아니다. 그것은 단지 전통 학문의 특정 분야나 종교나 신비주의에서만 명맥을 유지하고 있다. 고대인들은 어떻게 영혼의 존재를 인식했을까? 서구 유럽의 구석기 시대로부터 고대인들은 영혼의 존재를 알고 있었던 것처럼 보인다. 인간은 이 세계에 대한 반복적인 관찰과 경험을 통해 자연의 순환적 구조를 발견해내었다. 이 세계는 끊임없이 변화하는 측면도 있지만 변화하지 않는 측면도 있다. 모든 자연 대상들이 생성되었다가 소멸하는 과정을 반복한다. 그리하여 고대인들은 인간도 시간의 주기적 변화에 따라 태어나서 죽지만 다시 태어난다고 생각했다. 이 세계에서 변하지 않는 것은 무엇일까? 그것이 무엇인지 정확하게 설명되지는 않지만 최소한 '생명'의 의미를 가진 영혼과 같은 것으로 보인다.

초기 그리스 서사시와 서정시 및 비극을 통해 나타나는 영혼 개념을 살펴볼 때, 우리가 영혼의 기능이라 말하는 다양한 능력들이 영혼psyche 개념에 이미 통합되어 가는 것을 볼 수 있다. 호메로스는 영혼을 단지 죽은 자의 입에서 빠져나가는 '숨'과 같은 것으로만 보았다. 그렇지만 영혼 이외에도 살아 있는 인간의 다양한 감정적, 지성적 활동을 지시하기 위해 튀모스thymos, 누스nous, 프렌phren, 카르디아kardia 등과 같은 용어들을 독립적으로 사용했다. 특히 튀모스와 누스 개념은 모두 감각으로부터 출발하여 지적인 기능으로 발전된 것으로 보인다. 그런데 어떻게 단순히 생명력만을 의미하던 영혼이 다양한 능력을 갖는 통합적 기능으로 발전되었는가?

사실 우리는 튀모스나 누스 개념이 어떻게 영혼 개념에 통합되게 되었는지를 명확하게 판단하거나 설명하기 어렵다. 그렇지만 모든 살아 있는 것은 바로 '생명'을 기초로 신체적 활동과 정신적 활동을 할 수 있는 것이기 때문에, 점차 감정이나 욕망 및 사유 능력이 영혼 개념의 다양한 능력으로 통합되었을 것이다. 그리스 서사시 시대를 지나 서정시와 비극 시대로 넘어가면 영혼의 개념은 보다 포괄적이고 통합적인 의미를 가진다. 영혼은 호메로스와 마찬가지로 생명력의 의미뿐만 아니라 인간의 감정적 원인이나 결과와 직접적 연관이 있는 걸로 나타난다. 그리하여 '나 자신' 또는 '자아'의 의미로 나타나기 시작하며, 점차 튀모스 기능을 포괄하면서 부분적으로 사유의 기능과도 연관되어 사용되었다.

그리스 초기 자연철학자들이 영혼을 설명하는 방식을 접해볼 때 우리는 별다른 특징이나 발전을 찾기가 어렵다. 그리스 철학 이전의 서사시나 서정시 및 비극 등에서 영혼 개념의 기본적인 특징들이 구체화되고 있기 때문이다. 물론 초기 자연철학자들은 초자연적인 요소나 원인을 배제한 용어들을 주로 사용하고 있기 때문에 설명 방식에 있어서 획기적이라고 평가할 수 있다. 현재 남아 있는 단편들만으로는 초기 자연철학자들이 얼마나 새로운 영혼 개념을 제시하고 있는지 정확하게 밝혀내기 어렵다. 그렇지만 소크라테스 이후로부터 그리스 철학에서 영혼의 본성에 대해 관심이 훨씬 더 높아지고 이전 철학자들에 대한 본격적인 논의가 전개된다.

4. 영혼의 원리

4.1 운동의 원리로서의 영혼

고대 원시 신화의 시대로부터 인간은 영혼의 개념을 사유해왔지만 철학적으로 분석하고 학문적으로 체계화되는 계기는 그리스 철학에 나타난다. 고대의 신화적 사유에서 철학적 사유로 전환되는 과정에서 그리스 철학자들은 영혼의 존재를 어떻게 설명하는가? 사실 영혼 개념에 대한 분석은 때로는 형이상학적인 논의가 필요하고, 때로는 자연과학적인 논의가 필요하기도 한다. 경험적으로 영혼은 그 자체로 존재하는 것이 아니라 신체와 결합되어 존재하며 신체를 통해 작용하기 때문이다. 아리스토텔레스가 말한 것처럼 영혼을 어느 학문의 영역에서 탐구해야 하는지는 명확하지 않다(DA 402a11). 그래서 영혼에 대한 탐구 자체는 인간의 정신적 능력이 상당히 발전되었을 때 인식되었으리라 생각하게 된다.

그러나 서양 고대 유물이나 유적에 나타난 고대인들의 영혼에 대한 인식은 우리가 생각하는 것보다 훨씬 빨리 나타났다. 우선 고대인들이 이 세계를 인식하는 가장 기초적인 몇 가지 원리를 살펴보자. 우선 '존재'와 '비존재' 혹은 '무'를 생각해볼 수 있다. 우리는 존재 자체나 비존재 자체를 생각해낼 수 있을까? 아니다. '존재'는 어떤 것이 있다는 사실로부터 알 수 있으며, '비존재'는 어떤 것이 없다는 사실로부터 알 수 있다. 사실 이 두 가지 개념은 상호 독립적인 개념이 아니라 상호 연관적인 개념이다. '있는 것' 과 '없는 것' 을 분리하여 생각하기보다는 '있다가 없어지는' 과정에 주목하자. 여기서 없는 것은 있는 것에 상대적인 개념으로 이해될 수 있다. 즉 어떤 것이 있다가 없어질 때 우리는 비로소 '없는 것' 을 이해할 수 있다. 엄밀한 의미로 절대적으로 '없는 것' 혹은 절대적 '무' 는 매우 형이상학적 개념이기 때문에 상당한 관찰과 경험을 통해 형성된다.

그러나 이 세계를 인식할 때 존재와 비존재의 개념보다는 '운동' 과 '정지' 개념이 훨씬 일차적이라고 할 수 있다. 왜냐하면 세계를 바라볼 때 우리는 먼저 감각 능력을 통해 지각하기 때문이다. 우리가 감각을 통해, 가령 시각으로 일차적으로 지각할 수 있는 것은 어떤 것은 정지해 있고 다른 것은 움직인다는 것이며, 어느 때는 움직이고 다른 때는 움직이지 않는다는 것이다. 고대인들은 어떤 것은 움직이고 다른 것은 움직이지 않는 것에서 '생명' 또는 '영혼' 개념을 생각해낸 것으로 보인다. 즉 생명이 있는 것은 움직이고 그렇지 않은 것은 움직이지 못한다는 것이다. 아리스토텔레스가 영혼 개념을 '운동' 의 개념으로 설명하려는 시도는 매우 흥미롭다. 실제로 생명체의 일차적인 특징은 바로 운동과 변화이다. 더욱이 영혼은 단순히 움직일 수 있는 것이 아니라 '스스로' 움직일 수 있는 것이다(*DA* 406aff). 다른 것에 의해 움직일 수 있는 것은 생명이나 영혼이 없이도 가능하다. 그러나 스스로 움직일 수 있는 것은 바로 영혼의 능력이다.

우리는 그리스 초기 자연철학자들의 영혼 개념을 이해하는 데 아리스토텔레스의 관점을 상당히 많이 수용할 수밖에 없다. 그것은 실제로 아리스토텔레스가 제시하는 자료가 영혼에 대한 논의에 중요한 전거가 되기 때문이다. 아리스토텔레스는 때로는 너무 단순화시키는 측면도 있지만 고유한 관점과 방법을 가지고 초기 자연철학자들의 사상을 분석하고 있다. 그런데 아리스토텔레스는 그들의 영혼 개념을 구별하는 독특한 기준을 어떻게 생각해내었을까? 일차적으로 아리스토텔레스 나름의 독특한 철학적 관점에서 비롯된 것은 분명하다. 그러나 콘포드는 매우 흥미롭게도 아리스토텔레스의 영혼에 대한 기준이 호메로스로부터 유래된다고 분석한다(Cornford 1995:132). 그는 호메로스가 두 종류의 영혼을 상정하고 있다고 생각했다. 한 가지는 인간의 환영eidolon 또는 영혼psyche으로 인간이 죽을 때 입에서 빠져나가는 것이고, 다른 하나는 튀모스thymos에 거주하며 피에 의해 운반된다.

호메로스의 세계에서는 하데스에 머무르는 영혼은 연기나 그림자와 같은 것으로 아무런 의식을 갖지 못한다. 영혼은 희생 제물의 피를 마신 후에야 자신의 의식phrenes을 되찾을 수 있다. 가령 오뒷세우스는 저승에 내려갔을 때 희생 제물의 검은 피를 흘리게 하여 영혼들이 모여들게 하고 마침내 피를 마신 테이레시아스의 영혼에게서 고향으로 되돌아가는 방법을 듣게 된다(Od. 11.23-99). 콘포드는 호메로스가 말한 두 종류의 영혼이 철학적 영혼론의 발전에 중요하다고 한다. 즉 환영으로서 영혼은 인식의 대상으로서의 영혼이며, 피에 존재하는 영혼은 힘과 운동의 원리로서 영혼을 말한다. 콘포드에 따르면 아리스토텔레스는 『영혼론』에서 이러한 기준을 가지고 이전 철학자들의 견해를 분류했다.

실제로 아리스토텔레스는 초기 그리스 철학자들의 영혼 개념을 운동kinesis, 지각aisthesis, 비-물질asomaton 등의 기준으로 분석했다(DA 405b11-12). 아리스토텔레스가 영혼 개념의 첫 번째 기준으로 제시한 '운동'은 아주 일차적인 개념이다. 가령 산 자와 죽은 자를 명시적으로 구분할 수 있는 일차적 증거는 하나는 움직이고 다른 하나는 움직이지 못한다는 것이다. 또한 우리가 생명체와 무생명체를 구별하는 기준도 움직이는지 혹은 움직이지 않는지에 의거하고 있다. 그리스 초기에 호메로스와 같은 사람들이 영혼을 죽은 자의 입을 빠져나가는 숨이며 연기나 그림자라고 말할 때에도 영혼이 살아 움직이게 하는 힘이라는 점을 인정했다. 그리스 원시 신화나 초기 자연철학에서 가장 먼저 논의되는 주제도 우주생성신화나 우주생성론으로 이 세계가 어떻게 생겨났는지에 대한 관심으로부터 시작된다. 사실 우주생성신화나 우주생성론의 공통적인 탐구 주제는 이 세계의 운동 또는 변화이다.

그리스 철학자들은 이 세계의 궁극적인 원인을 원리arche의 개념으로 설명했다. 최초의 철학자 탈레스는 '물'을 원리라고 했다. 물은 이 세계를 구성하는 궁극적인 질료이다. 탈레스의 경우에 영혼과 직접적으로 관련된 단편들은 별로 없다. 아리스토텔레스에 따르면, 탈레스는 영혼을 다른 것을 움직이게 하는 운동인으로 여겼다. "탈레스도 영혼을 다른 것을 움직이게 하는 어떤 것으로 생각했던 것 같다. 그는 돌(자석)이 철을 움직이게 한다는 이유로 그것이 혼을 가지고 있다고 말했기 때문이다."(DK11A22:DA 405a19-21). 그리하여 아리스토텔레스와 히피아스Hippias는 탈레스가 영혼이 없는 것에도 영혼을 부여했다고 말한다(DK11A1). 물론 탈레스가 자석이 다른 것을 끌어당기는 것을 보고 영혼을 가졌다고 주장한 사실로 미루어보아 아리스토텔레스가 말하는 것처럼 다른 것에 의해 움직여지는 것과 스스로 움직이는 것을 분명히 구별하지는 못한 것으로 보인다.

다음으로 탈레스는 모든 것은 신들로 가득 차 있다고 한다. "탈레스는 신은 우주의 지성nous이다. 모든 것은 살아 있으며 다이몬으로 가득 차 있다고 말했다."(DK11A234). 이것은 영혼이 전체(우주)속에 혼합되었다고 믿은 다른 학자들의 생각과 연관된다(DA 411a7). 이러한 단

편을 두고 일부에서는 탈레스가 물활론hylozoism적 사고를 하고 있다고
하거나, 또는 아직 신화적 사유에서 완전히 벗어나지 못했다고 한다
(Burnet 1945:12). 그러나 먼저 물활론은 물질과 영혼의 구분을 분명
하게 하지 못한다는 전제에 기초하고 있기 때문에, 탈레스를 비롯한 밀
레토스 학파를 단순히 물활론자라고 평가하기는 어렵다. 또한 탈레스
의 주장이 신화적 사유와 연속적인 측면이 전혀 없다고 할 수는 없다
(장영란 2000b:3-15). 근동의 우주생성신화는 거의 대부분 물로 시작
하고 있다. 모든 생명의 원천이라는 점에서 물은 신화뿐만 아니라 철학
에서도 모든 것의 근원 또는 원리로 설명될 수 있다. 그러나 탈레스는
물을 신화적으로 설명하고 있는 것이 아니라 과학적 방식으로 설명하
고 있다. 그것은 반복적인 관찰과 경험을 통해 얻은 결론이기 때문이
다. 바로 이러한 점에서 탈레스는 신화와 철학의 연속성과 단절성을 가
장 극명하게 드러내주고 있다.

아낙시만드로스는 이 세계의 궁극적인 원리를 아페이론apeiron, 즉 무
한정자라 했다. 그가 공기나 물 또는 불과 같은 요소들을 원리로 놓지
않은 이유는 공기는 차갑지만 물은 습하고 불은 뜨거운 것처럼 원소들
은 서로 상반되기 때문이다. 만약 그것들 중 하나가 무한정하다면 다른
것들은 모두 이미 소멸해버렸을 것이다. 그러므로 무한정자는 이러한
원소들과 다르고, 오히려 무한정자로부터 이것들이 생성되어 나온다
(DK12A16). 아낙시만드로스의 경우에도 영혼에 대한 단편들은 거의
남아 있지 않지만 인간과 다른 생명체가 어떻게 생겨났는가를 설명하
는 단편들이 전해진다.

아낙시만드로스는 생명체가 '습한 것'으로부터 나온다고 한다. "생
명체들이 태양에 의해 증발된 습기로부터 생성되었다. 사람은 본래 다
른 동물, 즉 물고기와 비슷하다."(Hippol. Haer.1.6.6) 이러한 주장은

태아가 양수 속에 있는 상태를 추측하게 만든다. 물속에 있는 태아가 마치 물고기처럼 그려졌을 수 있다. 나아가 그는 인간이 처음에는 다른 종류의 생명체로부터 태어났다고 생각했다. 왜냐하면 다른 생명체들과 달리 인간은 오랜 양육 기간을 필요로 하기 때문이라고 한다(DK12A10). 아마도 아낙시만드로스는 반복된 관찰과 경험들을 통해 유독 인간이라는 동물이 다른 어떤 동물보다도 오랫동안 보살핌을 받아야 한다는 사실에 주목한 것 같다. 플루타르코스는 생명의 기원과 관련하여 그리스인들과 시리아인들의 종교적 관습을 비교한다(DK12A30). 옛날 그리스인들은 시리아인들처럼 사람들이 축축한 것에서 생겼다고 믿었다. 그래서 조상 대대로 포세이돈에게 제물을 바쳤고, 그 때문에 물고기를 자신들과 같은 종족으로 숭배했다. 그러나 아낙시만드로스는 물고기와 인간이 동일한 것에서 태어난 것이 아니라, 처음에 인간은 마치 상어들처럼 물고기 뱃속에서 태어나 길러졌다고 한다. 그 이후에 스스로를 돌볼 수 있게 되었을 때 밖으로 나와 땅으로 나갔다고 주장한다. 아낙시만드로스의 단편들은 생명은 태양의 열에 영향을 받아 젖은 진흙으로부터 비롯되었다고 말하고 있다. 사실 생명의 발생에 대한 이러한 종류의 설명은 근동 지방에 등장하는 신화에서 종종 접할 수 있다.

아낙시메네스Anaximenes는 앞의 두 철학자들에 비해 영혼에 대해 보다 특별한 언급을 하고 있는 편이다. 그는 아낙시만드로스처럼 원리arche가 무한정한 것이 아니라 한정된 것이라고 생각했다. 그래서 그는 공기를 가장 우선적인 원리로 놓았다(Arist. *Metaph*. 984a5). 공기는 희박과 농축에 따라 존재 방식이 달라진다. 공기가 희박하게 되면 불로 되고, 농축되면 바람으로, 구름으로, 더 나아가 물로, 흙으로, 돌로 된다(Hippol. *Haer*. 1.71). 아낙시메네스는 이러한 운동이 영원하다고 한다. 여기서 공기는 아리스토텔레스가 말하는 질료인의 역할도 하지만 운동인의 역할도 함축하고 있다고 할 수 있다. 아낙시메네스가 공기를 원리로 삼은 것은 숨과 생명과의 연관성 때문일 것이다.

인간은 살아있기 위해 숨을 쉬어야 한다. 생명체마다 숨을 쉬는 기관이나 방식은 다를 수 있지만 숨 혹은 호흡은 생명을 유지하는 데 필수적이다.[3] 숨과 공기가 생명과 밀접한 연관을 가지고 있는 한에서 영혼과 무관하다고 할 수는 없다. 더 나아가 아낙시메네스는 공기가 신이라고 한다. 그것은 생성되며, 측정할 수 없으며, 한정되지 않으며, 항상 운동하고 있다(Cic. *Nat.* D. 1.10.26). 이러한 맥락에서 공기로부터 신들과 신적인 것들이 생성되었다는 주장을 이해할 수 있다(DK13A7). 사실 아낙시메네스뿐만 아니라 대부분의 초기 자연철학자들은 자신들의 원리arche가 신적이라고 생각했던 걸로 보인다. 공기가 신이라는 아낙시메네스의 주장이 우주 안에 있는 신들 자체가 실제로 신적인 모든 것을 둘러싸는 공기로부터 나왔다는 취지로 추론할 수도 있다(Kirk 1984:150).

영혼에 대한 아낙시메네스의 독특한 발상은 우주 안의 공기의 기능과 인간 안의 공기인 영혼의 기능을 유비적으로 설명한다는 점이다. 아에티우스Aetius에 따르면 아낙시메네스가 공기가 존재하는 것들의 원리라고 주장하는 이유는 모든 것들이 공기로부터 생겨나서 다시 공기로 해체되기 때문이다. "우리의 영혼처럼 우리를 결합하는synkratei 것은 공기이므로, 프네우마pneuma와 공기aer는 전 우주kosmos를 둘러싸고 있다."(Aetius. 1.3.4). 아낙시메네스에게 인간의 영혼은 분명 공기로 이루어져 있다. 여기서 중요한 것은 영혼이 우리를 결합하는 것처럼 공기도 우리를 결합한다는 것이다. 영혼인 공기는 바로 우리 자신의 단일성

3　아리스토파네스Aristophanes는 새로운 신들, 즉 '공기'와 '호흡'을 비웃으며, 공기와 인간 영혼이 친족 관계라는 것을 조롱했다. Aristophanes, *Nephelai*, 627ff.

의 원리이다. "우리를 결합시키는 것"에서 '우리'는 영혼과 육체를 가리킬 수도 있고 육체의 다양한 부분들을 가리킬 수 있다. 전자의 경우라면 영혼이 육체와 결합하여 지배하는 것을 의미할 것이며, 후자의 경우라면 육체의 다양한 부분들을 결합시키는 것을 의미할 것이다. 그렇지만 일반적으로 영혼이 육체를 결합시킨다는 생각은 소크라테스 이전 문헌에서는 발견할 수 없다고 할 것이다(Kirk 1984:160). 그러나 단순하게 죽음에 이르러 영혼이 육체를 떠나면 육체가 분해된다는 사실로부터 '결합되지 않는' 것을 설명하려 할 수도 있다.

나아가 "프네우마 또는 공기는 전 우주를 둘러싼다"는 주장을 살펴보자. 우선 프네우마pneuma는 숨 혹은 생명의 원리이다. 아낙시메네스는 공기를 세계의 숨으로 생각했다. 그것은 영원히 살아 있으며 신적이라고 말해진다. 인간 안에 있는 공기인 영혼이 우리를 결합시키듯이 우주를 둘러싸고 있다는 것은 우주의 숨 혹은 영혼이 우주를 결합시키고 있다는 것이다. 이것은 플라톤이 『티마이오스』에서 우주의 영혼을 언급하는 것을 떠올리게 한다. 그렇지만 그것이 우주 자체를 생명체로 여긴다는 인상을 주는 것은 분명하다. 인간과 우주를 유비적으로 생각한 아낙시메네스의 사상은 아주 독특한 면을 보여주고 있지만, 실제로 이미 당시 사회에 잘 알려진 사상이라는 견해도 있다. 버넷은 그것이 소우주와 대우주 논쟁의 초기의 한 사례이며 생리학적 문제들에 대한 관심을 나타낸다고 말한다(Burnet 1945:75). 또한 커크도 인간과 우주의 유사성이 기원전 5세기에 처음으로 의학적인 고찰에 의해 분명하게 제시되었다고 말한다(Kirk 1954:312). 나아가 그것은 당시의 오르페우스 종교의 원리와도 연관되어 있다. 이러한 주장들은 인간과 우주를 유비적으로 생각한 아낙시메네스의 사상과 관련된 단편이 어디서 영향을 받았든지 간에 아낙시메네스가 실제로 주장했었을 가능성을 높여준다.

4.2 인식의 원리로서 영혼

그리스 초기 자연철학자들에게 나타난 영혼 개념은 주로 생명이라는 특징과 밀접하게 연관되어 있다. 특히 탈레스나 아낙시메네스가 모든 것의 궁극적 원리를 물이나 공기라고 한 이유는 생명과 직접적인 연관이 있다. 그리스 초기 자연철학자들은 영혼의 주요 기능인 생명 현상을 모든 살아 있는 것의 운동과 변화의 원리로 설명한다. 그러나 현재 우리가 생각하는 영혼은 감각과 지성 및 욕구 등의 기능을 하는 것이다. 그리스 철학자들에게서 영혼에 대한 이러한 사유의 단초를 어디서 찾아볼 수 있는지 알아볼 필요가 있다. 여기서는 헤라클레이토스와 아낙사고라스와 데모크리토스를 중심으로 살펴볼 수 있을 것이다. 모든 인간은 태어나고 죽는다. 죽음은 인간의 운명이다. 이것은 단지 인간에게만 국한되는 것은 아니다. 모든 존재하는 것은 생성과 소멸의 과정을 거친다. 사실 헤라클레이토스에게 살아 있는 것과 죽는 것, 깨어 있는 것과 잠든 것, 젊은 것과 늙은 것은 동일한 것이다([Plutarch] Cons. ad Apoll. 10, 106E). 왜냐하면 살아 있는 것이 변하면 죽는 것이 되고, 깨어 있는 것이 변하면 자는 것이고, 젊은 것이 변하면 늙는 것이 되기 때문이다. 모든 것은 순환한다. 그러나 그것은 일정한 법칙logos에 따라 변화한다.

헤라클레이토스에게는 개별적인 영혼 자체가 불멸하는 것으로 보이지 않는다. 그는 영혼은 물이 되는 것이, 물은 흙이 되는 것이, 흙은 물이 되는 것이, 물은 영혼이 되는 것이 죽음이라고 말했다(Clement Strom. VI, 17, 2). 이러한 변화의 과정에서 영혼은 자기 동일성을 유지할 수 없다. 그것은 불과 전혀 다른 특성을 가진 물과 흙 등으로 변화한다. 불이 자기 동일성을 유지하면서 물이나 흙으로 변화하는 것은 아니다. 그렇다면 최초의 영혼이 물이나 흙과 같은 전혀 다른 실체로 되었다가 다시 불로 될 때, 여기서 불이나 물 및 흙은 보편적인 것이지 개별적인 것은 아니다. 만약 개인 영혼의 윤회설을 주장하면 헤라클레이토스가 죽음 이후의 개별자의 개념을 가지고 있었다는 것을 보여줄 아주 강력한 반증이 필요할 것이다(cf. Nussbaum 1972b:155). 물론 죽음 이후에 보상과 관련하여 "더 큰 죽음은 더 큰 몫을 받는다"(DK22B25)와 같은 단편은 마치 개별적인 영혼을 전제하고 있는 듯 보인다. 그러나 헤라클레이토스가 인간의 삶에 대해 설명한 것을 보면 그러한 개념에 대한 부정을 전제하고 있다. 우리가 이 점에 주목하는 이유는 개별적인 영혼의 동일성이 확보되어야 죽음 이후에 개별적인 영혼의 불멸과 윤회를 말할 수 있기 때문이다. 따라서 헤라클레이토스의 영혼 개념은 오르페우스 종교와 피타고라스학파의 영혼 개념과는 근본적으로 차이가 있다.

아리스토텔레스에 따르면 헤라클레이토스는 영혼을 제1 원리라 불렀고, 가장 덜 물질적이며asomatotaton 영원한 흐름rheon aei 속에 있다고 주장했다(DA 405a). 우선 영혼이 제1 원리라는 것은 모든 것들이 영혼으로부터 생성되어 나온다고 생각하기 때문일 것이다. 여기서 영혼은 자연physis에 국한되어 있다. 다음으로 영혼이 가장 덜 물질적이라는 주장은 헤라클레이토스가 영혼이 물질적이라고 생각을 아직 떨치지 못한다는 사실을 입증한다. 그는 여전히 영혼을 물질적인 것으로 생각하며 '불'로 비유한다. 영혼의 운반체는 항상 살아 있으며 항상 운동하는 불이다. 헤라클레이토스는 불을 인식론적인 측면에서 표현할 때 빛으로 비유한다. 빛은 불의 가장 건조한 상태로서 설명된다. 영혼이 건조하게 되어 빛과 같이 되면 가장 현명하고 가장 뛰어나게 된다(DK22B118). 그러나 영혼이 습한 상태이면 즐거움을 얻을 수는 있지만 심한 경우에는 물로 변한다고 말한다(DK22B77). 마지막으로 영혼은 영원히 변화하는 과정 중에 있다고 한다. 이미 말했듯이 헤라클레이토스는 "영혼들에게 죽음은 물이 되는 것이고, 물에게 죽음은 흙이 되는 것이다. 흙에서 물이 생겨나고, 물에서 영혼이 생겨난다."(DK22B36)고 주장한다. 이 세계에 존재하는 모든 것은 끊임없이 변화한다. 그러나 그것은 일정한 법칙인 로고스logos에 따라 변화한다.

영혼에 대해서 헤라클레이토스가 그 이전 철학자들과 구별되는 점은 영혼이 단순히 생명의 원리라는 것 이외에 본격적으로 인식 능력에 관심을 가졌다는 사실이다. "말을 알아듣지 못하는 영혼barbaros psyche을 가진 한에서, 눈과 귀는 사람들에게 나쁜 증인이다."(DK22B107). 헤라클레이토스는 영혼의 등급을 따지며 말을 알아듣지 못하는 영혼을 가진 사람에게 눈과 귀를 통해서 얻게 되는 앎은 나쁜 작용을 한다고 평가한다. 이것은 감각이 우리를 속이거나 방해하여 진리를 알지 못하게 한다는 말은 아니다. 헤라클레이토스에게 인간을 속이는 것은 감각이 아니라 영혼이다. 영혼이 감각-지각을 통해서 수용한 것을 해석하면서 오류를 범하기 때문이다(Nussbaum 1972a:9). 초기 이오니아학파 철학자들이 호메로스와 같이 영혼을 생명의 원리로 보았던 것과는 달리 헤라클레이토스가 영혼의 인식 능력에 주목했다는 점은 중요하다. 이것은 영혼의 능력에 대한 새로운 지평을 마련한 것으로 볼 수 있다.

나아가 헤라클레이토스는 인간의 영혼이 생각하는 능력을 통해 자기 자신을 탐구할 수 있다고 말한다(DK22B113). 헤라클레이토스의 단편 "나는 나 자신을 탐구했다"(DK22B101)는 델포이의 유명한 격언 "너 자신을 알라"를 연상시킨다. 델포이의 격언이 인간과 신의 차이를 알고 오만을 부리지 말하는 경고라면, 헤라클레이토스의 주장은 영혼의 훈련과 밀접한 관계가 있다(Robb 1986:339). 우리가 진지하게 영혼을 탐구하다 보면 자기 자신이 누구인지를 알 수 있다. 더욱이 자기 자신이 어떤 존재인지 알면 자기 자신을 통제할 수 있다. 그래서 헤라클레이토스는 모든 인간들이 자기 자신을 알 수 있으며 절제할 수 있다고 한다(DK22B116). 그러나 그것은 우리가 자기 자신에 대해 진지하게 탐구할 때에만 가능한 것이다. 그렇지만 영혼에 대한 탐구는 끝이 있을 수 없다. 육체와 달리 영혼 자체는 한계가 없기 때문이다. 헤라클레이토스는 영혼의 크기에 대해 "그대는 가면서 모든 길을 다 밟아보아도 영혼의 한계peirata를 찾을 수 없을 것이다. 영혼은 그토록 깊은 로고스를 가지고 있다."고 말한다(DK22B45). 우리가 아무리 영혼에 대해 탐구해보아도 영혼의 한계에 도달하지는 못한다. 영혼이 가진 로고스는 너무나 깊이 있어 측정할 수 없다.

그리스 철학에서 영혼의 능력을 세분하여 보다 정교하게 감각과 지성을 구별하여 설명하려 했던 사람은 아낙사고라스Anaxagoras이다. 영혼 자체에 대한 아낙사고라스의 단편들은 거의 남아 있지 않다. 그는 영혼을 물질적인 것이지만 지적인 것으로 생각했다. 그것은 지성nous이라 불린다. 아낙사고라스는 최초로 인식과 운동의 원리로서 지성을 설명하여 소크라테스의 칭송과 비난을 동시에 받았다(DK59A47). 소크라테스는 아낙사고라스의 책을 읽고 모든 것을 질서 짓고 모든 것의 원인이 되는 것을 지성nous이라 말하는 것을 알았다. 그러나 그는 아낙사고라스가 실제로는 지성을 전혀 사용하지 않는 것을 알고 실망했다고 말한다.

아낙사고라스는 헤라클레이토스와 마찬가지로 지성을 설명하면서 물질성을 완전히 떨쳐버리지 못했다. 그래서 모든 것들 중에 지성은 가장 미세하고 순수하다고 한다. 지성은 인식의 원리이기도 하다. 그것은 "모든 것에 대해서 모든 앎을 가지고 있으며 가장 힘이 세다."(DK

59B12). 모든 것을 안다는 사실이 모든 것을 지배할 수 있는 힘을 보장한다. 또한 지성은 운동의 원리로서 모든 것은 지성에 의해 운동하게 된다(DK59A1;DK59A42). 그러나 소크라테스가 실망을 금치 못했던 것처럼 아낙사고라스는 최초의 운동의 원인을 지성이라 하지만 그 다음부터는 지성과 상관없이 기계적인 운동이 일어나는 것으로 설명한다(DK59B13).

사실 그리스 초기 자연철학에서 영혼의 비물질성에 대한 논의는 기대하기는 쉽지 않다. 레우키포스Leukippos와 데모크리토스Demokritos에 이르면 영혼의 물질성은 더욱 확고해진다. 이들은 모든 것의 원리를 원자atom라 말하며 원리들의 수가 무한하다고 말한다. 원자들은 "자를 수도 없고 나눌 수도 없으며 꽉 차있기 때문에 영향을 받지도 않고 허공을 갖지 않는다고 생각했다."(DK67A14). 영혼도 불 또는 열의 일종으로 구의 형태라고 생각했다. 구의 형태를 가진 것들은 모든 것 속에 가장 쉽게 침투할 수 있고 그 자신이 움직이고 있으므로 다른 것들도 움직일 수 있다(DA 403b). 영혼이 다른 원자들과 다른 점은 단지 구형이기 때문에 훨씬 쉽게 움직일 수 있고 다른 것들보다 먼저 움직여서 다른 것들을 움직이게 하는 것뿐이다.

데모크리토스는 영혼의 운동이 자발적인 내적 원리가 아니라 다른 원자들과의 역학적인 충돌에서 기인한다고 생각했다(DK67A6). 초기 자연철학자들이 자발적 운동, 즉 스스로 움직일 수 있다는 사실에 근거하여 영혼이 존재한다고 생각했던 것과는 전혀 다른 특징을 띠고 있다. 말하자면 영혼의 운동이 자발적인가 또는 아닌가의 문제가 아니라, 단순히 더 빠른지 또는 느린지의 속도의 문제로 변형되었다. 심지어 영혼의 인식 능력인 감각-지각과 사유도 원자들 간의 접촉과 연관하여 설명하고 있다(DK68A119). 가령 눈에 부딪히는 이미지image가 없다면 시각 작용이 일어나지 않는 것과 같다. 나아가 영혼의 탄생과 죽음은 단지 원자들의 결합과 분리일 뿐이기 때문에 불멸성의 문제는 제기되지 않는다. 데모크리토스의 경우에 영혼과 생명의 개념에서 신비하고 이성적인 것은 무엇이건 완전히 제거되어 버렸다. 헤라클레이토스 이후에 영혼의 비물질성에 대한 논의는 데모크리토스에 이르러 정체되어 버렸다고 할 수 있다. 또한 영혼의 인식 능력과 관련된 문제도 단순히 영혼 원자들의 기계적인 운동과 변화에 따른 것으로 환원되어버려 새로운 전환이 필요하게 되었다.

4.3 불멸의 원리로서의 영혼

그리스 신화와 철학에서 인간은 영혼과 육체로 이루어진다고 설명한다. 영혼이 육체로부터 분리되는 것이 죽음이다. 그리스의 올림포스 신화에는 죽은 후에 영혼은 신체와 분리되어 하데스로 간다. 호메로스도 하데스에서 영혼은 아무런 의식이 없이 연기나 그림자처럼 살아간다고 한다. 그렇지만 한 가지 분명한 것은 영혼이 사멸하지 않고 여전히 존재하며 하데스를 떠돌고 있다는 것이다. 물론 엄밀히 말해서 하데스에서 머문다고 해서 영혼이 불멸하는 것이라고 말하기는 어렵다. 호메로스는 영혼이 마치 허상인 것처럼 말하고 있기 때문이다. 근본적으로 영혼 그 자체는 생명의 원리이기 때문에 소멸할 수가 없다. 그러나 죽음 이후의 영혼은 '장영란'이나 '플라톤', 또는 '아리스토텔레스'라는 개별적인 자기 자신에 대한 의식을 가지고 있지 않을뿐더러 그 밖에 다른 어떤 기능도 하지 않기 때문에 완전한 의미의 불멸이라고 말하기 어렵다. 나아가 호메로스의 경우에 영혼이 죽음 이후에도 존재한다고 할지라도 윤회하지는 않고 단지 하데스를 배회하는 것으로 나타날 뿐이다.

반면에 오르페우스 종교는 근본적으로 개별적인 영혼 자체가 불멸할 수 있다고 생각한다. 모든 영혼은 윤회한다. 그것은 수많은 윤회를 통해서 자기 정체성을 유지할 수 있다. 죽음을 통해 각 영혼은 단지 자기 자신이 누구인지를 망각할 뿐이지 자기 자신이 본질적으로 변하는 것은 아니다. 따라서 우리는 영혼의 훈련을 통해서 자신을 기억해낼 수 있고 진리를 상기할 수 있다. 이러한 특징은 피타고라스학파뿐만 아니라 엠페도클레스의 영혼에 관한 단편들에도 나타난다. 흔히 피타고라스학파의 영혼관은 오르페우스 종교로부터 영향을 받았다고 설명할 만큼 서로 유사하게 나타난다. 나아가 플라톤의 상기설이나 영혼불멸론 및 윤회설 등도 그들과 매우 유사한 특징을 나타낸다.

영혼은 항상 운동하기 때문에 불멸한다

그리스 신화와 철학에서 영혼의 불멸성에 대해 증명하는 것은 가장 쉬운 일이기도 했지만 가장 어려운 일이기도 했다. 플라톤 이전에 호메로스의 경우에는 영혼의 불멸성을 말하는데 별다른 논증을 필요로 하지 않는다. 호메로스에게 영혼은 '생명 그 자체'였고 '생명의 원리'이기 때문에 죽음 이후에도 영혼은 살아남는다. 영혼은 죽음과 동시에 사라지거나 소멸하지는 않지만 살아 있을 때와 같은 방식으로 존재하는 것은 아니다. 그러나 그리스의 초기 자연철학자들은 영혼의 특성을 설명하는 데 점차 어려움을 느끼기 시작한다.

그리스 초기 자연철학자들은 영혼의 물질성을 완전히 떨치지 못했다. 특히 영혼을 운동의 원인 또는 원리로 생각하는 헤라클레이토스는 "가장 덜 물질적"이라고 말하며, 아낙사고라스는 "가장 미세하고 순수한" 물질이라고 말하고, 데모크리토스는 아예 "구형의 원자"라고 말한다. 이러한 주장은 영혼이 가진 물질적 특성을 최대한 축소하고 제거하려는 시도를 하고 있기는 하지만 여전히 벗어나지 못했다는 사실을 보여준다. 그러나 플라톤의 경우에는 영혼이 불멸한다는 증명을 하기 위해 기존의 초기 철학자들과는 전혀 다른 전제를 제시한다. 서구 철학에서 특히 그리스인들의 정신 속에서 '비물질성'에 대한 개념을 생각해낸 것은 가히 '혁명적'이라고 말할 수 있다.

근대에 이르러 데카르트가 영혼 대신에 사유하는 실체로서 '정신'과 연장된 실체로서 '물질'을 명확하게 구분한 사실은 '비물질성'의 발견에 비하면 훨씬 중요성이 떨어진다. 근본적으로 서구 철학의 전통에서 그리스인들은 '무'(無)에 대한 개념이 거의 없었다고 할 수 있다. 파르메니데스가 '있는 것은 있는 것으로부터 나오고, 없는 것은 없는 것으로부터 나온다'라고 주장한 것은 당시의 그리스인들의 일반적인 신념을 표현한 것이기도 하다. 그런데 '비물질성'은 있는 것과 없는 것의 중간적인 존재이다. 왜냐하면 그것은 분명히 있기는 하지만 지각되지 않기 때문이다. 엄밀히 말하자면 '있는 것'이지만 감각-지각이 되지 않기 때문에 '없는 것'이라고 말해지기 때문이다. 기존의 초기 자연철학자들은 영혼이 '있다'고 전제하기 때문에 당연히 '물질적'이라고 생각했던 것이다. 그래서 영혼을 가장 미세하고 순수한 요소라거나 구형의 원자라는 주장을 하게 된 것이다. 그러나 이제, 비록 감각에 의해 지각되지는 않지만 '있는 것'이 있다고 말할 수 있는 것이다.

플라톤에 이르면 영혼의 물질성은 거의 제거된다. 이미 플라톤은 영혼이 불멸한다는 사실을 증명하기 위해 영혼의 비물질성을 전제한다. 아리스토텔레스에 따르면 호메로스는 물론이고 초기 자연철학자들부터 플라톤 이전까지 '비물질성'의 개념을 거의 확보하지 못한 것으로 보인다(*DA*, 404aff). 즉 피타고라스학파는 영혼을 공기 속의 작은 먼지들과 동일시하며, 엠페도클레스도 네 가지 요소 각각이 영혼이라고 생각했다. 비록 아낙사고라스가 영혼과 다른 '지성'nous을 말하면서 가장 미세하고 순수한 것이라고 하지만 그것도 역시 미세하다는 점에서 비물질에 가까운 것일 뿐 완전히 비물질이라 말할 수는 없는 것이다.

데모크리토스는 영혼을 불 혹은 뜨거운 것이라고 말하고, 레우키포스는 영혼을 움직이기 쉬운 구형의 원자라고 말한다. 또한 히포Hippo는 모든 것의 씨앗이 습기를 갖는다는 점에서 영혼을 물이라고 말하며, 크리티아스Critias는 영혼에 가장 고유한 기능이 감각이라고 생각하였기 때문에 영혼이 '피'라고 말했다. 그래서 아리스토텔레스는 흙을 제외하고는 모든 원소들이 영혼이라고 주장했다. 왜냐하면 영혼의 가장 중요한 특징이 바로 '움직일 수 있는 능력'이라고 생각했기 때문이다.

사실 아리스토텔레스는 『영혼론』에서 초기 자연철학자들의 영혼관을 설명하기 위해 중요한 개념들을 도입하고 있다. 그것은 바로 '운동' 또는 '변화'의 개념이다. 초기 자연철학자들에게 이것은 영혼을 발견하는 중요한 단초였다. 그렇지만 플라톤은 영혼의 불멸성을 증명하기 위해 『파이드로스』에서 운동의 개념을 도입했다(Phdr. 245c–246a). 소크라테스의 최후의 날에 있었던 대화로 설정된 『파이돈』에서도 영혼의 불멸성을 논하고 있다. 영혼의 불멸성과 관련하여 '운동'의 개념이 어떤 역할을 하는지를 살펴볼 필요가 있다. 플라톤의 영혼불멸성의 논증을 크게 세 단계로 나누어 설명할 수 있다.

첫째, 모든 영혼은 불멸한다. 왜냐하면 항상 운동하는 것은 불멸하기 때문이다. 즉 영혼은 항상 운동한다. 그러나 다른 것을 움직이거나 다른 것에 의해 움직여지는 것은 움직임이 멈췄을 때 살아 있기를 그친다. 스스로 움직이는 것만이 유일하게 자기 자신을 떠나지 않기 때문에 움직임을 멈추지 않을 뿐만 아니라, 움직이는 다른 모든 것들의 운동의 원천이자 시초arche가 된다.

둘째, 시초는 생성된 것이 아니다. 왜냐하면 모든 생성되는 것은 반드시 시초로부터 생성되지만 시초는 어떤 것으로부터도 생성되지 않는다. 만일 시초가 어떤 것으로부터 생성되었다면, 그것은 이미 시초가 아닐 것이다. 만약 그것이 생성된 것이 아니라면 소멸될 수도 없다. 왜냐하면 만일 시초가 소멸된다면 그것이 다른 어떤 것으로부터 생성될 수 없는 것이기 때문이다. 또한 모든 것이 시초로부터 생겨나야 한다면 그것으로부터 다른 것이 생겨나는 일도 없을 것이기 때문이다. 스스로 움직이는 것은 운동의 시초이다. 시초는 소멸될 수도 없고, 생성할 수도 없다. 그렇지 않다면 온 하늘과 땅이 무너져 내려 정지하게 될 것이고 다시는 운동의 시초를 가질 수 없을 것이다.

셋째, 모든 움직이는 물체는 그 운동의 원인이 외부에 있거나 내부에 있다. 외부의 원인에 의해 운동을 하는 것은 영혼이 없는 것이며, 내부의 원인에 의해 자기 자신으로부터 운동을 하는 것은 영혼이 있는 것이다. 실제로 자기 자신을 움직일 수 있게 하는 것이 영혼 밖에 없다면, 영혼은 필연적으로 생겨나지도 않고 죽지도 않는 것이다. 플라톤은 영혼이 항상 운동하기 때문에 불멸한다고 한다. 그렇지만 만약 운동의 원인이 다른 것에 있다면 그것이 자기 자신을 떠나면 운동을 멈추게 된다고 한다. 그렇다면 그것은 소멸하게 된다. 그러나 만약 운동의 원인이 자기 자신에게 있다면 그것은 운동을 결코 멈추지 않을 것이다. 따라서 영혼은 불멸한다.

영혼은 비복합적이기 때문에 불멸한다

플라톤은 『파이돈』에서 먼저 영혼의 운동 개념을 통해 영혼의 불멸에 관해 논한 후에, 다시 영혼의 비복합성 개념을 통해 영혼의 불멸에 관해 아주 긴 논쟁을 시작하고 있다. 그것은 이미 말했듯이 초기 자연철학자들에게 나타나는 영혼이 물질적이라는 견해를 전면적으로 반박하는 내용이다. 『파이돈』에서 소크라테스는 영혼이 신체와 분리되면 결국 바람처럼 흩날리며 소멸되지 않겠느냐는 반론에 영혼은 비복합적인 것이므로 불멸한다고 주장한다(Phd. 78a-80c). 여기서 복합적인 것은 여러 원소들로 결합된 것을 말한다. 기본적으로 원소들이 결합되면 생성되고 분해되면 소멸한다. 따라서 복합적인 것은 생성되고 소멸할 수밖에 없는 것이다.

첫째, 복합적인 것은 본성적으로 분해될 수 있는 것인 반면, 비복합적인 것은 분해되지 않는 것이다. 또한 비복합적인 것은 항상 그대로 있으면서 불변하는 것이며, 복합적인 것은 항상 변화하며 결코 그대로 있는 것이 아니다. 둘째, 항상 변하지 않는 것은 같음 자체, 아름다움 자체와 같이 그 자체로 존재하는 것들인 반면에, 항상 변하는 것들은 수많은 개별적인 비슷한 것들이나 아름다운 것들과 같은 것이다. 셋째, 존재하는 것들은 두 가지 종류가 있다. 그것은 감관에 의해 지각할 수 있는 눈에 보이는 것과 이성에 의해서만 파악할 수 있는 눈에 보이지 않는 것이다. 눈에 보이는 것은 변하는 것이요, 눈에 보이지 않는 것은 변하지 않는 것이다. 넷째, 우리 자신을 두고 볼 때 신체는 눈에 보이는 것에 가깝고 변하는 것이요, 영혼은 눈에 보이지 않는 것에 가까우며 변하지 않는 것이다. 그러므로 영혼은 신적인 것과 유사하고 불멸한다. 그러나 신체는 결국 소멸한다.

우선 영혼불멸론의 제1 논증은 '순환론'을 제시한다. 『파이돈』에서 소크라테스가 철학은 육체로부터 영혼을 분리하여 그 자체로 순수하게 참된 실재를 인식하는 것이라고 설파하자, 케베스는 영혼이 육체를 떠나면 아무 곳에도 존재하지 않고 사람이 죽는 그 날 소멸하며 마지막이라고 말한다. 그는 육체를 떠나자마자 연기나 입김처럼 무산되어 버리고 사라져 없어진다고 생각하여 두려워하는 사람들의 견해를 제시하며, 소크라테스에게 이것을 반박할 논거와 증거를 제시할 것을 요구한다. 소크라테스는 다음과 같이 답변하고 있다. 존재하는 모든 것은 반대되는 것으로부터 생긴다. 즉 아름다움과 추함, 옳음과 옳지 않음, 큼과 작음 등과 같이, 모든 반대되는 것들은 모두 반대되는 것들로부터 생겨난다. 가령 잠자는 것과 깨어 있는 것은 반대이다. 잠자는 것에서 깨어 있는 것이 나오고, 깨어 있는 것으로부터 잠자는 것이 나온다. 삶과 죽음도 이와 마찬가지다. 죽음은 삶의 반대이다. 죽은 자로부터 산자가 나오고, 산 자로부터 죽은 자가 나온다. 만약 그렇다면 죽은 자의 영혼은 어디엔가 있다가 거기서 되살아 올 것이다(*Phd*. 69e-72d). 나아가 이 논증을 보완하기 위해 소크라테스는 상기론을 도입한다.

다음으로 영혼불멸론의 제2 논증은 '상기론'을 제시한다. 『파이돈』에서 상기론은 출생 이전의 영혼의 존재를 증명하기 위해 제공된다(*Phd*.72e-77a). 만약 어떤 사람이 무엇인가를 상기하게 된다면, 그는 그것을 언젠가 알고 있었어야만 한다. 특히 어떤 사람이 오래되었고 생각조차 하지 않은 탓에 벌써 잊어버렸던 것에 관해 이러한 경험을 할 때 우리는 상기라고 말한다. 그런데 상기는 닮은 것들로부터 일어나기도 하지만, 닮지 않은 것들로부터도 일어나기도 한다. 예를 들어 심미아스 초상화를 보고 심미아스Simmias를 떠올리기도 하고, 케베스kebes를 떠올리기도 한다. 우리가 어떤 것을 상기할 수 있도록 동일한 것이 있어야 한다. 즉 나무토막과 나무토막이, 혹은 돌과 돌이 동일하다고 말하기 위해서는 이 모든 것과는 다른 동일한 것 자체가 있어야 한다. 그런데 이 "~인 것 자체"에 관한 지식을 어디서 갖게 되었는가? 우리는 나무들이나 돌들과 같은 것들을 보고서 알게 된 것이다. 그렇다면 이것들로부터 이것과 다른 어떤 것, 즉 동일함 자체를 생각해낸 것이다. 그렇지만 동일한 것들과 동일함 자체는 같은 것이 아니다. 그렇다면 어떻게 우리는 동일한 것들을 보고 동일함 자체를 생각하게 되었는가? 여하간 우리가 어떤 것을 보고 그로 인해 다른 것을 생각해낸다면, 그것이 바로 상기이다.

그런데 우리가 어떤 것을 생각하면서 그것을 다른 어떤 것과 비교하여 유사한 것인지, 혹은 그것과 유사하기는 하지만 부족하다고 말하려면, 반드시 그 대상을 앞서 알고 있어야 한다. 이와 마찬가지로 우리는 동일함 자체도 미리 알고 있어야 한다. 우리가 이렇게 상기할 수 있는 것은 보거나 만지거나 또는 그 밖의 다른 감각으로부터 출발한다. 그러나 감각만으로는 동일함 자체에 이를 수 없다. 그렇다면 동일함 자체는 우리가 듣거나 보거나 또는 다른 방식으로 지각하기 이전에 이미 알고 있는 것이다. 이와 마찬가지로 아름다움 자체, 좋음 자체, 올바름 자체, 신성함 자체와 같이 '~인 것 자체'는 우리가 태어나기 이전에 가지고 있던 것이다. 말하자면 상기는 우리가 태어나기 전에 가지고 있다가 태어나면서 잃어버렸지만, 후에 그런 것과 관련하여 감각을 사용하여 이전에 언젠가 우리들이 가진 적이 있던 그 지식들을 도로 갖게 되는 것을 말한다.

마지막으로 영혼불멸론의 제3 논증은 영혼의 '비복합성'을 제시한다. 영혼이 출생 이전에 존재한다는 것을 인정하더라도 죽음 이후에 여전히 살아남는지의 문제에 대해 심미아스가 다시 의문을 제기하면서, 설사 영혼이 다른 곳에서 태어난 것이라고 하더라도 일단 사람의 몸에 들어갔다가 떠나는 날에는 결국 소멸하여 없어진다는 것을 부인할 근거를 제시할 것이 요구한다(*Phd*. 78a-80c). 소크라테스는 농담조로 그와 같이 생각하는 사람은 마치 어린아이처럼, 영혼이 육체를 떠나면 바람에 불리어 산산이 조각나서 흩어지리라 생각할 것이며, 날씨가 잔잔

할 때 보다는 큰 폭풍우가 일어날 때 죽는다면 더 쉽게 분산될 것이라 생각할 것이라고 실소한다.

어떤 것이든지 분해되는 것은 복합적인 것이다. 복합적인 것은 본성상 분해될 수 있는 것인 반면, 복합되지 않은 것은 분해되지 않는 것이다. 또한 복합적인 것은 항상 변화하며 결코 그대로 있는 것이 아니며, 복합되지 않은 것은 항상 그대로 있으면서 불변하는 것이다. 항상 변하지 않는 것들은 아름다움 자체와 같이 그 자체로 존재하는 것들인 반면에, 항상 변하는 것들은 수많은 개별적인 비슷한 것들이나 아름다운 것들과 같은 것이다. 존재하는 것들은 두 가지 종류가 있는데, 그것은 감관에 의해 지각할 수 있는 눈에 보이는 것과 이성에 의해서만 파악할 수 있는 눈에 보이지 않는 것이다. 눈에 보이는 것은 변하는 것이요, 눈에 보이지 않는 것은 변하지 않는 것이다. 우리 자신을 두고 볼 때 육체는 눈에 보이는 것에 가깝고, 영혼은 눈에 보이지 않는 것에 가깝다. 그래서 육체는 변하는 것이요, 영혼은 불변하는 것이다. 그러므로 영혼은 신적인 것과 흡사하고 불멸하며, 예지적이요, 한결같은 모습으로 분해되지 않으며 불변하는 것인데 반해, 육체는 소멸하며 비예지적이요, 각양각색이므로 분해될 수 있으며 변하는 것이다.

영혼은 조화가 아니며 생명의 원리이다

심미아스는 영혼이 신체의 구성 요소들 간의 조화라는 이론을 주장하며, 신체가 소멸하면 영혼도 소멸할 것이라고 주장한다(*Phd*. 85e-86d). 가령 어떤 사람이 리라와 그것의 줄의 화음과 관련하여, 화음은 리라로부터 우러나오는 것이되 보이지 않으며 비물체적이며 더할 나위 없이 아름다우며 신적인 것인데 반하여, 리라와 그것의 줄들은 물체적이며 복합적이어서 땅에서 나온 것의 성질을 가지고 있어 사멸하여 없어질 수밖에 없다고 주장할 수 있다. 소크라테스식의 논법을 적용하자면, 만일 누가 리라를 부수고 그 줄을 끊으면 화음이 없어진 것이 아니라 어디엔가 그대로 계속해서 존재한다고 생각해야 할 것이다. 그러나 육체의 줄이 질병이나 다른 상해로 인해 지나치게 느슨하게 되거나 너무 팽팽하게 조여져 있게 되면, 아무리 영혼이 가장 신적인 것이라고 해도 음악의 화음과 같이 즉시 소멸해버리고 만다. 다른 한편 육체의 잔해가 화장되거나 썩어 없어질 때까지 꽤 오랫동안 존속한다. 그래서 어떤 사람이 영혼이란 육체의 구성 요소들의 조화요, 죽음에 처하면 먼저 소멸하는 것이라고 주장할 수 있다.

케베스는 영혼이 신체보다 더 오래간다는 사실을 인정한다고 할지라도, 영혼이 윤회를 거듭하다 보면 마지막에 남는 영혼은 자신이 사용한 육체를 남기게 되어 결국 육체보다 더 오래 지속하지는 못할 것이 아닌가라고 반문한다(*Phd*. 87a-88b). 어떤 직조공이 나이가 많아서 죽었다고 하자. 누군가 말하기를 그는 죽은 것이 아니고, 어디엔가 편안히 잘 있는데, 그 증거로 그가 짜서 만들어 입었던 옷이 그대로 잘 있고 없어지지 않은 것을 제시한다. 혹 누군가는 사람이 더 오래가는가, 아니면 사람이 쓰고 입었던 옷이 더 오래가는가를 물을 수 있다. 그러면 사람이 더 오래간다고 답할 것이다. 그러나 더 나아가 직조공이 많은 옷을 지어 입고 버렸겠지만, 맨 마지막에 지은 옷은 만일 그것이 닳아 없어지기 전에 그 사람이 죽는다고 하면, 그 사람보다 더 오래갈 것이다. 그러나 그렇다고 해서 사람이 옷보다 못하거나 약하다는 것은 아니다.

영혼과 육체도 이와 마찬가지다. 그래서 영혼은 더 오래가고 육체는 영혼보다 약하고 덜 오래간다고 말할 수 있다. 그리고 영혼이 많은 육체를 입고 버리고 한다고 말할 수 있다. 사람이 살아 있는 동안에 육체는 소모되고 소멸되지만 영혼은 항상 새로운 옷을 짜 입으며 소모된 것을 보충해 갈 수 있다. 그러나 영혼이 사멸하는 날엔 영혼이 그 최후의 옷을 입겠고, 이 옷은 그 영혼보다 조금 더 오래갈 것이다. 그러므로 영혼이 육체보다 낫다는 것을 근거로 영혼이 사후에도 계속해서 존재한다는 것을 충분히 증명할 수는 없다. 그리하여 영혼이 여러 번 태어났다 죽었다 할 만한 힘을 가졌다고 인정한다 할지라도, 이와 같이 영혼이 거듭나는 일에 마침내 지쳐 언젠가는 육체의 죽음과 더불어 죽어서 완전히 사라지는 것이라고 주장할 수 있다. 소크라테스는 이미 증명한 '상기론'과 심미아스가 주장한 '영혼조화설'이 양립하지 않는다고 주장함으로써 심미아스에 대한 반증을 재개한다(*Phd*. 91c-95a).

첫째, 영혼은 육체와 결합되기 이전에 존재하였기 때문에, 영혼이 육체의 구성 요소들로 이루어졌다는 주장은 잘못이다. 영혼은 화음과 비슷한 것이 아니다. 화음은 먼저 리라와 그것의 줄들이 존재한 다음 생겨났다가 맨 먼저 사라지는 것이지만, 영혼은 육체나 그것의 구성 요소들이 존재하기 전에 존재했던 것이다.

둘째, 조화 또는 화음에는 여러 가지 정도가 있으나, 영혼에는 정도가 있을 수 없다. 즉 화음에 대해서는 좀 더 잘 조화될수록 더 참된 조화요, 좀 덜 조화될수록 덜 참된 조화라고 할 수 있으나, 영혼에 대해서는 한 영혼이 다른 영혼보다 좀 더 영혼답거나 좀 덜 영혼답다고 할 수 없다. 그런데 영혼조화설을 주장하는 사람은 덕과 악덕이 영혼 속에 있는 것을 설명할 수 없다. 덕은 조화되어 있는 것이고 악덕은 조화되지 않은 것이라고 한다면, 그들은 자신 외에 자신 안에 또 다른 조화를 가지고 있다고 말해야 한다. 더욱이 영혼이 조화라고 한다면, 영혼은 어떠한 악덕도 결코 갖지 않을 것이다. 왜냐하면 조화는 부조화와는 전혀 상관없는 것이기 때문이다.

셋째, 영혼은 육체에 대립될 수 있으며 육체를 통제할 수 있다. 영혼은 육체가 느끼는 것에 보조를 같이 하는 경우도 있지만, 육체가 덥고 목마른 경우에 영혼이 물을 못 마시게 하는 일도 있고 배고플 때 먹지 못하게 하는 일도 있다. 즉 영혼이 육체의 욕구에 반대하는 일은 무수하게 많다. 그러나 만일 영혼이 조화라고 한다면 그것을 구성하고 있는 요소들이 너무 팽팽하게 매어있거나 혹은 너무 느슨하게 매어있든지 간에, 이 모든 경우에 영혼을 절대로 그 구성요소에 반대할 수 없다. 그러나 영혼은 육체에 정반대되는 일을 하기도 한다. 그래서 평생 육체의 훈련과 의술 같은 것으로 육체에 고통을 줌으로써 육체를 가혹하게 다루기도 하고 경계도 하면서 욕망이나 정욕 혹은 공포를 달래면서 부드럽게 다루기도 한다. 소크라테스는 케베스의 반론에 대해 영혼은 죽지 않으며 파괴될 수 없다고 답변한다(*Phd.* 105b-107b). 영혼은 육체의 생명의 원리이다. 즉 육체를 살아 있게 하는 것은 곧 영혼이다. 영혼은 생명을 주는 것이요, 죽음은 생명과 반대되는 것이다. 반대되는 것들의 순환에 관한 논증에서 이미 언급했듯이, 영혼은 그것이 지니고 있는 것과 반대되는 것을 절대로 받아들이지 않는다. 그러므로 영혼은 불사이며 불멸한다.

인간은 우리의 예상보다 훨씬 오래 전부터 이 세계와 연관하여 자신의 삶과 죽음 및 운명 등을 이해해내려고 노력했다. 실제로 철학 이전의 고대 신화와 종교에 나타난 세계관에서 이미 인간이 어느 정도는 '영혼'에 대한 개념을 가지고 있었다는 것을 알 수 있다. 인간이라면 필연적으로 받아들일 수밖에 없는 죽음이라는 현실 앞에서 인간은 근본적인 한계를 느낄 수밖에 없었을 것이다. 결국 죽음에 대한 반성적 사고는 인간 자신에 대한 본질적인 성찰을 요구하였을 것이다. 물론 그리스의 경우에 이러한 사유가 구체화되고 체계화되는 데는 오랜 세월이 필요했다.

우선 그리스 서사시 시대에 호메로스는 영혼을 죽은 자의 입에서 빠져나가는 숨과 같은 것으로 생각했다. 그러나 그는 영혼 외에 튀모스, 프레네스, 누스 등 인간의 감정과 사유 및 행동과 관련된 다양한 개념을 독립적으로 사용했다. 따라서 호메로스의 경우에도 비록 영혼 개념에 통합되지는 않았지만 인간의 다양한 정신 현상을 나타내는 여러 개념들이 있었다. 다음으로 그리스 서정시와 비극 시대에 영혼은 '나 자신' 또는 '자아'의 의미로 나타나기 시작하며, 인간의 감정과 욕망과 연관되어 자주 사용되었다. 영혼은 점차 튀모스 기능을 포괄하면서 부분적으로 사유의 기능과도 연관되어 사용되었다. 마지막으로 그리스 초기 자연철학 시대에 이르러 영혼에 대한 철학적 논의는 현존하는 단편들 자체가 충분하지 않기 때문에 폭넓게 이루어지지는 않았다. 그러나 초기 자연철학자들이 영혼 개념에 접근해 들어가는 방식 자체에 획기적인 변화가 나타난다. 그들은 반복적인 관찰과 경험을 통해 과학적인 방식으로 영혼 개념을 설명해내려는 독특한 시도를 하고 있다. 아리스토텔레스는 그들의 영혼 개념을 운동, 지각, 비물질성이라는 기준에 의해 분석하고 있다. 그리스 초기 자연철학자들의 영혼 개념은 이미 그리스 서사시, 서정시, 비극에서 발전해 온 영혼 개념을 보다 논리적이고 객관적으로 체계화시키려 했던 노력의 결과라 할 수 있다.

II

영혼의 기억과 상기:
영원불멸하는 진리를 꿈꾸다

이 세계를 살아가는 모든 존재는 시간의 지배를 받을 수밖에 없다. 근본적으로 인간도 시간 속에서 살아가는 존재이다. 모든 것은 시간 속에서 생성했다가 소멸한다. 어떤 것도 시간의 그늘에서 벗어날 수 없다. 시간은 모든 것을 내뱉었다가 모든 것을 삼켜버린다. 인간은 시간 속에서 죽을 수밖에 없다. 인간이 시간을 극복하는 방법은 그것을 초월하는 것이다. 시간을 초월하는 것은 그 자체로는 불가능하다. 시간은 물리적으로 되돌릴 수 없는 것이기 때문이다. 그럼에도 인간은 시간을 거슬러 올라가거나 내려가며 자유롭게 이동할 수 있다. 그렇지만 그것은 단지 우리의 의식 안에서만 국한될 뿐이다. 시간은 이 세계 속에 존재하는 모든 것을 지배한다. 어떤 것도 시간의 영향을 받지 않을 수 없기 때문이다. 인간은 자신의 의지를 통해 자기 자신을 통제할 수 있으며 다른 사람들을 지배할 수 있을 뿐 아니라 자연 세계나 대상 세계를 지배할 수도 있다. 그러나 아직까지 인간이 시간을 완전히 통제할 수 있는 방법은 발견되지 않았다.

고대로부터 인류는 시간을 이해하기 위해 노력해왔다. 시간의 변화에 따라 낮에서 밤으로 하루가 바뀌고, 봄에서 여름, 가을, 겨울 등으로 계절이 바뀐다. 인간의 삶은 시간에 매우 많은 영향을 받는다. 그래서 인간은 시간에 대해 특별한 관심을 표명해왔다. 그렇지만 인간이 시간 그 자체를 변화시키거나 통제할 수 있는 방법은 없다. 단지 우주의 운행 법칙과 자연의 변화 속에 나타나는 일정한 규칙을 발견해내어 적절하게 대처하는 것뿐이다. 사실 고대인들은 우주 자연의 법칙과 질서를 발견함으로써 삶의 혁명을 일으켰다. 시간의 변화에 따라 예측 가능한 기후의 변화들에 대처하기 위해 다양한 모색을 하면서 문명이 발달하게 되었기 때문이다.

나아가 인류는 문자를 발명하면서 기록을 통해 지식과 지혜를 축적할 수 있게 되었다. 시간이 흘러가면서 사라지는 것들을 문자를 통해 기록하여 모든 존재했던 것들과 존재하는 것들의 모습을 항상 현재처럼 남아 있게 만들 수 있었다. 그러나 이와 달리 인간은 자신의 의식 속에서 특정한 방식으로 시간을 정지시키고 운동시킬 수 있는 능력을 가지고 있다. 그것은 바로 기억과 상기의 능력이라 할 수 있다. 이 세계에 생성된 모든 것은 소멸할 수밖에 없다. 시간이 지나면 모든 것은 사라진다. 그러나 기억은 의식 속에서 사라진 것들을 불러낼 수 있다. 인간은 기억을 통해 시간을 지배할 수 있게 된 것이다. 인간의 기억 속에서 과거는 현재처럼 살아 있고 과거를 통해 현재를 되새기고 미래를 이해할 수 있다. 기억과 상기를 통해 인간은 지식을 형성하고 지혜를 발휘할 수 있다.

1. 시간과 기억의 이미지

고대 그리스인들의 시간과 기억의 이미지는 우주생성신화 속에서 발견할 수 있다. 그렇지만 우주생성신화에서 시간에 대한 정의나 본질에 대한 명확한 설명을 기대해서는 안 된다. '우주가 어떻게 생겨났는가'에 대한 신화적 사유 속에서 운동과 변화의 이미지에 따른 시간의 이미지가 구체화된다. 특히 그리스인들에게 기억의 여신은 우주생성신화를 인식론적으로 가능하게 만든 인간의 보편적 사유의 원형을 제공하는 가장 근원적인 존재라 할 수 있다.

1.1 학문과 예술의 기원으로서의 기억

올림포스 종교는 시간이 우주 생성과 함께 천체의 운동과 변화로부터 측정될 수 있다는 물리적 표상을 보여준다. 가이아가 우라노스와 결합하여 낳은 티탄족 신들은 천체와 관련된 신들이다. 그들은 오케아노스, 코이오스, 크리오스, 휘페리온, 이아페토스, 테이아, 레아, 테미스, 므네모쉬네, 포이베, 테튀스, 크로노스이다(Hes. *Theo*. 132). 특히 크로노스Cronos는 본래 다른 의미를 가졌지만 점차 시간을 의미하는 크흐로노스Chronos와 동일시되기 시작하면서 시간의 신의 이미지를 확보했다. 티탄족 신들은 대부분 하늘신들로 천체를 가리키거나 우주의 변화의 법칙과 질서를 가리킨다. 그리스어로 '기억'을 의미하는 므네모쉬네Mnemosyne도 이러한 특성을 가지고 있다. 우주의 운동에 따라 시간의 변화가 일어나고, 시간의 변화에 따라 기억이 일어난다. 따라서 므네모쉬네는 하늘신인 티탄족 신에 포함되어 있다.

더욱이 우주생성신화에서 므네모쉬네는 티탄족 신들 중 한 명이 아니라 올림포스의 제우스와 결합하여 무우사 여신들Mousai을 낳는다. 그리스에서 무우사 여신들은 학문과 예술을 관장하는 신이다. 따라서 기억의 여신 므네모쉬네가 무우사 여신들의 어머니라는 설정은 그리스인이 인간의 모든 지식의 기원을 기억에 두고 있다는 사실을 보여준다. 특히 구전 문화에서 '기억'은 절대적인 힘을 가지고 있다. 실제로 그리스 암흑기에 뮈케네에서 사용하던 문자가 사라지면서 음유 시인들의 역할이 매우 중요해졌다. 만약 약 500년 동안 그들이 기억에 의존하여 노래했던 서사시가 아니었다면 그리스의 종교와 사상 및 역사에 관한 주요 내용들이 사라졌을 것이다. 더욱이 그리스 철학자 플라톤에 이르러서도 므네모쉬네의 중요성은 줄어들지 않는다. 플라톤은 『크리티아스』에서 논쟁을 하기 전에 아폴론 신과 무우사 여신들 외에 특별히 므네모쉬네를 불러낸다. 왜냐하면 자신의 모든 이야기의 중요한 부분은 므네모쉬네 여신의 호의에 달려있기 때문이라고 한다(Criti. 108c-d). 이것은 상당 부분이 기억에 의존하여 논의된다는 것을 의미한다.

올림포스 종교에서 므네모쉬네와 제우스의 결혼은 단지 새로운 올림포스 종교의 위상과 체계를 확립하기 위해 필요한 요소였을 가능성이 높다. 고대 그리스인은 기억을 학문의 기원이라 생각했기 때문에 매우 중요한 기능이었다. 따라서 제우스의 지배하에 있어야 했다. 므네모쉬네가 제우스와 결합해야 하는 이유이다. 그러나 므네모쉬네의 딸인 무우사 여신들에게 제우스의 특징은 전혀 나타나지 않는다. 무우사 여신들의 특징은 기억의 여신의 하부 구조를 나타낼 뿐이다. 특히 형제지간인 크로노스와 므네모쉬네는 매우 독특한 관계를 형성하고 있다. 그것은 시간의 흐름과 기억의 문제로 시간의 불가역성과 가역성에 대한 그리스인의 무의식적인 통찰을 보여준다. 크로노스와 레아의 결혼 신화에 나타난 시간의 흐름을 극복하기 위한 개념적 장치로서 기억의 위치를 재확인할 수 있다.

므네모쉬네의 기능과 역할은 특히 그리스 시인들에게 매우 중요했다. 대부분의 서사시들은 처음에 므네모쉬네 여신이나 무우사 여신들을 찬미하는 것으로 시작한다. 호메로스도 므네모쉬네의 딸들인 무우사 여신들을 불러내는 일로부터 노래하기 시작한다. 특히 『일리아스』제2권에서 트로이 전쟁에 참여하는 수많은 그리스 동맹군과 지도자들을 호명하는 시인들은 무우사 여신들에 의존하지 않을 수 없다(Il. 2.484). 왜냐하면 매우 뛰어난 기억력이 없다면 절대로 열거할 수 없을 만큼 엄청난 분량이기 때문이다. 「헤르메스 찬가」에는 최초로 리라를 발명한 헤르메스가 불멸하는 신 중에서 가장 먼저 므네모쉬네를 찬미하는 이야기가 나온다. 헤르메스는 태어난 지 얼마 되지 않아 요람에서 나와 거북이를 보고 등껍질을 벗겨 리라를 만들었다. 그는 태양신 아폴론의 소 떼를 훔쳐 아폴론과 실랑이를 벌이다가 올림포스로 올라가 제우스와 다른 신들에게 자신의 존재를 확실하게 각인시켰다. 그 후 다시 헤르메스는 아폴론과 함께 자신이 태어난 동굴로 돌아와 리라를 꺼내 들고 불멸하는 신들을 찬미했다. 즉 신들이 태초에 어떻게 태어났고, 어떻게 그들의 몫을 받았는지를 노래하면서 다른 어떤 신보다도 먼저 '기억'의 여신 므네모쉬네를 찬양했다(Hom.Hymn Her.425-430). 이것은 문자가 있기 전부터 모든 학문은 기억에 기원을 두고 있으며, 또한 기억을 통해 발전했기 때문일 것이다. 나아가 헤르메스가 전령의 신이라는 사실과 관련하여 우리는 그가 특별히 기억의 여신을 찬양하는 것을 주목할 필요가 있다. 신과 인간의 말과 의지를 전하는 전령에게 기억의 능력은 특별히 중요하다.

그리스 신화에서 기억의 여신의 기능을 철학적으로 승화시킬 수 있는 대립적 개념은 바로 망각이다. 망각의 여신은 레테Lethe이다. 망각은

죽음의 물이다. 트로포니오스Trophonios 동굴이 있는 레바데이아Lebadeia
의 신탁소에서는 하데스로 하강하는 제의가 벌어졌다. 신탁을 묻는 사
람은 정화 의식을 치른 후 사제에 이끌려 레테의 샘과 므네모쉬네의 샘
으로 간다. 먼저 그는 레테의 물을 마시고 여태까지 자신이 생각해왔던
모든 것을 잊어버리게 된다. 그 후에 그는 또 다른 물인 므네모쉬네의
물을 마시고 하강 후에 보았던 것을 기억하게 된다(Paus. 9.39). 이러한
과정은 서로 필연적인 관계로 이어진다. 그는 어느 한 쪽의 물만을 선
택해서 마실 수 없다. 므네모쉬네의 물을 마시기 전에 반드시 레테의
물을 마셔야 하는 것이다. 이러한 의미에서 망각은 기억과 상기를 위해
필요한 과정으로 생각될 수 있다. 신탁을 구하는 사람은 레테의 물을
마시고 이 세계에서 경험한 모든 것을 잊어버리는 과정을 겪는데 그것
은 바로 죽음의 상징이라 할 수 있다. 그렇다면 므네모쉬네의 물을 통
해 모든 것을 기억하는 과정을 겪는 것이 바로 재탄생의 상징이라 할
수 있다. 그리스인은 종교적 제의를 통해서 죽음과 재탄생을 망각과 기
억의 과정으로 유비적으로 사유하고 있었다고 할 수 있다.

1.2 기억의 방식과 앎의 원천

사실 므네모쉬네는 기억을 의미하기 때문에 과거라는 시점과 밀접하
게 연관되어 있어 보인다. 그러나 고대 그리스에서 기억의 여신 므네모
쉬네는 단지 과거의 지식에만 한정되지 않는다. 트로포니오스Trophonios
의 제의에서 신탁을 구하는 자가 마지막으로 므네모쉬네의 물을 먹고
과거의 것만을 기억하는 것은 아니다. 그는 과거, 현재, 미래를 모두 알
게 된다. 그래서 그는 자신이 알기 원하는 것을 말할 수 있다. 므네모쉬
네 여신은 모든 것을 알고 있다. 헤시오도스에 의하면 므네모쉬네 여신

은 "있었던 모든 것, 지금 있는 모든 것, 앞으로 있을 모든 것"(Hes. *Theo*. 32, 38)을 안다. 도대체 어떻게 기억의 여신 므네모쉬네가 모든 것을 알고 있다고 할 수 있을까? 흔히 기억은 과거의 사실에 대한 것으로 생각되지 않는가? 실제로 그리스인들이 므네모쉬네 여신이 모든 것을 안다고 생각하는 이유를 정확하게 해석하거나 이해하기는 어렵다. 그러나 우리가 통상적인 '기억'의 의미와 다른 방식으로 문제에 접근한 다면 달리 해석할 가능성이 있다. 헤시오도스나 다른 고대 시인들이 말하는 '기억'을 다음 두 가지 방식으로 설명해보고자 한다.

첫째, 유적인 차원에서 '기억'을 이해하는 방식이다. 다시 말해 여기서 기억은 시간의 한 부분인 과거의 파편을 단순히 불러내는 것이 아니라 모든 시간을 대상으로 하는 것이다. 종적인 차원에서 개별적인 기억은 단지 개별적인 과거에 대한 것으로 해석될 수 있다. 그러나 모든 '현재'는 과거가 되고, 모든 '미래'도 과거가 된다. 미래는 현재가 되었다가 다시 과거로 될 뿐이다. 영원한 현재도 영원한 미래도 없다. 총체적인 관점에서는 모든 시간은 과거일 수 있다. 그러나 유적인 차원에서 기억이 모든 시간을 불러낼 때 그것은 과거, 현재, 미래에 대한 모든 앎이 된다. 둘째, 경험적 차원에서 '기억'을 이해하는 방식이다. 고대의 서사시들이 칭송하는 무우사 여신들은 므네모쉬네의 딸로서 고대 그리스 시인들에게 영감을 불어넣어주는 신성한 존재들이다. 헤시오도스는 무우사 여신들로부터 진리를 배웠다(*Theo*. 28). 그들은 월계수 나무로 만들어진 지혜의 지팡이를 건네주며 우주의 탄생에 대해 아름다운 노래를 가르쳤다. 가장 근원적인 태초의 순간은 단순한 과거가 아니다. 베르낭에 따르면 "과거는 현재의 근원이다. 그 근원에까지 거슬러 올라가면서 다시 기억해내는 작업은 사건들을 시간적 틀 안에 위치시키는 것이 아니라, 존재의 근원에 도달하고, 근원적인 것, 원초적인 실재를 발견하도록 해준다."(Vernant 2005:139). 이러한 측면에서 기억의 여신 므네모쉬네는 모든 것을 아는 신이 될 수 있다.

그리스 신화에서 "모든 것을 아는"이라는 형용사 어구는 태양신에게 즐겨 사용된 표현이다. 그리스인들은 이 세계를 비추는 헬리오스Helios 신과 아폴론Apollon 신에 대해 이러한 표현을 덧붙인다. 사실 올림포스 종교에 이르면 티탄족 여신 므네모쉬네는 제우스 신에게, 그녀의 딸들인 무우사들은 아폴론에게 종속적인 지위를 갖게 된다. 티탄족 신인 휘페리온과 헬리오스로부터 태양신의 역할을 넘겨받은 올림포스의 신 아폴론은 자연스럽게 므네모쉬네와 무우사와 연관되고 '무우사들을 이끄는 자들'을 의미하는 무우사게테스Mousagetes라는 별칭을 얻게 된다. 무우사들은 통상적으로 9명으로 이루어졌고 당시 그리스의 주요 학문 분야를 담당하고 있다. 그들은 클레이오Kleio, 에우테르페Euterpe, 탈레이아Thaleia, 멜포메네Melpomene, 테릅시코레Terpsichore, 에라토Erato, 폴림니아Polymnia, 우라니아Ourania, 칼리오페Kalliope이다(*Theo*. 75-79). 비록 아폴론이 모든 학문을 관장하는 무우사 여신들을 이끄는 사라고 하시만 아폴론은 므네모쉬네와 다른 지적 토대를 가지고 있다. 아폴론은 태양이라는 상징을 통해 인간과 관련하여 경험적 지식의 원천으로 보인다. 그래서 그리스 시인들은 신들과 영웅들의 이야기를 할 때 아폴론이 아닌 므네모쉬네 여신이나 무우사 여신들을 불러낸다.

1.3 기억과 신적인 광기

그리스의 시인들은 일반 사람들이 볼 수 없거나 알 수 없는 것들을 노래한다고 생각되었다. 시인은 "신들에게 가르침을 받아 그리움의 말들을 인간에게 노래하는" 자이다(*Od*. 17.518). 그들은 흔히 예언자들과 같이 눈이 보이지 않는 자로 묘사되기도 했다. 시인들에게 눈이 보이지 않는 특징은 초월적인 것에 대한 직관적 능력과 관련되어 있다. 그리스의 대서사 시인 호메로스나 유명한 예언자 테이레시아스Teiresias 가 맹인으로 묘사되는 까닭이기도 하다. 호메로스가 트로이 전쟁에서 일어난 모든 것을 마치 당시에 있었던 것처럼 말하는 것은 바로 무우사 여신들에게 영감을 받았다고 믿었기 때문이다. 그래서 그리스 시인들은 과거를 마치 현재처럼 이야기 한다. 헤시오도스가 신들의 탄생에 관해 이야기할 수 있는 것도 무우사 여신들이 자신에게 가르쳐준 것을 말할 뿐이기 때문이다. 헤시오도스는 이것을 무우사 여신들의 신성한 선물이라고 한다(Theo. 93).

그리스 예언자들도 신들로부터 나온 광기에 의해 말하는 것으로 생각되었다. 대부분의 예언은 아폴론으로부터 나온다.[1] 근대 이후에 아폴론 신은 매우 이성적인 신으로 오해되어왔다. 올림포스 종교에서 아폴론은 이성적 측면도 있지만 비합리적인 측면이 없다고 할 수 없다 (Dodds 2002;66).[2] 델포이의 아폴론 신전 여사제인 퓌티아는 신탁을 전할 때 신들린 상태에서 마치 자신이 아폴론인 것처럼 말한다. 신탁을 전하지 않을 때 퓌티아는 특별한 지식이나 정보를 가지고 있지 않지만 신들린 상태가 되면 자신이 전혀 알지 못한 사실을 말하게 된다. 때로

---

1 고전기에는 아폴론이 지배하던 델포이가 신탁소로 가장 유명했지만 도도나Dodona 의 신탁소도 유명하다. 도도나는 제우스로부터 신탁을 받았다.

2 로드Rhode는 니체의 영향을 강하게 받아 디오뉘소스가 그리스에 들어오기 전까지 는 예언적 광기가 없었다고 주장한다. 그러나 도즈는 로드가 앎을 목적으로 하는 아폴론적 영매와 예언과 별로 관계없이 그 자체로 추구되거나 심리 치료의 수단으로 추구되던 디오뉘소스적인 체험을 혼동했다고 주장한다. 따라서 아폴론 신으로부터 유래되는 엑스타시적 예언의 광기는 디오뉘소스 종교가 들어오기 전부터 이미 그리스에서 일반적으로 나타났던 현상이었다.

는 아폴론의 여사제들은 미래와 관련하여 일종의 환영을 본다. 아이스 퀼로스의 『아가멤논』과 에우리피데스의 『트로이의 여인들』에서 아폴론 의 여사제 카산드라는 자신을 첩으로 끌고 가는 아가멤논이 아내 클뤼 타임네스트라에 의해 살해당하는 미래를 보고 '미친 듯이' 예언한다 (Aesch. *Ag.* 1107-1111, Eur. *Tro.* 353-405). 이것은 아폴론의 예언 능 력도 광기mania와 연관된 것을 보여준다.

그리스 시인들과 예언자들은 신과 소통할 수 있는 능력을 가졌으며 초월적인 앎을 접할 수 있다고 생각되었다. 이미 호메로스 시대에 시인 들과 예언자들의 기능이 분명히 구분되어 있었지만 근본적으로 동일한 원천으로부터 나왔다고 생각되었다(Dodds 2002 ; 80). 플라톤은 『파이 드로스』에서 광기mania는 신들로부터 나왔기 때문에 모두 인간에게 좋 은 것이라 말한다. 그것은 예언적 광기, 종교적 또는 비의적 광기, 시적 인 광기, 사랑의 광기 또는 철학적 광기 등으로 구분된다(*Phdr.* 265bff). 그것들은 네 명의 각기 다른 신들로부터 유래되기 때문에 네 가지 다른 종류로 분류된다. 첫째, 예언적 광기는 아폴론Apollo으로부터 나왔고, 둘째, 종교적 또는 비의적 광기는 디오뉘소스Dionysos로부터 나 왔고, 셋째, 시적인 광기는 무우사 여신들Mousai로부터 나왔고, 넷째, 사 랑의 광기 또는 철학적 광기는 아프로디테Aphrodite와 에로스Eros로부터 나왔다. 플라톤은 네 종류의 광기가 모두 신들로부터 나왔기 때문에 모 두 신적인 특성을 가지고 있다고 생각했다. 아폴론의 예언적 광기는 '앎' 또는 지식과 연관되어 있고, 디오뉘소스의 종교적 광기는 '치유' 와 관련되어 있으며, 무우사들의 시적 광기는 '예술'과 관련되어 있으 며, 아프로디테와 에로스의 철학적 광기는 '진리'와 관련되어 있다.

사실 플라톤이 신적인 광기를 네 가지로 구분하면서 무우사 여신들 의 영역은 분명히 축소된 것처럼 보인다. 플라톤은 시적인 광기가 순수

한 영혼을 사로잡아 도취 상태에 빠뜨려 여러 가지 노래와 시를 짓게
만든다고 생각했다. 그래서 누군가 기술만 가지고 시인이 될 수 있다고
생각하면 금세 그 빛을 잃을 것이라고 말한다(*Phdr.* 245a). 무우사 여
신들의 기능을 예술에만 국한시키면 진리와의 관계를 놓치게 한다. 그
러나 그리스 상고기에는 므네모쉬네와 그의 딸들인 무우사 여신들이
우주의 기원과 신들의 탄생 및 인류의 탄생에 대한 지식을 시인들에게
알려준다. 그것은 단순히 시간적으로 태초에 일어났던 사건들을 열거
하거나 전달하는 것만은 아니라, 신화적으로 우리가 살아가는 현상 세
계의 근원으로서 이 세계와 인류의 기원과 본성에 대한 통찰을 보여준
다. 시간을 초월하는 진리에 접근하려는 서사 시인들의 광기는 철학적
광기와 본래 구분할 수 없었다. 그러나 그리스 고전기에 이르러 시인들
과 철학자들의 진리에 대한 태도와 접근 방법을 플라톤은 분명히 구별
하고 있다.

2. 죽음과 망각의 기술

2.1 인간의 고통과 맹목적인 희망

기억과 망각은 대립적 개념이지만 상호 연관적이다. 기억은 필연적
으로 망각을 동반할 수밖에 없다. 최소한 우리가 기억을 하는 동안 현
재는 망각될 수밖에 없기 때문이다. 기억은 시간을 초월할 수 있지만
현재라는 지평을 벗어나지 않는다. 또한 시간을 가로지를 수 있지만 현
재에 뿌리박고 있을 수밖에 없다. 기억을 하는 주체가 시간에 지배를
받기 때문이다. 그리스 암흑기를 거쳐 호메로스 시대에 이른 그리스인

에게 인간의 기억 능력은 축복이었다. 기억을 통해 신화와 종교 및 역사 등을 재현할 수 있었기 때문이다. 기원전 750년 경 호메로스의 이름으로 『일리아스』와 『오뒷세이아』가 그리스어로 기록될 때까지 그리스의 문화는 구전을 통해 전승되었다. 따라서 당시 그리스인들에게 기억은 진리를 인식하는 가장 중요한 수단이었다. 그리스 고전기에는 문자 문화가 이미 정착되었지만 구전 문화의 전통은 사라지지 않았다. 특히 그리스의 독특한 지리적 특성 때문에 생긴 도시국가polis는 아고라agora에서 토론 문화를 발전시켜 민주주의를 정착시켰다. 특히 플라톤은 말과 글의 비교를 통해 말의 중요성을 강조하면서 구전 문화의 전통을 이어갔다(Phdr. 274e).[3]

올림포스 종교는 근본적으로 인간은 매우 비참한 존재라는 사실을 강조한다. 인간에게 가장 좋은 것은 태어나지 않는 것이며 다음으로 좋은 것은 지금 죽는 것이다(Nietzsche 2007:72-73). 그렇지만 인간은 삶에 대한 '맹목적인 희망' 때문에 결코 삶을 포기하지 않는다. 아이스퀼로스의 『결박된 프로메테우스』에서 프로메테우스는 자신이 인간에게 베푼 은혜 중의 하나로 맹목적인 희망을 말한다(Aesch. PV 250). 여기서 맹목적인 희망은 과거와 현실에 대한 망각을 전제한다. 만약 우리가 인간의 삶에 대해 깊이 통찰한다면 비참하다는 사실을 결코 간과할 수 없다. 그럼에도 대부분의 사람들은 과거를 잊고 미래에 희망을 둔다. 그것은 과거와의 단절이며 과거에 대한 망각을 불러일으킨다. 그렇지

3 플라톤이 『파이드로스』에서 문자에 대해 비판적인 입장을 밝힌 것도 철학에서 기억의 중요성을 강조하기 때문이다. 글이나 문자를 배우면 지혜나 기억력이 좋아질 것이라 하지만, 실제로 문자는 기존에 알고 있던 것을 단지 회상시켜줄 뿐이며 지혜를 늘려주지는 못한다고 말한다. 사람들이 문자를 배운다면 기억에 무관심해져서 영혼이 더 쉽게 망각하게 될 것이라고 주장한다. 사람들은 글을 신뢰하여 자기 스스로 기억하려 하지 않고 '자기 밖으로부터' 주어지는 낯선 흔적인 문자에 의존하게 되기 때문이다.

만 근본적으로 인간은 고통 자체를 피할 수 없다. 인간은 욕망하는 존재이기 때문에 좌절하고 절망할 수밖에 없기 때문이다. 니체는 그리스인이 존재에 대한 공포와 끔직함에 대해 올림포스라는 찬란한 꿈의 산물을 만들었고 올림포스 신들이라는 중간 세계를 통해 극복할 수밖에 없었다고 한다. 그리하여 그리스인은 올림포스의 신들이 스스로 인간의 삶을 살아가도록 만들어 살 만한 가치가 있는 것으로 만들었던 것이다(Nietzsche 2007:73-75).

올림포스 종교의 무우사 여신들은 인간의 슬픔과 고통을 망각하게 해준다고 생각되었다. 헤시오도스는 누군가 아무리 불행한 상황이 닥쳤을지라도 무우사 여신들을 통해 잠시라도 벗어날 수 있다고 한다.

"무우사 여신들이 사랑하는 사람은 행복하다. 그의 입에서 목소리가 달콤하게 흘러나온다. 비록 어떤 사람이 최근에 닥친 불운한 사고로 슬픔에 빠져 마음이 괴로워도 무우사 여신들의 시종인 어떤 음유 시인이 옛 사람들의 명성과 올림포스에 사는 축복받은 신들을 칭송하면 즉각 자신의 걱정을 망각하고 자신의 근심을 기억하지 못하기 때문이다. 무우사 여신들의 선물은 바로 이러한 것들로부터 벗어나게 한다."(*Theo*. 96-103)

왜 인간은 무우사 여신들을 통해 자신의 슬픔과 고통을 망각할 수 있게 되는가? 아리스토텔레스는 『시학』에서 근본적으로 예술은 모방mimesis이며, 인간은 본성적으로 모방적이라 말한다. 인간은 모든 동물 가운데 가장 모방을 잘하며, 모방을 통해 지식을 습득한다. 더욱이 모든 인간은 태어날 때부터 모방된 것으로부터 즐거움을 얻는다고 말한다(*Poet*. 1448b4-15). 무우사 여신들이 주관하는 예술을 통해 인간은 즐거움을 얻을 수 있고 고통을 잊을 수 있다. 그리하여 인간의 기억을 불러일으키는 무우사 여신들은 오히려 망각을 불러내어 온다. 그들은 과거의 기억을 통해 현실을 잠시 망각하게 하는 이중적인 역할을 한다. 더욱이 이러한 망각은 인간을 고통에서 해방시켜 영혼을 치유하는 힘을 가진 다. 그러나 망각은 단지 인간의 불행과 고통에 대해서만 긍정적인 평가를 받을 뿐이다.

2.2 망각의 본성과 쾌락

올림포스 종교에서 망각의 여신 레테Lethe는 부정적인 이미지를 보인 다. 이것은 오르페우스 종교와 피타고라스학파의 경우에도 마찬가지며 플라톤에게까지 영향을 미친 것으로 보인다. 그리스 신화에서 레테는 '불화'의 여신 에리스Eris의 자식 중 하나로 나타난다. 헤시오도스에 따르면 에리스는 밤의 여신 뉙스Nyx의 자식으로 복수의 여신 네메시 스Nemesis의 자매이다. 다시 말해 불화와 복수는 동일한 근원인 밤의 여 신으로부터 나왔다. 그리스인들은 드로이 전쟁의 원인을 실명하면서 에리스가 신들 간의 불화를 일으키고 결국 인간들 간의 전쟁을 일으킨 다고 한다(Apolld. *Epit*. 3.2). 불화는 아주 사소하거나 하찮은 갈등으로 시작하지만 잔인하고 파괴적인 전쟁으로 끝난다. 그래서 불화의 여 신 에리스Eris는 전쟁의 신 아레스와 형제로 노동Ponos, 망각Lethe, 기 아Limos, 고통Algea, 싸움Hysminai, 전쟁Machai, 살해Phonoi, 거짓Pseudea, 미 망Ate 등을 낳았다고 한다(*Theo*.226-230). 왜 헤시오도스는 망각을 불 화의 자식으로 생각하였을까? 불화와 관련된 다른 기록들이 거의 없지 만 대부분의 자식들은 부정적 가치를 가지고 있다. 망각도 노동이나 기 아 또는 전쟁 등과 같이 누구나 피하고 싶어 하는 목록에 포함된 것으 로 보인다.

오르페우스 찬가에서는 망각은 죽음Thanatos과 잠Hypnos의 형제로 이야기된다(*Orph. Hym.* 85). 그리스인들은 왜 망각을 죽음과 유사한 것으로 생각하였을까? 사실 망각은 어떤 측면에서 죽음이나 잠과 비슷하다. 존재론적인 측면에서 망각은 죽음과 같이 '무'(無)나 '아무것도 없는' 또는 '아무것도 아닌' 상태이다. 삶이 '존재'라면 죽음은 '무'라 할 수 있다. 그러나 인식론적인 측면에서 망각은 아무것도 알 수 없거나 알지 못하는 상태를 가리킨다. 마치 우리 안에 어둠이 지배하는 부분과 같다. 하나의 삶과 또 다른 삶을 분절시키는 계기는 죽음이며, 죽음의 실질적 기능은 망각이다. 오르페우스 종교와 피타고라스학파는 영혼의 불멸을 믿으며 영혼윤회설을 주장했다. 그러나 만약 영혼이 윤회한다면 대부분의 사람들이 이전의 삶을 기억하지 못하는 이유는 무엇인가? 그것은 인간이 죽음의 과정을 통해 이전의 삶을 망각하게 되기 때문이다. 죽음 이후에 다시 윤회하여 다른 육체와 결합되면서, 영혼이 오염되어 이전의 기억을 거의 모두 망각하게 된다. 플라톤은 이에 대해 모든 사람은 죽으면 하데스로 가서 심판을 받고 다시 윤회하기 전에 망각의 평야를 지나칠 때 망각의 물을 마시기 때문이라고 자세히 설명하고 있다(*Resp.* 621a-b). 영혼윤회설에 따르면 사람에 따라 망각의 편차가 있다. 플라톤은 망각의 물을 얼마나 마시느냐에 따라 더 많이 또는 더 적게 잊어버리게 된다고 한다. 그것은 각자가 이전의 삶을 살아가면서 욕망을 절제하는 훈련을 얼마나 했는지에 따라 달라질 수 있다.

인간은 이 세계를 살아가면서 많은 것을 잊어버린다. 호메로스는 『오뒷세이아』에서 망각의 원인과 기능에 대해 흥미로운 이야기를 제시하고 있다. 트로이 전쟁이 끝나고 오뒷세우스와 그의 동료들은 로토파고스인들Lotophagoi의 섬에 들리게 된다(*Od.* 9.82-104). 로토파고스라는 명칭은 로토스를 먹는다고 해서 붙여진 이름이다. 로토스Lotos는 망각을 일으키는 열매이다. 오뒷세우스가 보낸 정찰대는 로토파고스인들이 건네주는 열매를 먹고는 자신들의 여행 목적 자체를 잊어버리고 로토파고스인들의 섬에 머무르려 했다. 여기서 로토스가 주는 망각은 현재의 즐거움에 머무르고자 하는 인간의 욕구와 밀접한 관계가 있다. 그것은 과거의 슬픔과 고난을 잊어버릴 뿐만 아니라 현재 상황의 원인은 물론이고 미래의 목적마저 잊어버리게 한다. 로토스를 먹은 정찰대들은 오뒷세우스에게 강제로 끌려가면서 울며불며 발버둥을 친다. 오뒷세우스는 그들을 아예 배에 단단히 붙들어 매어버린다. 우리는 로토파고스인들의 일화를 통해 삶 전체의 의미와 목적보다는 슬픔과 고통을 잊게 하는 로토스라는 열매를 통해 현재에만 만족하고 집착하는 인간의 모습을 찾아볼 수 있다.

또한 키르케Kirke의 일화에서도 오뒷세우스가 보낸 정찰대는 또 다른 방식으로 망각에 빠져버렸다. 오뒷세우스의 일행은 로토파고스인들의 섬을 떠나 여러 곳을 방랑하다가 키르케의 아이아이아Aiaia 섬에 도착하게 된다. 키르케의 성에 들어간 정찰대는 "고향 땅을 완전히 잊어버리게" 하기 위해 치즈와 보릿가루와 노란 꿀과 프람네산 포도주 및 약을 섞어 만든 음료를 받아 마신 후 키르케의 지팡이에 맞고는 돼지의 모습으로 변했다(Od. 10.233-238). 그러나 그들은 특이하게 신체만 돼지로 변했을 뿐이고 영혼은 인간과 같았다. "그들은 돼지의 머리와 음성과 털과 모습을 갖게 되었으나 지성nous만은 예전과 똑같았다"(Od. 10.239-240). 그들은 인간의 이성을 갖고 있지만 돼지의 신체를 가진 존재이다. 실제로 이러한 돼지 몸에 인간 이성을 가진 존재가 있다면 무엇이라 규정할 수 있을 것인가?

우선 우리가 반드시 고려해야 할 것이 있다. 그것은 그들이 인간의 목소리를 가지지 못했다는 사실이다. 그리스어 로고스는 이성뿐만 아니라 말 등을 의미한다. 기본적으로 인간이 로고스logos를 가진 동물이라는 정의는 인간이 '이성'을 가질 뿐만 아니라 '말'을 할 수 있다는 의미이다. 키르케에 의해 돼지 모습을 하게 된 선원들은 예전과 같이 지성을 갖고 있으나 말은 할 수 없는 존재가 되었다. 인간이 정치적 동물이기 위해서는 일차적으로 말logos을 할 수 있어야 한다. 호메로스가 키르케를 통해 어떻게 판단하는지를 확인해보자. 키르케는 그들을 돼지취급했다. 그들은 '울면서' 돼지우리에 갇혀 있었다. 그런데 키르케가 굳이 그들이 지성을 잃지 않게 한 이유는 무엇일까? 오뒷세우스의 동료들은 고향 땅을 완전히 잊어버렸을지는 몰라도 자신들이 인간이라는 사실을 잊지 않은 것으로 보인다. 결국 그들은 오뒷세우스의 도움으로 다시 인간의 모습으로 돌아왔다. 그것은 키르케가 지성까지는 잃지 않게 했기 때문에 가능했다.

호메로스는 키르케에게 사악한 마녀의 이미지를 덧칠하지 않았다. 키르케는 자신의 섬을 방문한 무법자들이 어떤 존재인지 알 수 없다. 오뒷세우스의 동료들은 정찰대로서는 좀 많은 숫자인 20명 가량이 무리지어 키르케의 성으로 갔다. 그들은 키르케에게는 강도 떼로 인식될 수도 있다. 그녀는 자신만의 방식으로 섬에 도착한 무법자들로 보이는 일군의 남자들을 막을 조치를 취했다. 무력을 사용하지 않고도 간단히 약을 먹여 무력하게 만들었다. 오뒷세우스가 헤르메스의 조언을 통해 설득한 후, 키르케는 오뒷세우스의 동료들을 다시 인간으로 변화시켰다. 오뒷세우스와 그의 동료들은 마법에서 풀려난 후에 키르케의 성에서 1년 동안이나 먹고 마시면서 고향으로 돌아가지 않았다. 키르케가 강제적으로 막은 것이 아니라 그들이 자발적으로 가지 않았다. 그들은 스스로 현재의 쾌락 때문에 고향을 망각했던 것이다. 그러나 키르케는 오뒷세우스와 그의 동료들이 고향으로 돌아가려 할 때 오히려 적극적으로 도움을 준다. 키르케는 오뒷세우스에게 지하 세계를 여행할 수 있게 해주어 고향으로 돌아갈 수 있는 방법을 알아올 수 있게 조력자 역할을 했다.

호메로스 전통에서 망각은 쾌락과도 밀접하게 연관되어 부정적인 평가를 받는 것으로 보인다. 쾌락은 모든 것을 망각시키는 강력한 힘을 가지고 있다. 그것은 때로는 자기 자신을 잊어버리게 만들어 자신의 삶의 목적까지도 잊어버리게 만든다. 호메로스는 오뒷세우스의 동료가 비록 분별력을 잃지는 않았다고 하더라도 자기 정체성을 잃어버렸기에 돼지의 모습으로 묘사하고 있다. 그러나 그들은 마법에서 풀려난 후에는 로토스나 다른 마법의 약에 의해서 반강제적으로 망각하게 된 것이 아니라 스스로 선택한 많은 음식과 달콤한 술에 취해 고향으로 돌아가는 것을 1년 동안이나 잊어버렸던 것이다. 누군가 자기 자신을 완전히 망각한다는 것은 자기 정체성을 잃는 것이다. 이것은 개인적인 차원에서 죽음이나 다름없는 것이다.

2.3 죽음과 망각의 세계

고대 그리스인들은 죽음의 가장 큰 특징을 무엇이라 생각했을까? 그것은 바로 '망각'이다. 고대 그리스 문헌에서 인간은 너무 많은 것들을 망각하며 살아간다. 우리는 삶의 모든 것을 기억하며 살아갈 수는 없다. 누구나 일상의 수많은 파편들을 잃어버린다. 우리는 망각할 수 있기 때문에 기억하기도 한다. 호메로스에게 죽음의 현상은 망각이다. 인간의 죽음은 총체적인 망각이다. 하데스에서 죽은 자들의 영혼은 아무런 '의식'을 가지고 있지 않다. 그들은 죽음을 통해 기억을 잃어버렸다. 그러나 그것은 영원한 상실이라 할 수는 없다. 때로는 산 자의 희생 제의를 통해 의식을 회복할 수도 있기 때문이다. 오뒷세우스가 키르케의 도움으로 하데스에 내려갔을 때 죽은 자들의 영혼 중에서 한 명을 제외하고 아무도 그를 알아보지 못했다. 그러나 산 자의 세계와 죽은 자의 세계의 경계선에서 이미 죽었지만 아직 장례 의식을 치르지 못해 떠도는 영혼들은 예외적이다. 하데스로 출발하기 직전에 죽어 장례 의식을 치르지 못한 엘페노르Elpenor의 영혼은 하데스의 입구에서 떠돌고 있다. 그는 하데스에서 다시 만난 오뒷세우스에게 돌아가면 장례 의식을 치러 달라고 부탁한다(Od. 11.51ff). 아직 하데스로 들어가지 못해 의식을 갖고 있는 것으로 보인다. 또한 오뒷세우스가 하데스에서 만나려 했던 예언자 테이레시아스Teiresias는 예외적으로 의식을 잃지 않는 영혼으로 나온다(Od. 11.90ff). 그는 희생 제물의 피를 마시기 전에 이미 오뒷세우스를 알아보는 것으로 나타난다. 그는 지상에서 누구도 알 수 없는 오뒷세우스의 미래에 대해 이야기해준다.

그러나 호메로스의 작품에서 하데스에 있는 다른 죽은 자들의 영혼은 오뒷세우스를 전혀 알아보지 못한다. 그들은 마치 환영과 같이 떠돌고 있을 뿐이다. 죽음 이후 영혼이 불멸하여 하데스로 간다고 하지만 하데스에서의 삶은 진정한 의미의 삶이 아니다. 더 이상 아무것도 인식하지 못할 뿐만 아니라 아무것도 기억하지 못하기 때문이다. 죽음은 영혼의 기능을 박탈하는 것이 아니라 정지시키는 것으로 보인다. 죽은 자들의 영혼은 살아 있을 때 가졌던 의식의 내용들을 모두 잊어버린다. 그들은 단지 희생 제물의 검은 '피'를 통해서만 의식을 회복할 수 있다. 호메로스 전통에서는 인간의 영혼이 바로 '피'에 머문다고 생각했기 때문이다(장영란 2004b:10). 하데스의 영혼들은 아케론Acheron 강에 흐르는 희생 제물의 피를 마시고 오뒷세우스를 알아보게 된다. 죽은 자의 세계는 망각의 세계이다. 죽음 이후에 영혼은 모든 것을 망각하기 때문이다. 올림포스 종교는 직선적 세계관을 가졌기 때문에 죽음 이후의 세계에서 영혼들은 더 이상 아무런 희망이 없이 망각의 세계에 머무르게 된다. 그렇다면 산 자의 세계에서 망각이란 무엇일까? 산 자의 망각은 근본적으로 욕망과 쾌락에 의해 일어나며 마치 죽음과 같이 아무런 의식이 없는 상태로 비유된다. 그리하여 그리스 철학에서는 망각은 인간의 지나친 욕망으로 인해 생겨나며 결국 무지의 상태로 인도하여 진리와 멀어지게 하는 것으로 인식하게 된다.

3. 기억과 진리의 인식

3.1 우주의 자연법칙과 시간의 극복

인간은 시간의 지배를 받는다. 우리는 근본적으로 시간이 흘러가는 것을 막을 수 없다. 이 세계는 끊임없이 변화한다. 우리는 천체의 운동을 통해 시간을 인식한다. 인간은 시간 자체를 변화시키거나 조정할 수는 없다. 그렇지만 천체의 운행을 관찰하여 일정한 규칙과 법칙을 발견하여 시간의 변화를 이해할 수 있다. 나아가 인간이 시간의 법칙을 적절하게 활용할 수 있다면 인간의 삶의 많은 부분이 변화될 수 있다. 헤시오도스가 가이아와 우라노스의 자식들에 테미스Themis 여신과 므네모쉬네Mnemosyne 여신을 포함한 것은 상당히 의식적인 행위라고 할 수 있다. 대지의 여신 가이아로부터 하늘의 신 우라노스가 태어나고, 다시 가이아는 우라노스와 결합하여 천체의 신들인 티탄족 신들을 낳는다. 티탄족 신들은 우라노스의 자식이라는 점에서 하늘과 밀접하게 되어 있다. 그러나 대부분의 티탄족 신들이 천체와 같은 구체적인 대상이나 현상을 간접적으로 가리키는 데 비해, 크로노스와 테미스 및 므네모쉬네가 추상적인 개념을 가리킨다는 점은 독특하다. 우리는 티탄족 신들을 천체와 관련된 구체적인 현상을 나타내는 신들과 천체 현상을 설명하는 추상적인 개념을 가리키는 신들로 분류할 수 있다. 그러나 고대인들이 천체의 변화를 관찰하여 시간을 측정하였으리라는 가설을 고찰해 본다면, 두 부류의 올림포스의 신들 간의 차이는 훨씬 좁혀질 수 있을 것이다.

크로노스가 천체의 운동과 변화의 원리로서 설명될 수 있다면 다른 티탄들과의 관계가 훨씬 밀접하게 된다. 말하자면 다른 티탄들이 구체적인 현상인 천체들을 가리킨다면 크로노스는 천체의 '운동'으로 발생한 결과를 가리킨다. 헤시오도스는 우연적인지 아니면 의도적인지 확신할 수는 없지만 크로노스를 티탄족 신들 가운데 막내로 언급하여 운동과 변화의 기준이 되는 천체들이 생성된 후에 나타나는 인식의 결과로 설명할 수 있는 가능성을 열어준다. 이 세계 속에서 시간의 변화는 일정한 규칙을 보여준다. 고대 그리스인은 우주의 변화에서 질서와 법칙을 발견해내었다. 올림포스 종교에서 천체를 지배하는 질서와 법칙은 테미스 여신으로 신성화되었다. 테미스는 그리스어로 '법칙'이나 '관습' 등을 의미한다. 테미스는 올림포스 이전부터 존재했던 아주 오래된 신으로 추정된다. 아이스퀼로스와 같은 비극 작가는 테미스를 가이아Gaia와 동일시하기도 했다.

"테미스라 불리면서 가이아라고도 불리는 나의 어머니는 한 분이지만 이름이 여럿이죠."(Aesch. *PV* 211-212).

헤시오도스의 『신통기』에 테미스는 가이아와 우라노스의 자식이며,

프로메테우스는 이아페토스Iapetos와 클뤼메네Klymene의 자식이라 기록
했다. 그러나 아이스퀼로스는 프로메테우스Prometheus의 어머니를 테미
스라고 말한다. 더욱이 테미스 여신을 가이아라고 부르기도 한다. 테미
스와 가이아는 명칭만 여러 가지로 불릴 뿐이지, 본질적으로 하나라고
생각했기 때문일 것이다. 이것은 우리에게는 낯설지만 당시에는 특이
한 사실은 아니었을 것이다. 실제로 그리스 여러 지역에서 테미스와 가
이아가 같은 신전에서 숭배된 것으로 보인다(Harrison 1912:480-
481). 그런데 도대체 어떻게 대지의 여신 가이아와 법과 관습의 여신
테미스를 본질적으로 유사하게 생각했던 것일까? 또한 테미스이자 가
이아가 어떻게 예언적 특성을 갖는다고 생각했을까? 사실 현대인의 관
점에서는 이해하기 쉽지 않다.

그렇지만 고대인들은 우주 자연의 질서와 법칙을 대지의 생산 과정
과 연관하여 생각했기 때문일 가능성이 높다. 원래 테미스는 올림포스
종교의 아폴론이 델포이를 차지하기 전까지 신탁의 기능을 담당했었
다. 비록 테미스가 아폴론에게 델포이를 넘겨준 이유에 대해 별로 알려
진 것은 없지만 델포이가 처음에는 테미스의 성역이었다는 것은 분명
하다. 왜냐하면 테미스 여신이 우주의 변화하는 법칙을 표상한다면, 그
것은 일정한 주기를 가지고 있으므로 예측이 가능해지기 때문이다. 더
욱이 테미스가 가이아와 동일시될 수 있다면 우주의 '자궁'delphys을 의
미하는 델포이Delphoi는 자연스럽게 여신이 지배했을 것이라는 추론할
수 있다. 또한 우주의 중심을 상징하는 옴팔로스omphalos가 그리스어로
배꼽을 의미하며 델포이에 있었다는 사실도 하나의 증거로 활용될 수
있다. 사실 돌출된 형태의 배꼽은 임신한 여신의 배꼽을 상기시킨다.
더욱이 옴팔로스는 태아를 어머니에 연결시켜주는 탯줄을 가리키기도
했다(Vernant 2005:210).

테미스 여신이 법과 관습을 의미한다고 할 때 흔히 인간 사회와 관련
지어 생각하기 쉽지만 원래 우주의 천체 변화와 질서 및 법칙과 훨씬
밀접한 연관이 있다. 그녀는 태양이나 달 혹은 별 등의 변화를 반복적
으로 관찰하여 발견해낸 일정한 규칙이나 법칙에서 유래되었기 때문이
다. 우주의 자연 질서와 '법칙'이 시간의 주기적 변화를 반복적으로 관
찰함으로써 발견된다는 점에서 테미스는 '시간'과 밀접하게 연관된다.
그리스 신화 속에서 테미스는 제우스와 비공식적인 결합을 통해 호라
이Horai 여신들을 낳는다. 그들은 그리스어로 시간의 복수형이며 계절의
여신으로 알려져 있다. 테미스 여신의 딸들이 시간과 관련된 계절의 여
신이라는 점은 테미스의 기능을 명확하게 해준다.

　호메로스는 호라이를 하늘의 문을 지키는 자들로 말한다(*Il.* 5.748).
이들은 자연과 생명의 주기라는 확고한 법칙에 따라 오간다. 호라이는
셋이 하나를 이루는 신들로 에우노미아, 디케, 에이레네이다. 그리스어
로 에우노미아Eunomia는 '좋은 법'을, 디케Dike는 '정의' 또는 '정당한
대가'를, 에이레네Eirene는 '평화'를 의미한다. 이것은 좋은 법을 따라
자신에게 주어진 몫을 넘어서지 않는다면 평화가 온다는 의미 정도로
해석될 수 있다. 특히 테미스와 유사해 보이는 디케를 현대적인 의미에
서 사회적 관습이나 법 등과 관련된 정의로만 이해하면 디케가 계절의
여신에 포함된 이유를 이해하기 어렵다. 고대인들에게 디케는 천체와
관련하여 훨씬 포괄적인 의미와 특징을 가진다. 해리슨에 따르면 '디
케'는 모든 자연물, 즉 각 식물과 각 동물, 그리고 각 인간이 살아가는
삶의 길이다. 그녀는 별들이 뜨고 지는 변화와 달이 차오르고 이울어지
는 변화에서, 그리고 태양이 날마다 매년 일정하게 가는 궤도에서 분명
해진다(Harrison 1912:517). 디케는 천체의 일정한 변화와 법칙을 가
리킨다.

고대인들은 우주의 질서와 법칙이 인간 사회의 질서와 법칙과 상응한다고 생각했다(Harrison 1912:485). 올림포스의 테미스 여신은 우주 자연의 법칙을 가리키지만 인간 사회의 질서나 관습 등으로 현현한다. 고대인들은 우주의 물리적 법칙과 인간 사회의 도덕적 법칙이 서로 영향을 주고받는다고 생각했다. 그래서 홍수나 가뭄이 들거나 역병이 돌면 인간들이 자연법을 어겨서 신들을 분노하게 만들었기 때문이라고 생각했다. 즉 인간 사회의 도덕적 법칙이 무너지면 우주의 자연법칙도 무너진다고 생각했다. 호메로스의 『일리아스』 제1권에서 아킬레우스는 그리스 동맹군들에게 역병이 돌자 신탁을 통해 원인을 알아보게 한다. 그것은 그리스 동맹군의 총사령관 아가멤논이 불경하게 아폴론 사제 크뤼세스를 모독하여 생긴 일로 판명된다. 소포클레스의 『오이디푸스 왕』에서도 테베에 가뭄과 역병이 만연하게 되자 오이디푸스는 델포이에서 신탁을 받아오게 한다. 델포이 신탁은 가뭄과 역병의 원인이 테베의 전왕을 살해한 범인이 테베 땅에서 나가야 정화가 될 수 있다고 한다(Soph. OT 96-104). 심지어 인간의 도덕적 잘못이 매우 일정한 방식으로 운동하는 천체의 궤도를 변경시키기도 한다고 생각했다. 가령 펠롭스의 아들 아트레우스와 튀에스테스가 뮈케네의 왕권을 두고 다툴 때 신들이 아트레우스에게 보낸 황금 양털을 가진 양을 튀에스테스가 가로채 왕이 되려하자 제우스가 태양과 별의 길을 거꾸로 돌렸다고 한다(Eur. El. 699-746).

고대 그리스인은 우주 자연 질서의 파괴로 인한 홍수나 가뭄 또는 역병은 인간이 신들에게 불경한 행동을 하거나 인류를 거슬리는 죄를 짓는 경우에 일어난다고 생각했다. 인간 사회의 법칙이 깨지면서 우주 자연의 법칙이 깨지기 때문에 이러한 재앙들이 일어나면 인간은 우주의 자연 질서를 표상하는 신들에게 종교적 희생 제의를 바치고 인간 사회의 도덕적 질서를 회복하려고 노력하게 된다. 이러한 방식은 고대 그리스 사회뿐만 아니라 다른 지역의 신화나 종교에서도 빈번히 찾아볼 수 있는 특징이다. 고대인들은 끊임없이 우주와 자연의 법칙에 대한 반복된 관찰과 인간 자신에 대한 반성적 통찰을 통해 자신의 본성을 극복하고 초월하는 사회적, 도덕적 법칙을 확립했다. 이것은 당시에 국가법이라는 새로운 이념이 생겨난 후에도 상당히 오랫동안 인간의 의식을 지배했다. 이와 같이 고대 그리스에서 우주의 자연법칙에 대한 이해는 인간의 삶 전체에 영향을 미치고 변화를 일으키면서 시간을 극복하는 계기가 되었다. 나아가 그것은 인간 사회의 질서와 법칙의 기원이 되면서 인간의 자연적 본성을 극복하는 윤리적 단초가 되었다.

3.2 영혼의 윤회와 탈주

고대 그리스인은 우주의 자연 질서와 법칙과 같이 인간의 운명도 필연적이라 생각했다. 인간은 언젠가는 죽을 수밖에 없는 운명을 가진 존재로 불멸하는 신과는 전혀 다른 존재이다. 올림포스 종교에서 인간의 신체는 죽음을 통해 소멸되며 인간의 영혼은 하데스로 간다. 호메로스에게서 인간의 영혼은 '생명'의 원리여서 그것 자체는 신체와 달리 소멸하지 않기 때문이다. 그렇지만 그것은 마치 그림자나 연기와 같으며 아무런 의식이 없는 존재일 뿐이다. 오르페우스 종교에서도 인간의 영혼은 불멸한다. 영혼은 단순히 생명만을 의미하지 않고 보상과 처벌을 받을 수 있는 주체가 된다. 이제 인간은 신과 다른 방식이지만 불멸할 수 있는 가능성을 가졌다고 할 수 있다. 신과 달리 신체는 죽음을 겪을 수밖에 없지만, 신과 같이 영혼은 불멸하기 때문이다. 그러나 영혼의 불멸성은 인간에게 축복이며 저주가 될 수 있다.

　　호메로스 서사시에서 대지를 기어 다니는 가련하고 비참한 존재라 불렸던 인간에게 불멸하는 신적인 부분이 있다는 사실은 새로운 존재론적 지위를 부여하는 듯 보인다. 그런데 처음에는 축복인 듯 여겨졌던 인간 영혼의 불멸성은 또 다른 국면을 맞이하게 된다. 영원히 순환하는 우주의 자연법칙처럼 영혼이 시간 속에서 영원히 반복적이고 주기적인 삶을 살아야 한다는 사실이 형벌로 여겨지기 시작한 것이다. 삶이 즐거움으로 가득하다면 더할 나위 없는 축복이겠지만, 슬픔과 고통으로 가득하다면 끔찍한 공포이다. 이제 영혼불멸과 윤회는 오히려 슬픔과 고통의 원인이 되고 형벌과 처벌의 도구로 여겨졌다. 그리하여 고대 그리스인은 이러한 순환적이고 주기적인 시간으로부터 어떻게 영원히 벗어날 수 있을지를 고민하게 된다. 초기의 자연학적 관점에서 출발한 우주의 순환과 인간의 윤회에 대한 입장은 인간 자신의 일상적인 삶과 운명에 대한 반성적 고찰을 통해 윤리학적 전환을 겪는다.

　　기억과 상기는 순환적이고 주기적인 시간의 끊임없는 생성으로부터 벗어나려는 인간적 노력에서 중요한 역할을 한다. 삶은 끊임없이 연속되며, 단지 죽음에 의한 경계만이 있을 뿐이다. 그러나 대부분의 영혼은 죽음의 경계를 통과하면서 이전의 삶을 망각하게 된다. 그래서 비록 영혼이 불멸하더라도 실제로 아무것도 기억하거나 의식할 수 없다. 영혼이 윤회하면서 이전의 삶을 계속해서 망각한다면 자기 동일성을 갖지 못한다. 만약 그렇다면 그것은 하나의 삶이 아니라 다양한 삶들이 불연속적으로 존재하는 것일 뿐이다. 여기서 망각은 영혼이 자기 동일성을 잃어버리는 것이며, 자기-인식을 불가능하게 만든다. 반면 상기는 끊임없는 시간의 변화 속에서 자기 자신이 누구인지를 알 수 있게 하는 중요한 역할을 한다.

　　오르페우스 종교에서 영혼은 불멸할 뿐만 아니라 윤회한다고 생각하지만, 영혼 윤회 과정에서 최소한 자기 동일성을 유지한다는 사실을 전제한다. 사실 이것은 기억의 문제와 직접적으로 연관된다. 만약 강다진이 강다인으로 윤회하고, 다시 강다인이 고하은으로 윤회하고, 다시 고하은이 구하영으로 윤회한다고 하자. 강다진의 영혼이 강다인으로, 고하은으로, 구하영으로 윤회할 때, 만일 자신의 정체성을 잃어버린다면, 즉 자신이 누구였는지를 망각한다면 어떻게 될까? 엄밀히 우리는 강다진, 강다인, 고하은, 구하영이 있었다고 말할 수 있을 뿐이지, 강다진의 영혼이 강다인에서 고하은으로 다시 구하영으로 변화했다고 말하기 힘들다. 이렇게 말하기 위해서는 강다진의 영혼이 스스로 자신의 동일성을 기억하고 있지 않다면 인식론적으로 강다진이 강다인이고 고하은이며 구하영이라는 것을 알 수 있는 방법은 없기 때문이다.

진정한 의미에서 영혼이 불멸한다고 말한다면 영혼의 자기 정체성을 유지하기 위해 일정한 기억을 보존하고 있어야 한다. 그래서 헤르메스는 인간으로 태어난 자신의 아들 아이탈리데스Aethalides를 불멸하는 존재로 만들기 위해서 '불변하는 기억'을 주었다고 한다(Ap. Rhod. *Argon* 1.643ff). 피타고라스는 자신이 윤회한 과정을 모두 기억했다고 전해진다. 그는 아이탈리데스로 윤회했었을 뿐만 아니라 트로이 전쟁에서 에우포르보스Euphorbos로도 윤회했다고 한다. 엠페도클레스 역시 자신이 열 번 또는 스무 번 살면서 겪었던 일을 모두 어려움 없이 기억했다고 전해진다(DK31B129). 고대 그리스인들이 기억과 상기를 중시했던 이유는 단지 영혼의 자기 동일성을 통해 완전한 의미에서 불멸성을 설명할 수 있기 때문만은 아니다. 궁극적으로 그것은 영원한 시간의 순환으로부터 탈주하여 영혼의 고향인 신들의 세계로 돌아갈 수 있게 해주기 때문이다. 신들의 세계는 가장 축복받은 자들의 세계이다. 이 세계에서 인간은 가련하고 비참한 존재에 불과하다. 인간이 가질 수 있는

희망은 다시 신과의 합일을 통해 지극히 행복한 신들의 세계로 되돌아
가는 것이다. 이것이 이 세계에서 살아가는 방황하는 영혼이 궁극적으
로 목표로 삼아야 하는 것이다.

3.3 기억의 훈련과 영혼의 치유

영혼이 불멸하는 신들의 세계로 돌아가기 위해서는 '정화'katharsis가
필요하다. 영혼이 이전의 삶을 망각하게 되는 것은 영혼이 죄에 의해
오염되기 때문이다. 그래서 오르페우스 종교와 피타고라스학파는 영혼
의 정화를 위해 금욕적 삶을 지향하고 다양한 영적 훈련을 했다. 피타
고라스학파의 금욕적 삶에 대한 단편들은 현재로서는 이해하기 어려운
금기들로 되어 있다. 플라톤에게도 영혼의 정화는 진리를 인식하는 데
필연적인 단계라 할 수 있다. 만약 영혼이 정화를 통해 순수해지지 않
으면 윤회에서 벗어날 수 없으며 진리를 인식할 수 없다. 그래서 피타
고라스학파와 플라톤은 영혼을 정화시키는 데 필요한 교육 과정을 중
시했다. 그들은 모두 시가mousike, 즉 일종의 교양 교육을 중시했다.[4] 피
타고라스학파는 특히 수학과 음악을 중요한 학문으로 생각하였고, 플
라톤도 최초의 교육으로 영혼을 위한 음악 교육과 신체를 위한 체육 교
육을 제시하고, 다음으로 철학의 예비 학문인 산술, 천문학, 화성학, 기
하학 등을 제시하고 있다. 플라톤은 이러한 예비 학문들이 생성 소멸하
는 것이 아니라 영원히 존재하는 것을 다루며 이성과 추론적 사고에 의

---

4 그리스어로 무시케mousike는 일반적으로 시가 교육으로 번역되며 일종의 교양 교육
과 관련 있다. 그것은 그리스 서사시나 서정시 및 비극을 포함한다. 고대 그리스의 무
우사 여신들Mousai은 당시 학문과 예술을 관장하는 여신이었기 때문에 단순히 '음악'
이라 번역된다고 해서 현대적 의미로 받아들이면 안 된다.

해 파악되는 것이라고 말한다(*Resp*. 522aff:529d). 따라서 본격적으로 철학을 하기 위한 준비 과정에서 영혼을 정화하는 데 반드시 필요한 학문들이라 생각한 것 같다.

고대 그리스에서 기억의 훈련은 영혼을 성찰하고 정화하는 데 매우 중요한 요소로 여겨졌다. 피타고라스는 제자들에게 그날 했던 일을 전부 기억하는 훈련을 시켰다고 한다. 이것은 단지 당일에만 국한되지 않고 멀리는 이전 삶에 이르기까지 확대된다. 기억 훈련은 단지 피타고라스학파의 입문 의식과 통과 의례와 관련된 것만은 아니었다. 그것은 결국 자기 자신이 누구인지를 알기 위한 수단으로 이해된다. 델포이 신탁의 '너 자신을 알라'에 주어진 일반적인 의미를 넘어서 우리의 영혼이 모든 다양한 육화의 과정을 기억하여 그것의 단일성과 연속성을 파악하고 깨달기 위한 것이다. 피타고라스학파가 주장하는 영혼불멸설은 사실 '기억'을 전제로 하지 않으면 의미가 없다. 영혼이 전생의 기억들을 모두 가지고 있지 않다면 자신의 동일성을 유지할 수 없기 때문이다. 그렇다면 영혼은 불멸하는 존재로서 자기 자신을 결코 인식할 수가 없다.

그렇지만 영혼불멸을 전제로 하는 영혼윤회설은 기억이 아닌 '망각'을 다시 태어나면서 반드시 거쳐야 하는 과정으로 삼는다. 사실 이것은 전생에 대해 전혀 모르는 현 상황에 대한 답변이라 할 수도 있다. 물론 항상 예외적인 경우는 있지만 대부분의 경우에는 망각의 강을 피해 갈 수가 없다. 우리는 플라톤에게서도 망각의 강을 만날 수 있다. 『국가』에서 영혼은 죽은 이후에 망각의 평야에 있는 망각의 강에서 물을 마시게 된다. 그런 후에 이 세상에 다시 태어나게 된다. 이제 '기억은 지식을 획득하는 수단일 뿐만 아니라 시간을 벗어나는 도구이기도 하다. 인간은 기억을 통해 신과 다시 결합할 수 있으며 신들의 세계로 돌아갈 수 있다. 따라서 기억의 훈련은 피타고라스학파에 입문하는 사람에게는 반드시 필요한 훈련이라 할 수 있다.

오르페우스 종교와 피타고라스학파에서는 인간들이 예전에 저질렀던 잘못들로 인해 영혼이 윤회하게 되었고, 윤회로부터 벗어나기 위해서는 전생을 기억해내면 되는 것으로 나타난다. 그러나 도대체 어떻게 전생을 기억해내는 것만으로 영혼이 윤회의 수레바퀴에서 벗어날 수 있다는 것일까? 이것은 오르페우스 종교와 피타고라스학파에서 우리가 이해하기 어려운 부분이라 할 수 있다. 기억이 그들에게 영혼이 윤회를 벗어나기 위한 최종 요소처럼 이야기되기 때문이다. 물론 오르페우스 종교와 피타고라스학파의 자료들 가운데 많은 부분이 소실되었기 때문에 핵심 논의를 찾을 수 없을 가능성도 높다. 그렇지만 현존하는 단편들을 토대로 다음과 같은 추론이 가능하다. 최초에 저질렀던 죄뿐만 아니라 윤회를 통해 전생에서 저질렀던 죄들을 상기해내는 훈련은 단순히 물리적인 기억 작용에 의한 것이 아니다. 사실 모든 것을 상기하는 과정은 영혼의 반복적인 훈련을 필요로 하며 결과적으로 반성적 성찰을 통해 윤리적 주체로 확립되기 때문이다. 플라톤의 경우에도 상기를 하기 위해서 영혼의 정화와 훈련은 필연적이다. 플라톤이 영혼을 신체로부터 분리시키려는 죽음에의 연습과 영혼의 정화를 강조하는 이유는 진리를 인식하려는 목적 때문이다.

4. 기억과 상기의 영향사

그리스 신화에 나타나는 기억과 상기 문제는 그리스 철학에도 중요한 영향력을 미쳤다. 특히 플라톤 철학에서 시간과 기억의 문제는 근본적

으로 진리를 추구하는 목적과 진리를 인식할 수 있는 근거를 설명하는
데 핵심적인 단서가 된다. 사실 플라톤은 종교적인 의미보다는 철학적
의미에서 상기설을 주장한다. 플라톤의 상기는 전생이 아니라 진리를
대상으로 삼는다(Dodds 2002:157). 플라톤의 상기론은 그리스 신화,
종교와는 근본적인 차이가 있다. 오르페우스 종교와 피타고라스학파에
서 기억과 상기가 영혼을 시간 속에서 벗어나게 해줄 수 있었던 것은
영혼에게 자기 자신을 인식하고 정화시킬 수 있는 윤리적 사유의 단초
를 제공하기 때문이다. 그러나 플라톤에게서 기억과 상기는 영원불멸
하는 진리를 인식할 수 있는 원천이 될 수 있을 뿐만 아니라 영혼의 고
향인 불멸하는 신들의 세계로 귀환할 수 있는 원리가 된다. 엄밀히 말
하자면 기억과 상기의 신화적 측면은 플라톤에게서 완전히 제거된 것
은 아니며 설명의 차원과 방식이 달라진 것일 뿐이라 할 수 있다.

플라톤은 『파이드로스』에서 최초에 신들의 세계에서 영혼이 어떻게
추락하여 신체와 결합하게 되고 이 세계를 방랑하게 되었는지를 설명
하고, 영혼이 신들의 세계로 돌아갈 수 있는 방법을 신화적으로 서술하
고 있다(Phdr. 248d-249d). 그러나 플라톤은 기억과 상기의 문제를 신
화적으로 단지 윤회의 수레바퀴로부터의 영혼의 탈주에만 국한하지 않
고, 철학적으로 진리의 문제와 연관하여 진리의 인식과 영혼의 자유와
연관시켰다. 이 세계에서 영혼이 다시 진리를 인식하기 위해서는 수많
은 노력이 필요하다. 종교적으로 오르페우스 종교와 피타고라스학파는
금욕적 생활을 통해 영혼을 정화시켜 윤회의 수레바퀴에서 탈주할 수
있다고 주장한다. 근본적으로 플라톤도 이러한 주장을 어느 정도 수용
하지만 목표와 방법을 다르게 제시한다. 영혼이 윤회로부터 벗어날 수
있는 것은 단순히 금욕적 생활만으로 가능한 것이 아니라 보다 근원적
으로 진리를 인식하는 행위를 통해 가능하다. 나아가 우리는 철학적인

영혼의 훈련을 통해 스스로 진리를 상기해낼 수가 있다. 그것은 소크라테스로부터 내려오는 문답법과 논박술 및 상기술 등에 의해 구체화된다. 물론 플라톤도 영혼의 훈련에 금욕적 생활을 포함시키지만, 피타고라스학파처럼 일종의 금기의 형태라기보다는 대화를 통한 설명과 이해의 형태라 할 수 있다.

그렇지만 아리스토텔레스에 이르면 신화적인 의미는 빛을 잃어버리고 기억은 단지 기능적으로만 설명된다. 기억은 단지 과거에 대한 보존 능력을 의미하는 것이며, 상기는 과거를 불러내는 것과 연관되어 있다. 기억은 모든 동물이 가진 것이 아니라 최소한 시간의 감각을 가지고 있는 동물만이 가지고 있다(Mem. 450a16-22). 기억은 또한 상기와 다르게 작용한다. 그래서 기억을 잘하는 사람이 반드시 상기도 잘하는 것은 아니다. 기억은 감각을 가진 모든 동물이 가질 수 있으나 상기는 지성을 가진 인간들에게 국한된다(Mem. 453a4-14). 더욱이 아리스토텔레스는 플라톤과 달리 상기와 '다시 배우는 것'은 다르다고 한다. 상기는 자신에 의해 일어나지만 '다시 배우는 것'은 스스로 상기할 수 없을 때 타자에 의해 일어나는 과정이기 때문이다(Mem. 452a5-7). 근본적으로 아리스토텔레스는 기억과 상기의 문제를 인식론적 측면에서 주로 다루고 있다(장영란 1997참조). 따라서 그것들이 경험적인 차원에서 지식을 형성하는 데 중요한 역할을 할 수 있지만, 진리를 인식하고 영혼을 자유롭게 하는 특성과는 거의 관련이 없다고 할 수 있다.

나아가 피타고라스학파와 플라톤 및 아리스토텔레스로부터 전승되는 기억과 상기의 종교적 측면과 철학적 측면은 헬레니즘 시대의 철학에서도 발견된다. 비록 피타고라스학파와 플라톤의 철학에 나오는 것처럼 신화적 측면은 거의 배제되었지만, 여전히 일종의 영혼의 훈련으로 사용되는 전통은 어느 정도 유지되는 것처럼 보인다. 로마 황제였던 마르쿠스 아우렐리우스는 일상적인 삶 속에서 영혼의 훈련의 한 방법으로 '글쓰기'를 사용한다. 그것은 영혼을 정화하는 방법으로 사용되었다. 그는 아침부터 저녁까지 아주 사소한 일들을 일일이 기록하는 방식으로 자신의 하루를 검토하고 점검했다. 그것은 단순히 하루 동안 일어났던 일들을 기록하려는 것이 아니라 자신의 생각과 행위를 모두 성찰하려는 데에 목적이 있다. 따라서 피타고라스학파의 수련자들처럼 하루 동안에 있었던 일을 기억해내어 모든 것을 일기 또는 편지의 형식으로 기록한 것이라 볼 수 있다. 나아가 그는 일상적인 철학의 활동을 명상의 방법을 통해서 수행한다. 명상은 일차적으로 자신의 행동과 생각을 모두 기억해내어 검토하는 과정을 포함하고 있다. 그것은 객관적으로 내 눈 앞에 드러내놓고 살펴보고 평가하는 과정을 말한다. 헬레니즘 시대의 철학자들은 이러한 방식으로 인간의 삶에 대한 통찰력을 얻고 철학적 입장을 체계화했다.

이러한 철학적 시도는 헬레니즘 시대의 철학뿐만 아니라 중세 철학은 물론이고 근대 철학에도 많은 영향을 주었다. 미셸 푸코는 그리스도교가 구원의 종교일 뿐만 아니라 고백의 종교라고 하며 진리의 의무를 요구한다고 말한다(Foucault 1988:72). 그리스 철학에서 강조하듯이 각 개인은 자기 자신이 누구인지를 알아야 할 의무가 있다. 따라서 자신의 내면에서 무엇이 일어나고 있는지를 알려고 노력해야 하고 자신의 과실을 인정하고 욕망을 확인할 의무가 있다. 나아가 이것들을 신이나 타인에게 고백할 의무가 있다. 여기서도 자기 인식은 영혼의 정화의 필요조건으로 나타난다. 아우구스티누스는 『고백론』을 통해 그리스도교에 입문하기 전까지 자신의 사유의 여정을 보다 철학적으로 성찰하고 기술하고 있다. 그는 단지 자신이 기존에 가졌던 종교적인 신념과 철학적인 논점에서의 변화뿐만 아니라, 개인적인 삶 전체에서의 실천적 방식의 변화까지도 기록하고 있다. 우리는 여기서 플라톤에 이르기까지의 기억과 상기의 신화적 이미지는 사라졌지만 실천적인 철학의 방법으로 기억의 훈련이 계승되고 있는 것을 알 수 있다.

이것은 중세 신학과 철학에서 실제로 영성 훈련의 방법으로서 활용되면서 기도를 통한 신과의 만남을 위해 자신의 영혼을 정화시키는 역할도 했다. 마르쿠스 아우렐리우스와 마찬가지로 중세 교회와 수도원에서 종교적 수행 생활의 일환으로 자신에게 있었던 일을 모두 기억해내어 죄를 고백하는 행위는 자기 자신을 인식하는 일과 다를 바가 없다. 더욱이 신 앞에만이 아니라 타인 앞에서도 자기 자신을 완전하게 드러내는 행위를 통해 스스로 용서받고 치유될 수 있다고 믿었다. 현대에 이르러 미셸 푸코나 피에르 아도는 헬레니즘 시대의 철학으로부터 각기 '자기의 테크놀로지'와 '영적 훈련'과 같은 고유한 용어들을 도출하여 독자적인 철학적 입지를 구축했다. 그들은 자기 자신을 인식하고 지배하는 데 영혼 훈련의 중요성을 강조하면서 기억과 관련하여 자신을 성찰하고 검토하는 행위에 대해 지대한 관심을 가지고 분석하고 있다.

III

영혼의 윤회와 금욕:
영혼, 신들의 세계로 비상하다

그리스 철학에 나타난 영혼 개념의 주요 원천은 올림포스 종교와 오르페우스 종교이다. 이것들은 서로 전혀 다른 세계관에서 형성된 영혼관을 갖고 있다. 올림포스 종교가 죽음을 삶의 끝으로 보는 '직선적 세계관'에 기초하고 있다면, 오르페우스 종교는 삶은 죽음을 통해 또 다른 삶과 연속된다고 보는 '순환적 세계관'에 기초하고 있다. 초기에 올림포스 종교에서는 영혼이 죽은 후에도 남아 있기는 하지만 단순히 숨 혹은 생명력 자체일 뿐이라고 말했다(Rohde 1966:31). 물론 초기의 서사시 전통에서 서정시를 통해 비극의 시대에 이르면서 영혼의 개념은 한층 복잡한 양상을 띠기 시작한다. 영혼이 생명체를 유지하는 최소한의 기능으로서 숨의 의미에서 점차 개인 의식과 자아의 주체로서의 기능을 갖추어나가기 때문이다.

사실 올림포스 종교의 영혼 개념에는 엄밀한 의미로 영혼이 불멸하는지를 판단하기 아직 어렵다. 호메로스가 말하는 영혼은 단지 '그림자' 나 '연기' 에 불과하기 때문이다. 그래서 그것은 실재적이라 말하기 어렵다. 영혼이 죽음 이후에 존재한다고는 하지만 전혀 인격적인 측면이나 기능을 갖지 못하기 때문이다. 가령 오뒷세우스가 지하 세계에 내려갔을 때 죽은 자의 영혼들은 아무것도 알아보지 못한다. 그들은 희생제물의 피를 마시고서야 겨우 오뒷세우스를 알아볼 수 있을 정도였다(Od. 11.152ff). 호메로스 시대에 죽은 자의 영혼psyche은 허상eidolon이나 환영pasma에 가까우며 인식이나 행위의 진정한 주체로서는 아직 나타나지 않기 때문이다. 그렇기 때문에 영혼의 불멸성에 대한 논의는 표류하게 되고, 영혼의 처벌과 보상의 문제에 대한 논의도 제대로 발달하지 못했다.

호메로스의 영혼 개념은 특성상 약간은 혼란스럽고 명확하지 못하지만, 오르페우스 종교의 영혼 개념은 단편적으로 전해지긴 하나 훨씬 분명한 형태를 보인다. 그렇지만 호메로스와 오르페우스 종교는 근본적으로 서로 다른 철학적 특징을 보인다. 호메로스의 올림포스 종교가 직선적 세계관에 기초해 있다면 오르페우스 종교는 기본적으로 순환적 세계관에 기초해 있다. 그렇기 때문에 올림포스 종교에 비해 오르페우스 종교는 영혼의 본성과 영혼불멸성의 문제나 영혼의 처벌과 보상의 문제에 대해 접근하기가 훨씬 쉽다. 여기서는 우선 오르페우스 종교의 기본적인 학설을 그리스의 다양한 문헌들로부터 찾아내어 확립할 필요가 있다. 다음으로 오르페우스 종교와 피타고라스학파에 나타나는 영혼윤회설이 어떻게 서로 연관되며 각기 어떠한 특징을 갖고 있는지를 살펴볼 것이다. 마지막으로 오르페우스 종교와 피타고라스학파가 주장한 영혼의 기원과 본성에 대한 논의를 살펴보고 영혼 윤회에서 벗어나는 최종적 수단으로서 선택한 금욕주의의 특징을 검토할 것이다.

1. 영혼의 기원과 운명

1.1 오르페우스에 관한 전승과 해석

그리스의 오르페우스 종교는 다른 모든 신에 앞서 삶과 죽음을 지배
하는 디오뉘소스를 숭배했다. 흔히 '오르페우스' 종교는 당연히 오르페
우스가 창단하였기에 동일한 명칭을 가졌다고 생각한다. 로드도 오르
페우스 자신이 오르페우스 교단의 창시자이며 디오뉘소스 입문-신비
의식의 창시자라고 말한다(Rohde 1966:335). 그러나 우리는 오르페우
스와 오르페우스 종교를 구별할 필요가 있다. 도즈는 양자가 전혀 별개
의 것이라고 한다(Dodds 2002:121). 오르페우스Orpheus라는 인물은 트
라키아 출신으로 그리스인이 '아폴론'이라 부른 태양신을 숭배하는 자
로 샤먼과 비슷한 사람이라 한다. 그는 매일 아침 태양을 만나기 위해
첫 번째로 판가이온Pangaion산에 올라갔다고 한다. 그렇지만 오르페우스
종교는 실제로 아폴론이 아닌 디오뉘소스 신을 숭배했다. 어떻게 아폴
론의 사제인 오르페우스가 디오뉘소스 신을 주요 신으로 모시는 오르
페우스 종교의 창시자가 되었는지를 알 수 없다. 실제로 오르페우스의
개인적인 능력을 보면 아폴론적이지만 오르페우스교의 활동을 보면 디
오뉘소스적이다. 우리는 이러한 특징들이 어떻게 오르페우스에게서 통
합되고 있는지를 살펴볼 필요가 있다.

오르페우스는 무우사 칼리오페Kalliope와 때로는 아폴론Apollon, 때로는
트라키아의 강의 신 오이아그로스Oiagros가 낳은 아들이라 한다(Apol-
lod.1.3.2; Orph.Hym.24.12, Pind. fr.126.9). 어떻게 오르페우스가
탄생하게 되었는지에 대한 이야기가 따로 전해지지 않지만 우리는 이
로부터 몇 가지 사실을 추측할 수 있다. 오르페우스의 어머니로 가장

자주 언급되는 칼리오페는 오르페우스의 음악적 측면과 밀접하게 연관된다. 무우사 여신들 가운데 칼리오페는 특히 서사시와 관련된 여신으로 오르페우스의 탁월한 능력을 설명하는 데 가장 적절하다. 오르페우스의 아버지로 흔히 아폴론이 언급되는 경우는 음악적 능력을 강화시키려는 의도가 개입되어 있으며, 오이아그로스로 언급되는 경우는 트라키아 출신이라는 것을 강조하려는 의도를 함축하고 있다. 오르페우스는 아폴론으로부터 리라를 배웠다고 한다. 그는 무우사의 아들답게 모든 사람의 영혼을 사로잡는 연주를 했다.

다음으로 오르페우스는 아르고호의 모험에 참여했다고 전해진다. 왜 오르페우스가 수많은 다른 영웅들과 함께 아르고호를 탔을까? 오르페우스는 단 한 번도 물리적인 힘으로 괴물을 상대하거나 살해한 적이 없는 인물이다. 그러나 예언 능력을 가진 케이론이 오르페우스가 아르고호의 모험에 합류하면 세이레네스Seirenes라는 관문을 통과할 수 있다고 예언했기 때문이라고 전해진다. 결국 오르페우스의 연주로 세이레네스의 노래를 듣고 물에 빠지려는 많은 선원들을 구할 수 있었다(Orph. *Argo*.245ff). 또한 아르고호의 목적지인 콜키스에 도착해서 황금 양피를 지키고 있는 용을 잠재우는 데도 오르페우스의 연주는 효과적이었다(Orph.*Argo*.991). 오르페우스는 비록 다른 영웅들처럼 괴물이나 요괴를 직접 칼이나 창과 같은 무기로 해치우지는 않았지만 음악을 통해 복종시키는 특징을 나타낸다. 그것은 기존의 영웅들인 헤라클레스나 테세우스와 달리 육체가 아닌 영혼을 다스리는 능력이 탁월한 새로운 영웅상을 제시한다. 그러나 아르고호의 모험에서 오르페우스는 단지 악기 연주자로서의 면모만 있는 것은 아니었다. 오르페우스Orpheus의 이름이 '어둠'을 의미하는 오르프네orphne로부터 파생하였으며, 오르페우스가 아르고호의 선원들을 대신하여 지하 세계의 여신인 헤카테 여신에게 희생 제의를 바쳤다고 전해진다(Orph.*Argo*.965). 이것은 어둠과 관련된 오르페우스의 또 다른 측면으로 그의 지하 세계 여행이나 밤에 하는 입문 의식과 밀접한 연관이 있다고 할 수 있다.

마지막으로 오르페우스는 아내 에우뤼디케Eurydike가 죽은 후 지하 세계를 여행한 것으로 알려져 있다. 신혼 초에 에우뤼디케가 뱀에 물려 죽자, 오르페우스는 아내를 찾아 하데스로 내려간다. 지하 세계에서 오르페우스는 뛰어난 연주 솜씨로 뱃사공 카론Kharon뿐만 아니라 머리가 셋 달린 케르베로스Kerberos는 물론이고 하데스와 페르세포네까지 감동시켜 에우뤼디케의 영혼을 데리고 빠져나갈 수 있도록 허락을 받는다. 그러나 지하 세계에는 페르세포네의 법칙으로 아무도 보아서는 안 된다는 금기 사항이 있었다. 그렇지만 금기는 항상 지켜지기 어렵기 때문에 있는 것이 아닌가. 오르페우스도 예외 없이 마지막 순간에 뒤돌아보게 된다. 결국 에우뤼디케의 영혼은 다시 헤르메스에 의해 이끌려 되돌아간다. 이로부터 우리는 단지 오르페우스가 지하 세계를 갔다가 돌아왔다는 사실만 추측할 수 있다. 여기서 영혼불멸설이나 영혼윤회설이나 영혼의 처벌과 보상에 관한 종교적이거나 또는 철학적인 논의를 직접적으로 추론하기는 어렵다. 그렇지만 우리는 오르페우스가 하데스로 내려갔었다는 사실로부터 인간 영혼의 운명이 무엇인지, 가장 좋은 운명을 위해 어떻게 행동해야 할지를 추리할 수는 있다.

오르페우스의 죽음과 관련하여 여러 가설이 있다(Guthrie 1952: 32ff). 가장 단순한 가설은 오르페우스가 아내가 죽은 후 슬픔을 이기지 못해 자살을 했다는 설이다. 또 다른 가설은 마케도니아의 디온Dion이라는 도시에 있는 오르페우스 무덤에 남아 있는 비석에 근거한다. 오르페우스가 이전에는 사람들에게 알려지지 않았던 것들을 신비 의식에서 가르쳤기 때문에 제우스의 벼락에 맞아 죽었다는 내용이다(Paus.

9.30.8). 그렇지만 가장 일반적인 가설은 트라케의 여인들이 오르페우스를 희생물로 삼았다는 것이다. 왜 트라케의 여인들은 오르페우스를 잔인하게 죽였는가? 우선 디오뉘소스의 여신도들인 마이나데스가 태양신을 숭배하는 오르페우스를 살해했다는 주장이 있다. 오르페우스가 아폴론 신만을 숭배하자 디오뉘소스 신이 분노하여 야만적인 여신도들 마이나데스Mainades를 보냈다는 것이다. 다음으로 오르페우스의 여성 혐오설과 관련된 주장이 있다. 지하 세계에까지 내려갔다 올 정도로 죽은 아내 에우뤼디케를 사랑했던 오르페우스가 어떻게 여성 혐오의 혐의를 받게 되었는지에 의아해할 수 있다. 그러나 오르페우스가 아내가 죽은 후에 여인들을 멀리해서 트라케 여인들이 분노했다고 한다(Ov. *Met*.10.78). 심지어 오르페우스가 소년들을 사랑하는 법을 가르쳤다고 해서(Ov. *Met*.10.83), 동성애의 시조라고 말하기조차 한다(Guthrie 1952:32).

오르페우스는 트라케 근처에 묻혔거나 또는 올림포스 산 근처에 묻혔다고 한다(Guthrie 1952:33). 파우사니아스는 올림포스에 있는 레이베트라Leibethra라는 도시 근처에 무덤이 있다고 전한다. 그러나 오르페우스의 머리와 리라는 헤브로스Hebros강에 던져져 레스보스Lesbos까지 떠내려왔다고 하며 그 머리는 계속하여 노래했다는 전승도 있다. 레스보스 사람들이 오르페우스의 머리를 묻었고 그 리라를 아폴론 신전에 바쳤다고 한다(Guthrie 1952:35). 오르페우스의 죽음 이야기를 통해 오르페우스는 아폴론을 숭배하였고 디오뉘소스와 그의 추종자들을 경멸했다는 사실을 알 수 있다. 그러나 오르페우스 신화와 달리 오르페우스 종교는 디오뉘소스를 숭배하고 신비 의식을 행한다. 사실 오르페우스가 마이나데스에 의해 죽음을 당하는 방식은 오히려 디오뉘소스의 죽음을 연상시킨다.

그렇지만 아폴론을 숭배하는 오르페우스와 디오뉘소스를 숭배하는 오르페우스 종교는 명확히 구별이 된다. 오르페우스가 어떻게 디오뉘소스를 숭배하는 오르페우스 종교의 창시자가 되었는지를 설명할 만한 자료들은 남아 있지 않다. 그러나 헤로도토스 시대로부터 오르페우스교는 확실히 디오뉘소스적인 것으로 나타난다. 우리는 지금까지 오르페우스 자신은 아폴론적이며 디오뉘소스적인 것과는 거리가 멀다는 것을 살펴보았다. 그렇기 때문에 만약 오르페우스가 디오뉘소스적인 종교를 창설했다면 그는 분명히 기존의 디오뉘소스 종교를 철저하게 개혁했을 것이 틀림없다. 아마도 가장 그럴듯한 추론은 오르페우스 자신이 아폴론적인 종교를 창설했지만, 나중에 오르페우스 추종자들이 트라케의 디오뉘소스 종교를 끌어안았다는 주장일 것이다.

1.2 오르페우스 종교의 영혼의 기원과 특성

영혼의 기원에 관한 오르페우스 종교의 전승은 아리스토텔레스를 통해 알 수 있다. 그는 '소위' 오르페우스교의 학설에 의하면 영혼은 동물들이 숨을 쉴 때 우주로부터 신체 속으로 들어간다고 한다(DA 410b27-30). 그러나 이러한 주장은 영혼이 숨 쉬지 않는 식물이나 동물 속에 들어가는 방식을 설명할 수 없다고 비판한다. 나아가 아리스토텔레스는 영혼이 신체와 분리되어 수많은 신체들을 떠돌아다니며 윤회한다는 주장에 대해서도 분명히 부정적이다. 그는 오르페우스 종교의 영혼 이론을 비판하기 전에 피타고라스학파가 영혼이 어떠한 신체에도 들어갈 수 있다고 주장을 한다고 비판한 적이 있다(DA 407b14-27). 영혼과 신체는 서로 영향을 주고받기 때문에 우연적인 관계일 수 없다. 그리하여 영혼이 우연적으로 어떤 신체나 갈아입을 수는 없다는 것이다. 근본적으로 오르페우스 종교와 피타고라스학파는 영혼이 신체와 분리될 수 있다고 주장한다. 일차적으로 영혼이 신체와 분리될 수 있어야 영혼이 신체보다 앞서 존재한다는 주장과 신체가 죽은 이후에도 살아 남을 수 있다는 주장이 가능할 것이다. 오르페우스 종교의 주장에 따라 영혼이 숨 쉬는 행위를 통해 우주로부터 신체 속으로 들어간다면 최소한 영혼은 신체보다 앞서 존재해야 할 것이다.

오르페우스 종교에 나타난 영혼의 본성에 대해서는 플라톤의 『크라튈로스』편에서 찾아볼 수 있다. 여기서 플라톤은 영혼과 육체의 어원에 관해서 다음과 같이 말하면서 영혼의 본성을 설명하려고 한다(Cra. 399d-400c). 우선 영혼의 어원과 관련하여 우리는 두 가지 방식으로 생각해볼 수 있다. 첫째, 영혼은 육체를 살아갈 수 있게 하는 원인이다. 그것은 영혼이 호흡과 소생 anapsychon의 능력을 준다고 생각하기 때문이다. 그래서 이러한 능력이 멈추는 순간 육체는 파괴되어 소멸한다. 이러한 의미에서 그것은 '영혼'psyche이라고 불려졌다. 둘째, 본성 physis을 운반하고 유지하는 능력에 퓌세케 physeche라는 이름이 붙여졌다. 이 말이 다듬어져 영혼 psyche으로 사용되었다고 한다. 초기 자연철학자인 아낙사고라스가 모든 것들의 본성에 질서를 갖게 하고 유지하는 것은 지성 또는 영혼이라 말했다. 플라톤도 영혼이 생명의 원인이며 모든 것의 본성에 질서를 주고 보존하는 능력이라 생각했다.

다음으로 육체의 어원에 대해 다양한 해석이 있다. 플라톤은 이것들 중 세 가지를 설명하고 있다. 첫째, 영혼이 현재의 삶에 묻혀 있다고 생각되어, 육체 soma는 영혼의 '무덤'sema이라는 말이 유래되었다고 한다. 둘째, 영혼은 자신이 표현하고자 하는 것은 육체를 통해 표시하기 때문에 육체를 '표시'sema라고 불렸다고 전해진다. 그래서 육체는 표시 sema에서 유래되었다고 한다. 플라톤이 육체의 어원으로 가장 그럴 듯하게 생각하는 것은 다음과 같다. 셋째, 육체는 영혼이 죄를 처벌받을 때까지 안전하게 보존해주는soizetai 감옥이라는 말에서 유래한다. 이것은 오르페우스 교도들이 붙였을 가능성이 높다. 이로부터 플라톤은 육체를 영혼이 빚을 다 갚을 때까지 머무르는 영혼의 감옥soma이라고 말한다. 그리하여 플라톤은 오르페우스의 전통을 따라 영혼이 육체와 결합한 원인을 윤리적인 측면에서 찾아냈다. 영혼은 마치 지상의 나그네와 같이 죄의 처벌을 받을 때까지 수많은 육체에 떠돌아다닐 수밖에 없는 존재라는 것이다.

여기서 플라톤은 단지 오르페우스주의자들이 신체가 영혼을 보존하기 위해 소제인sozein이라는 단어에서 파생되었다는 주장을 한다고 말하고 있을 뿐이다. 엄밀히 말하자면 플라톤은 신체가 무덤이나 표지sema라는 주장을 "어떤 사람들"의 주장이라고 말하고 있다. 따라서 여기서 "어떤 사람들"과 "오르페우스주의자"를 동일시할 특별한 이유는 없다(Dodds 2002:309-310). 그렇지 않다면 플라톤이 쓸데없이 각기 다른 이름을 거론하면서 주장할 이유가 없기 때문이다. 단순히 무덤과 감옥이 가진 유사한 이미지 때문에 양자를 모두 오르페우스주의자의 것이라 할 수는 없는 것이다. 플라톤이 『크라튈로스』 편에서 주장하는 신체의 어원과 관련된 논의들을 통해 우리는 다음 입장들을 오르페우스 종교의 것이라 주장할 수 있을 것이다(Alderink 1981:61-62). 오르페우스 종교에 따르면 첫째, 영혼이 신체와 분리될 수 있다. 둘째, 영혼은 신체 속에 갇혀 있다. 셋째, 영혼이 신체에 육화되어 있는 이유를 설명한다. 즉 신체 속에 영혼은 처벌을 받고 있다는 것이다. 그러나 영혼은 처벌을 받고 나면 자유로워질 수 있다. 그러나 영혼은 왜 신체 속에서 처벌을 받고 있으며 왜 신체와 결합하고 있는 것일까?

1.3 오르페우스 종교의 인간의 탄생 신화와 영혼의 운명

오르페우스 종교의 영혼의 본성에 대해 이해하기 위해서는 무엇보다도 인류 탄생 신화를 검토할 필요가 있다. 그리스의 초기 신화들은 대체로 인간은 땅으로부터 태어났다고 한다. 그것은 대체로 인간이 왜 태어나게 되었는지를 설명하기보다는 어떻게 또는 무엇으로부터 태어났는지를 설명하는 데 초점을 두고 있다. 이러한 방식으로 인류 탄생을 설명하는 주장은 단지 그리스에 국한된 것만은 아니며 다른 지역의 신화에서도 자주 찾아 볼 수 있다(Kerenyi 2002:368ff). 그리스 신화에 따르면 대지의 여신이 최초로 질서가 있고 경건한 생명체들의 어머니가 되기를 바라서 인간을 태어나게 했다고 한다. 코파이스 호숫가, 프뤼기아, 아르카디아, 엘레우시스, 렘노스, 팔레네 등이 최초의 인간이 탄생한 곳으로 말해진다. 또한 아티카 땅이 다른 모든 것보다 뛰어난 이성을 지녔고 유일하게 정의와 신들을 공경하는 인간을 낳았다고도 한다.

그 외에도 땅에서 인간들이 솟아 나왔다는 카드모스 이야기(Eur. *Phoen.* 638-675)와 데우칼리온의 홍수 신화에 나오는 대지의 어머니 여신의 뼈인 돌을 뒤로 던져 인류를 낳았다는 이야기(Pind. *Ol.* 9.42-43) 등에서도 이러한 특징을 찾아볼 수 있다. 이러한 경우에 대부분 '땅에서 태어난'gegeneis 또는 '땅에서부터 저절로'autochthones라는 표현이 등장한다. 그렇지만 헤시오도스는 이와 달리 헤파이스토스가 제우스의 명령을 받아 여성의 기원이 되는 판도라를 만들었다고 말한다(*Theo.* 567ff). 그러나 이것은 단지 '태어났다' 와 '만들어졌다' 는 탄생 방식의 문제일 뿐이다. 판도라도 역시 흙으로부터 만들어졌다는 점에서는 동일하다. 판도라의 경우는 인류의 절반인 여성의 탄생 자체보다는 악의 문제를 설명하는 데 초점이 있다.

그러나 오르페우스 종교는 아주 독특한 방식으로 인류 탄생 신화를 말하고 있다. 즉 인간들은 디오뉘소스 신을 잡아먹은 후 제우스의 번개에 맞아 불타버린 티탄족 신들의 재로부터 만들어졌다고 한다. 이러한 전승은 초기 작가들에게서는 발견되지 않고 5세기경의 작가들에게서 발견된다. 가령 프로클로스Proclos는 플라톤의 『티마이오스』 주석에서 티탄들이 디오뉘소스를 일곱 조각으로 나누었지만 심장만은 남겨두었다고 말하며(Orph.frag.210), 올륌피오도로스Olympiodoros는 플라톤의 『파이돈』에 대한 주석에서 디오뉘소스가 제우스의 왕좌를 계승했으나 티탄들이 디오뉘소스를 절단하여 먹었다고 한다(Orph.frag.220). 로드는 일단 이 신화를 수용하지만 린포쓰는 그것이 쓰여진 연대를 문제 삼는다. 즉 후기 오르페우스교 시인의 발명일 수도 있으며 훨씬 나중에 쓰여진 것일 수도 있다는 것이다(Rohde 1966:355). 그럼에도 오르페우스 종교의 가장 중요한 신화라는 점은 분명하다(Rohde 1966:340).

오르페우스 종교의 티탄-디오뉘소스 신화는 왜 영혼이 신체 속에 있는지를 설명해주기 때문에 매우 중요하다. 인간은 티탄적 본성과 디오뉘소스적 본성을 복합적으로 가지고 있다. 티탄적 본성을 가지는 인간의 신체는 처음부터 죽음으로 향하는 성향을 가지고 있었다. 그러나 디오뉘소스적 본성을 가지는 영혼은 신적이기 때문에 불멸하며 수많은 신체를 거친 후에 신체로부터 풀려나게 된다(Rohde 1966:166). 이로부터 오르페우스주의가 영혼윤회설을 표방하고 있다고 추론하는 것이다. 여기서 티탄족 신들은 인간의 본질적 특성을 이해하는 데 중요한 단서를 제공한다. 헤시오도스에 의하면 티탄족 신들은 제우스를 비롯한 올림포스 신들보다 앞서 존재했던 신들이다. 즉 그들은 가이아와 우라노스의 자식들이다. 제우스는 티탄족 신들 중에 레아와 크로노스의

자식들 중의 하나였다. 그는 자신의 형제들을 이끌고 아버지 크로노스
를 비롯한 티탄족 신들과 전쟁을 벌였다. 결국 티탄족 신들은 새로운
올림포스 신들에게 패배하였고 타르타로스에 갇히게 되었다. 그러나
그들도 역시 불멸하는 신들이었기 때문에 죽거나 영원히 사라지지는
않았다. 더욱이 어떤 티탄족 신들은 여전히 이 세계에 중요한 영향력을
미치고 있다. 가령 아틀라스는 크로노스에 의해 하늘과 땅이 분리된 이
후로 하늘을 받치고 있는 것으로 말해진다.

티탄족 신화는 이 세계에 두 가지 질서가 있다는 것을 보여준다. 비
록 제우스를 비롯한 올림포스 신들이 티탄족과의 전쟁에서 승리하였지
만 티탄족은 본성적으로 죽을 운명을 가진 존재들이 아니었다. 따라서
그들은 이 세계를 지배하는 또 다른 원리로서 작용할 수 있다. 플라톤
은 인간의 티탄적 본성을 반항적 특성과 속임수와 같은 경향과 연관시
키고 있다(*Leg.* 701C). 그러나 티탄족 신들 가운데 특히 프로메테우스
와 아틀라스는 인간에게 유익한 존재들로서 생각되고 있다. 또한 휘페
리온과 테이아는 헬리오스와 셀레네를 낳아 각각 태양과 달의 신의 역
할을 물려주었다. 나아가 오케아노스도 우주적 강으로서 영원한 생명
력의 원천으로 자신의 기능을 잃지 않았다. 그 외에도 가이아와 우라노
스의 자식들인 티탄족 신들은 이 세계와 인간들에게 중요한 여러 기능
을 가지고 있기 때문에 여전히 영향력을 미치고 있다고 할 수 있다. 따
라서 티탄족 신들이 비록 올림포스 신들과의 전쟁에서 패배하여 타르
타로스로 갔다고 하지만 사실 자신의 기능을 본질적으로 잃어버렸다기
보다는 단지 전면에 부각되지 않을 뿐이다.

오르페우스 종교에서 티탄족과 제우스가 지배권을 두고 충돌한 이야
기는 티탄족에 대한 중요한 실마리가 된다. 티탄족이 디오뉘소스를 먹
은 이야기도 다소 괴기스럽고 엽기적으로 보이지만 일부 창조적인 측

면도 엿보인다. 그것은 또 다른 측면에서 인간의 창조와 구원의 상징이
되고 있다. 디오뉘소스를 먹은 티탄족의 재로부터 인류가 탄생하였고,
인간의 신적인 특징인 디오뉘소스적 특성으로 인해 인간은 신체에서
풀려나 영원히 자유로울 수 있는 가능성을 가지게 되었기 때문이다. 플
라톤이 티탄적인 특성을 부정적으로 본 것은 오르페우스 종교의 일면을
해석한 것으로 볼 수도 있지만 단지 인간의 비합리적인 특성을 설명하
기 위해 끌어들인 것일 수도 있다. 그는 『법률』에서 인간에게 나타나는,
시민들이 반란을 일으키거나 부모에게 불복종하고 법을 위반하는 특성
을 티탄적인 특성으로 말하고 있다(*Leg.* 701b-c). 즉 티탄적 특성은 기
존 질서나 체제에 반항적이거나 저항적이며 전복적이라 생각되었다.

흔히 인간 안의 티탄적 요소를 인간의 악과 가사적 본성으로, 디오뉘
소스적 요소를 인간의 선과 신적인 요소로 설명하는 것은 오해를 초래
할 수 있다. 우선 티탄족 신들도 역시 불멸하는 신적인 존재이기 때문
에 티탄적 요소를 가사적 본성으로 설명하는 것은 타당하지 않다. 나아
가 티탄족 신들을 악으로 규정하는 것도 역시 문제가 있다. 오르페우스
종교에서 티탄족 신들이 야만적인 방식으로 디오뉘소스를 먹은 것을
놓고 부정적으로 판단하기도 하지만, 단순히 악한 행위로 설명하는 것
과 다르게 해석할 수 있는 측면이 열려 있다. 사실 디오뉘소스와 관련
해서 티탄족 신들이 하는 행위들은 마치 종교 의식에 희생 제물을 다루
는 방식과 유사하다. 플라톤의 경우는 아마도 인간이나 세계가 가진 이
원적 구조를 설명하기 위한 도구로서 티탄-디오뉘소스 신화의 표층적
구조를 차용한 것으로 볼 수 있다.

오르페우스 종교의 인류 탄생 신화에서 인간은 디오뉘소스를 먹은
티탄족 신들의 재로부터 만들어졌다. 그리하여 인간은 합리적인 측면
과 비합리적인 측면을 모두 가지고 있다. 인간 안에 디오뉘소스적 요소

와 티탄적 요소를 구별하는 것은 영혼과 신체에 대해 흔히 사용하는 유비적 구별 방식이다(Rohde 1966:342). 티탄들 속의 디오뉘소스는 신체 안의 영혼이다. 인간은 감옥에 갇힌 죄수처럼 신체 안에 사슬로 묶여 있는 영혼을 해방시켜야 한다. 여기서 디오뉘소스 신의 부활은 영혼이 신체로부터 자유로울 수 있고 자유로워져야 한다는 점을 함축하고 있다. 그렇지만 영혼이 신체로부터 해방되기 위해서는 긴 여행을 할 수밖에 없다. 영혼은 자신이 들어 있는 신체가 죽음을 맞이하면 잠시 해방되기는 하지만 바로 다른 신체로 들어가 갇히는 신세가 된다. 윤회의 수레바퀴는 쉴 새 없이 굴러가기 때문에 무한한 반복만이 있는 듯하다.

사실 영혼윤회설이 가능하기 위해서는 영혼이 불멸한다는 주장이 전제되어야 한다. 영혼이 불멸하지 않고는 윤회한다는 것은 불가능하기 때문이다. 영혼은 사멸하는 신체와 다른 본성을 가지고 있다. 그것은 신적인 요소로부터 나왔기 때문에 불멸한다. 그렇지만 영혼이 불멸한다고 해서 반드시 윤회해야 한다고 결론이 나오지는 않는다. 가령 직선적 세계관을 가진 호메로스 전통에서도 인간이 죽으면 헤르메스가 '죽지 않는' 영혼을 하데스로 데려간다. 또한 목적론적 세계관을 가진 기독교의 경우에도 영혼이 불멸한다고 할지라도 윤회설을 채택하지는 않는다. 영혼은 죽음 이후에 심판을 받고 더 이상 다른 삶을 살지 않을 수도 있다.

닐슨은 영혼윤회설이 "순수한 논리학"의 산물이라고 말하며, 그리스인들은 "논리학자로 태어난" 까닭에 이러한 학설을 발명했다고 한다(Dodds 2002:124). 일단 인간이 신체와 구별되는 '영혼'을 갖는다는 생각이 받아들여지면, '영혼'이 어디서 왔는지 자연히 묻게 되고, 하데스에 있는 영혼들의 거대한 저장소에서 왔다고 대답하는 것이 자연스럽다는 논리이다. 그러나 닐슨처럼 영혼이 존재한다고 해서 과연 고대인들이 논리적으로 영혼의 장소를 물으며 영혼윤회설을 주장하리라고 말하기는 어렵다. 실제로 영혼이 존재한다고 믿는 많은 다른 종교들이 반드시 영혼윤회설을 주장하고 있지는 않기 때문이다.

도즈는 닐슨의 생각을 반대하면서 철학자들이 종교적 믿음들을 순수 논리학을 바탕으로 채택하는지는 의심스럽다고 한다(Dodds 2002 : 124). 그는 오히려 윤리적인 측면에서 영혼윤회설의 기원을 찾고자 한다. 즉 개인이 가족이라는 낡은 유대에서 점차 벗어나게 되고 법적 "개인"으로서 각자의 권리가 증대함에 따라 타인의 죄에 대해 벌을 대신 받는다는 사상은 수용되기 힘들어졌다. 가령 오이디푸스가 아버지를 살해하고 어머니와 결혼하는 운명에로 저주받은 것은 오이디푸스 자신의 행위에 대한 처벌이나 대가가 아니다. 그것은 아버지 라이오스가 저지른 행위의 결과로서 오이디푸스에게 대물림된 것이다.

그러나 인간은 자신의 행위에 대해서만 책임을 진다는 사실을 분별하게 되었을 때에 사후 징벌 사상은 이 세계에서 악인들이 왜 벌을 받지 않으며 신들이 묵인을 하는지를 효과적으로 설명해줄 수 있게 되었다는 것이다. 그래서 지하 세계의 처벌을 통해 사후 징벌 사상을 최대한 활용했다고 한다(Dodds 2002 : 125). 사실 닐슨의 주장보다 도즈의 견해가 훨씬 설득력 있어 보이기는 하지만 도즈도 인정하듯이 영혼윤회설의 흔적은 인간의 윤리적 의식이 본격적으로 싹트기 훨씬 이전 시대부터 찾아볼 수 있다. 최소한 신석기 시대의 유적은 물론 심지어 구석기 시대에서조차 원형을 찾아볼 수 있다. 그리스에서 개인적 윤리 의식이 발달했던 시기에 오르페우스 종교의 주요 논의가 등장한다는 것은 분명하다. 그렇지만 영혼윤회설의 원형적인 특징은 이미 순환적 세계관을 표상하던 구석기 시대로부터 시작되었다. 따라서 윤리적인 사유가 발전하기 훨씬 이전부터 영혼윤회설 자체가 있었다고 할 수 있으며, 오히려 이러한 사유를 계기로 사후 세계의 처벌과 보상의 문제에 대한 통찰이 체계화된 것으로 보인다.

2. 영혼의 불멸과 윤회

2.1 피타고라스학파의 전승과 해석

피타고라스와 그 학파의 가르침에 대해서는 누구도 정확하게 말하기 어렵다. 피타고라스학파는 예사롭지 않은 침묵의 규칙을 가졌으며, 더욱이 외부에 일절 가르침을 발설하지 않았다(DK14A8a). 그래서 후기 피타고라스학파의 필롤라오스Philolaos 시대 이전에는 아무도 피타고라스의 책을 접하지 못한 것으로 알려져 있다. 플라톤은 필롤라오스가 극심한 빈곤에 시달릴 때 디온Dion을 시켜 피타고라스의 책들을 구입했다고 한다(DK14A17). 피타고라스는 처음으로 '철학'philosophia이라는 말을 사용했고(DK58B15), 자신을 철학자philosophos라고 불렀다(Iambl. *VP* 12). 그 이전의 다른 사람들은 대부분 자신을 현명한sophos 사람이라 불렀다. 피타고라스가 자신을 철학자로 부른 이유는 무엇일까? 우리는 디오게네스 라에르티우스를 통해 실마리를 찾을 수 있다. 그것은 피타고라스가 구별하는 세 가지 방식의 삶과 관련되어 있다(DL 8.8).

"인생이란 축제와 같다. 어떤 사람들은 시합을 하기 위해 참석하지만 다른 사람들은 장사를 하기 위해 참석한다. 그러나 가장 훌륭한 사람들은 구경하는 사람들로서 참석한다. 이와 같이 인생에서도 노예와 같은 사람들은 명예와 이익을 추구하는 사람들이 되지만 지혜를 사랑하는 사람들은 진리를 추구하는 사람들이 된다."

여기서 장사하는 사람들은 부나 사치에 대한 욕망에 따라 이익을 추
구하며 살아가는 사람들이며, 운동선수들은 힘과 지배 또는 명예에 대
한 야망을 쫓아 살아가는 사람들이다. 그러나 여기서 삶을 관조하는 사
람들이 가장 훌륭하다. 그들은 지혜를 사랑하는 사람, 즉 "철학자"라 불
리며 진리를 추구하고 살아간다.

피타고라스와 그 학파에게 철학이란 단순히 지혜를 추구하는 것만이
아닌 신과 합일되는 과정이었다. 크로톤에서 피타고라스학파는 학문과
예술을 관장하는 무우사 여신들과 그들을 이끄는 무우사게테스 아폴
론Mousagetes Apollon을 숭배하는 종교 집단으로 나타난다. 오르페우스 종
교의 제의가 무아지경의 디오뉘소스 제의와 밀접한 연관이 있었다면,
피타고라스학파는 아폴론으로 대표되는 이성적인 학문과 예술에 주로
관심이 있었다. 콘포드는 오르페우스 종교에 등장하는 오르페우스는
"아폴론화한 디오뉘소스"라고 말한다. 오르페우스 종교가 디오뉘소스
적 종교의 개혁이었다면, 피타고라스 사상은 오르페우스 종교를 다시
개혁하여 디오뉘소스는 물론 오르페우스로부터도 멀어져 아폴론을 향
해 한 걸음 더 나아갔다(Cornford 1995:234).

이것은 피타고라스학파의 특징과도 연관된다. 피타고라스학파는 분명
히 두 종류의 집단으로 구분될 수 있다. 한 부류는 아쿠스마티코이akous-
matikoi라고 불리는 집단으로 주로 피타고라스의 가르침을 '듣고 따르는'
사람들로 이루어져 있다. 다른 부류는 마테마티코이mathematikoi라고 불
리는 집단으로 주로 수학과 같은 학문들을 '연구하는' 사람들로 이루어
져 있었다(DK18A2). 아쿠스마티코이는 대개 단순히 기존의 가르침을
듣고 따르는 자이지만, 마테마티코이는 지식의 원리를 연구하는 자들이

다(DK18A2). 이암블리코스에 따르면 '듣고 따르는 사람들'akousmatikoi
과 '연구하는 사람들'mathematikoi은 서로 피타고라스학파로 인정하지 않
으려 했다. 피타고라스학파의 신비주의적 특성은 주로 아쿠스마티코이
로부터 유래된 것으로 보인다.

일반적으로 당대의 철학자들의 피타고라스에 대한 평가는 극단적인
찬사와 혹평이 엇갈리고 있다. 헤라클레이토스는 피타고라스가 박학
다식하지만 지성nous은 없다고 말하며(Heraclitus fr.40), 허튼소리 하
는 사람들의 원조라고 폄하한다(DK22B81). 그러나 엠페도클레스는
피타고라스를 매우 현명한 자라고 높이 평가했다. 피타고라스가 열 세
대, 심지어 스물 세대 동안 쌓아 올린 지혜를 가지고 있다고 생각했다
(DK31B129). 플라톤도 피타고라스가 교육의 지도자로 사람들의 사랑
을 받았을 뿐만 아니라 피타고라스학파도 자신들의 삶의 방식을 여전
히 피타고라스적이라고 부를 만큼 자부심을 가졌다고 한다(Resp. 600a-
b). 피타고라스에 대한 부정적인 평가는 아마도 그의 신비스러운 행적
들 때문일 것이다.

지금은 소실된 아리스토텔레스의 『피타고라스학파에 관하여』라는
작품에는 피타고라스의 놀라운 행적에 대한 많은 정보들이 있다. 피타
고라스가 동일한 시간에 크로톤Croton과 메타폰툼Metapontum이라는 서로
다른 장소에서 동시에 목격되었다고 한다. 그리스 신화에서 보면 어떤
신도 동일한 시간에 서로 다른 장소에 나타나는 이야기는 보이지 않는
다. 올림피아에서는 경기 중에 관람석에서 일어나서 자신의 한쪽 허벅
지가 황금으로 되어 있음을 보여주었다고 한다(DK14A7). 황금은 신적
인 특징을 보여주기 때문에 피타고라스가 신성을 가졌다고 주장하는
이야기이다. 더욱이 황소와 같은 동물들에게 말을 하고 강과 같은 자연
물이 피타고라스에게 말을 걸었다고 한다. 피타고라스학파의 이러한

전승들은 이오니아 출신인 피타고라스의 사상이 당시 이탈리아에서 얼마나 충격적이었고 혁신적이었는가를 간접적으로 보여준다. 그러나 피타고라스의 행적을 신비화하고 심지어 신격화하는 이야기들은 오히려 피타고라스에 대해 비판적이고 부정적인 인상을 남겼을 가능성이 높다.

피타고라스학파와 오르페우스 종교는 밀접한 관계를 갖고 있어 명확하게 구분 짓기는 어렵다. 기원전 5세기의 훌륭한 작가인 키오스의 이온Ion은 피타고라스가 오르페우스의 이름으로 시를 썼다고 여겼으며, 에피게네스Epigenes도 네 편의 '오르페우스적인' 시를 실제로 몇몇 피타고라스주의자가 쓴 것으로 보았기 때문이다(West 1983:7-20). 헤로도토스도 오르페우스교라 불리는 제의들이 사실은 피타고라스학파의 제의라고 생각했다(Hdt.2.81). 심지어 피타고라스 이전에 오르페우스적인 시들이 실제로 있었는지, 또 있었다면 그것들이 윤회를 가르쳤는지는 불투명하다(Dodds 2002:123). 그렇지만 피타고라스학파 이전에 오르페우스교의 시에 대한 좋은 증거가 없는 것으로 보이기 때문에, 기원전 4, 5세기에 오르페우스의 시들이 사실은 피타고라스와 그의 추종자들에 의해 쓰였다고 주장했던 고대 비평가들의 판단을 진지하게 다루어야 할 것이다(Kahn 2001:20).

오르페우스교와 피타고라스학파의 사상과의 관계를 명확하게 증명할 수는 없다고 할지라도 서로 매우 유사한 특징들을 보여준다. 우선 플라톤이 『법률』에서 말하는 오르페우스교도의 삶의 방식과 『국가』에 나오는 피타고라스학파의 삶의 방식과는 아주 유사한 점이 있다. 양자는 모두 육식을 하지 않고 영혼의 정화katharsis를 주장했다(Resp. 600b). 피타고라스학파는 '정화' 개념을 영혼 윤회에 대한 오르페우스교의 믿음에 의존하였으며, 오르페우스교가 영혼과 신체를 명확히 구별하며 영혼이 신체의 감옥이라 주장하는 것을 받아들였다. 그렇지만 피타고라스학파는 오르페우스 종교와 분명히 차이점을 보이기도 한다. 특히 오르페우스의 우주생성론은 매우 신비주의적인 특징을 많이 보여주며 결혼과 출산이라는 인격적인 작용인 개념으로 표현된다. 그러나 피타고라스학파는 세계가 신적인 기원을 가진다고 하지만 세계에 대해 이성적이고 수학적인 설명을 하려고 노력한다.

2.2 피타고라스학파의 영혼불멸론과 윤회설

그리스인들이 피타고라스의 사상에서 가장 주목한 부분은 무엇이었을까? 피타고라스와 그 학파가 침묵을 내세웠기 때문에 정확하게는 알 수 없지만 대부분의 그리스인들에게 알려져 있던 내용은 다음과 같다(DK14A8a). 첫째, 영혼이 불멸하며, 둘째, 영혼이 윤회한다는 것이다. 피타고라스는 자신이 윤회했던 과정을 기억했다고 전해진다. 피타고라스는 언젠가 헤르메스의 아들인 아이탈리데스Aethalides로 태어났다. 헤르메스가 불사를 제외하고 무엇이든지 선택하라고 하자, 아이탈리데스는 자신에게 일어났던 일들에 대한 '기억'을 살아서도 죽어서도 가질 수 있게 해달라고 요청했다. 그리하여 그는 자신에게 일어난 모든 것들을 살아 있을 때는 물론이고 죽은 후에도 기억했다. 아이탈리데스는 나중에 에우포르보스, 헤르모티모스, 퓌로스, 피타고라스 순서로 다시 태어났다고 한다(DL 8.4-5).

올림포스 종교의 헤르메스 신은 아이탈리데스에게 불멸성을 줄 수는 없었다. 신과는 달리 인간은 죽을 운명을 타고 났기 때문이다. 그래서 아이탈리데스는 헤르메스에게 영원한 '기억'을 가질 수 있는 능력을 요청했다. 오르페우스 종교에서 영혼은 불멸하며 윤회한다고 생각했다.

인간이 불멸할 수 없는 이유는 '기억'을 가질 수 없기 때문이다. 기억이 자기 동일성의 기준이기 때문이다. 우리가 죽은 후 다른 신체를 가진 존재로 환생할지라도 이전의 삶에 대한 기억을 가진다면 '동일한' 존재로서 정체성을 가질 수 있다. 피타고라스는 자신이 에우포르보스였다가 헤르모티모스였다가 퓌로스였던 것을 기억했다. 이러한 기억이 서로 다른 신체들을 가졌던 사람들이 동일한 존재라는 사실을 보증한다.

오르페우스 종교에서 인간은 단 한번 태어나서 죽으면 사라지는 존재가 아니며, 영원히 삶과 죽음을 반복한다. 인간은 죽을 운명을 가졌기 때문에 죽음을 피할 수는 없다. 죽음은 바로 신체를 통해 오기 때문이다. 그러나 영혼은 그 자체로 불멸한다. 영혼에게 죽음이란 한 신체에서 다른 신체로 넘어갈 때 이전의 삶에 대한 기억을 상실하기 때문에 생기는 현상이다. 피타고라스도 인간이기 때문에 죽음의 관문을 피할 수 없지만 불사와 다름없는 삶을 살아간다. 그것은 바로 모든 '기억'을 가졌기 때문이다. 피타고라스가 전생을 '기억'하는 이야기는 플라톤의 상기설에 영향을 미친 것은 확실하다.

그러나 피타고라스의 윤회설은 정확한 이해 없이 조롱의 대상이 되기도 했다. 크세노파네스는 언젠가 피타고라스가 길을 가다가 심하게 매를 맞고 있는 개를 보고 불쌍하게 여겨 다음과 같은 말을 했다고 전한다.

"멈추어라, 매질을 하지 말라. 나의 친구인 사람의 영혼이니까. 그 개가 짖는 것을 들었을 때 나는 그 혼을 알아보았다."(DK21B7)

아마도 이것은 수많은 식물과 동물 및 인간 속으로 영혼이 옮겨 다닌다는 피타고라스학파의 주장을 비웃기 위해 만들어진 이야기일 것이다.

헤로도토스는 피타고라스의 영혼윤회설이 독창적이라 생각하지 않았을 뿐더러 피타고라스를 아예 지적인 사기꾼이라 생각한 듯하다. 그는 피타고라스가 이집트로부터 영혼윤회설을 들여오고는 자신의 것인 체 한다고 비난한다.

"아이귑토스인들에 따르면, 지하 세계를 지배하는 것은 데메테르와 디오뉘소스라고 한다. 또한 아이귑토스인들은 영혼불멸을 주장한 최초의 민족이기도 하다. 그들의 주장에 따르면 신체가 죽으면 영혼은 갓 태어난 다른 동물 속으로 들어가고, 육지나 바다에서 살거나 날아다니는 모든 짐승들을 윤회하고 나면, 갓 태어난 아이의 신체 속으로 다시 들어간다는 것이다. 그리고 그들은 영혼이 한번 순환하는 데 3,000년이 걸린다는 것이다. 헬라스인들 가운데 어떤 사람들은 먼저, 다른 사람들은 나중에 이 이야기를 마치 자신들의 것인 양 이용했다. 나는 그들의 이름을 알지만 기록하지는 않겠다."(Hdt. 2.123)

사실 헤로도토스가 피타고라스를 오해한 것도 충분히 이해할 만하다. 당시 그리스에 일반적으로 알려진 올림포스 종교의 전통에서 영혼윤회설은 아주 낯선 것일 수 있다. 따라서 헤로도토스가 말하듯이 영혼불멸을 믿는 이집트에서 들여온 것이라는 생각에 언뜻 동의하기가 쉽다. 엄밀히 말하자면 이집트인들은 영혼윤회설을 주장하지 않았다. 그들은 영혼이 불멸한다고 생각했지만 죽은 후에 다시 이 세계에 여러 존재자의 모습으로 윤회한다고 생각하지 않았다. 이집트의 종말론에서 이 지상의 삶은 또 다른 세상에서의 미지의 삶을 위한 짧은 준비 기간이며 아무런 회귀도 없다. 실제로 윤회설은 이집트의 기록이나 작품에서 확인되지 않는다(Kirk 1984:220).

그렇다면 도대체 피타고라스는 영혼윤회설을 어디서 가져왔을까? 도즈Dodd, E. R.와 부케르트Bukert, W.와 같은 현대의 주요 학자들이 그리스의 새로운 영혼관을 흑해 지역에서 유래한 샤머니즘과 연관 짓는다. 그러나 칸은 종교적 무아지경과 인간과 동물의 윤회의 주기에 대한 체계적 믿음 간에는 논리적 또는 역사적 연관성은 없다고 말한다(Kahn 2001:19). 그에 따르면 영혼윤회설이 아주 오래전부터 나타났던 곳은 부처 이전 시기의 인도였다고 한다. 퀴로스Kyrus가 정복한 이후에 페르시아 제국은 이오니아로부터 인더스까지 확장되었다. 이때부터 서구에 이러한 논의가 유입된 걸로 추론하고 있다. 그렇지만 어떻게 피타고라스가 이러한 사상에 접근하게 되었는지는 알 수 없다. 칸은 나중에 부케르트가 모든 그리스인들과 인도인들이 페르세폴리스Persepolis에서 열리는 신년 축제에서 정기적으로 만났었다는 언급을 인용하면서 자신의 입장을 강화한다.

그러나 영혼윤회설은 고대 인도가 아니면 그 기원을 설명할 수 없는 것일까? 서구 역사의 구석기로부터 청동기에 이르기까지 고대 문명과 관련된 수많은 유적들과 유물들을 살펴보면 전혀 다른 가능성을 발견할 수 있다. 나는 영혼윤회설이 단지 특정 지역의 고유한 사상이 아니라 고대로부터 있었던 인간의 원형적 사유들 중의 하나라고 판단한다. 고대 구유럽의 유물과 유적들은 이미 구석기 시대로부터 고대인들이 이 세계를 순환론적으로 바라보았던 사실을 보여주고 있다(장영란 1998:186-189). 청동기 초기까지는 위대한 어머니 여신을 중심으로 죽음과 재탄생의 과정을 재현하는 신화가 지배적이었다. 인간이 속한 자연 세계는 생명의 순환적 체계가 끊임없이 변화하는 자연 현상들 속에서 일정한 주기에 따라 동일한 형태로 반복되고 있다고 생각되었다.

가령 구석기와 신석기에 지배적인 이러한 순환론적 세계관이 지배적이던 구유럽과 근동 지역에서는 영혼이 윤회한다는 생각의 씨앗을 자체적으로 가지고 있었을 수 있다. 그리스에서도 헬레네 민족 이전의 신석기와 청동기 시대에 위대한 어머니 신화가 존재했을 것이다. 문헌상으로는 남아 있지 않지만 보이오티아 지역 등에서 고고학적으로 발굴된 유물들이 이러한 주장을 지지한다. 그렇지만 대부분의 학자들도 스스로 인정하듯이 영혼윤회설이 정확히 어디서 유래되었는지를 확증하기는 어렵다.

2.3 영혼의 정화와 금욕주의

오르페우스 종교와 피타고라스학파가 주장하듯이 인간의 영혼은 불멸하며 윤회한다고 하자. 그렇지만 그것이 끊임없는 윤회의 수레바퀴에서 벗어날 수 없다면 영혼의 불멸은 더 이상 축복이 될 수 없다. 영혼이 불멸하는 이유는 신적인 원천을 가지고 있기 때문이다. 그런데 왜 영혼은 윤회할 수밖에 없는가? 그것은 영혼이 본래적인 상태로 있지 못하기 때문이다. 그렇다면 어떻게 영혼이 끊임없는 윤회에서 벗어날 수 있겠는가? 분명히 피타고라스는 영혼이 윤회에서 벗어날 수 있는 가능성에 대해 긍정적으로 말하고 있다. 피타고라스의 노예였다가 자유인이 되어 많은 돈을 벌어 고향 트라케로 돌아간 잘목시스Zalmoxis는 "영원히 살아남아 온갖 좋은 것을 소유할 곳으로 가게 될 것"이라고 사람들에게 가르쳤다(Hdt. 4.95).

그러나 모든 사람들이 윤회에서 벗어나 영혼의 고향으로 돌아갈 수 있는 것은 아니다. 영혼이 윤회에서 벗어나기 위해서는 반드시 '정화' katharsis가 필요하다. 영혼이 신체라는 감옥에 갇혀 있는 이유는 영혼이 죄를 씻고 순수해져야 할 필요성을 일깨운다. 피타고라스학파에게서 영혼이 어떻게 타락하게 되었는가는 분명하지 않다. 그렇지만 오르페우스 종교로부터 내려온 인류 탄생 신화를 볼 때 인간은 태어날 때부터 비합리적 요소이자 악의 요소라 할 수 있는 티탄적 부분을 가지고 있었다. 그러므로 인류는 탄생 이후에 특정한 행위를 통해 타락하게 된 것이 아니라 본래적으로 타락한 상태로 태어난 것이다.

피타고라스학파의 특징을 물려받은 엠페도클레스는 보다 분명하게 인간의 형벌에 대해 말하고 있다. 오르페우스 종교의 인류 탄생 신화는 인간의 비합리적인 특성과 악의 요소에 대한 보편적인 논의를 제시하고 있는 반면, 엠페도클레스는 개인의 행위에 대한 책임으로서 처벌을 언급함으로써 윤리적인 측면을 함축하고 있다.

"누군가 허물이나 살생으로 자신의 사지를 더럽히고 잘못을 저질러 자신의 맹세를 거짓으로 만든다면, 그가 영원한 생명을 몫으로 받은 다이몬들에게 속하기는 하지만 지극히 복된 자들로부터 쫓겨나 3만 년 동안 헤매야 한다. 시간이 흐름에 따라 가사적인 것들의 온갖 모습들로 번갈아 태어나 삶의 힘겨운 길들을 계속 바꾸어 나가…."(DK31B115)

엠페도클레스는 살생을 하거나 거짓말을 하거나 죄를 지으면 영원 불멸하는 신적인 영혼이 신들로부터 추방되어 3만 년이나 되는 세월을 윤회하게 된다고 말한다. 영혼 윤회의 원인은 개인이 저지른 악행에 대한 처벌이다. 따라서 엠페도클레스는 "악을 멀리 하라"고 말한다 (DK31B144).

피타고라스의 경우에 영혼의 정화 방법에 대한 단편들이 별로 남아 있지 않다. 그렇지만 우리는 피타고라스와 그 학파가 주로 영혼의 조화를 위해 음악 교육과 금욕적 생활을 강조했다는 사실을 알 수 있다. 우선 피타고라스학파가 중시한 음악에 주목해볼 수 있다. 아름다운 리듬이나 멜로디를 들을 때 영혼이 느끼는 상태를 관찰해보자. 음악은 인간의 영혼을 치료하여 다시 영혼의 능력들이 서로 '조화'를 이루도록 만들어준다. 피타고라스는 영혼이 비합리적인 상태에 있을 때 쉽게 반대 상태로 변화시킬 수 있었다. 그래서 어떤 특별한 화음을 통해 제자들을 낮에는 정신적 혼란에서 자유롭게 해주고 밤에는 악몽에서 자유롭게 해주었다고 한다. 그렇지만 피타고라스 자신은 특별한 악기나 신체 기관을 이용하지 않고 우주의 조화와 화음을 통해 다스렸다고 한다(Iambl. *VP* 15).

다음으로 영혼을 정화시키기 위한 금욕을 주목할 수 있다. 현재 피타고라스학파의 금욕적 생활에 관해 남은 단편들은 주로 이해하기 어려운 '금기'의 형태이다. 피타고라스는 생명을 가진 모든 것이 먹는 것을 삼가고, 포도주를 먹지 말 것이며, 소식을 하고, 잠을 적게 잘 것을 명령했다고 한다(Iambl. *VP* 16). 이것은 주로 신체의 욕구에 대한 금기 조항들로 되어 있다. 대부분의 금기들이 "콩을 먹지 말라.", "떨어진 것을 먹지 말라.", "저울을 넘지 말라.", "심장을 먹지 말라." 등과 같이 설명하기 어려운 형태로 남아 있다(DK58C6). 그렇지만 이러한 금기들을 통해 대개 "탐욕을 부리지 말라.", "법률을 어기지 말라.", "게으르게 살지 말라." 등과 같이 교훈적인 내용을 담은 일상적인 삶의 지혜와 절제에 대해 말하려는 의도를 파악할 수 있다.

특히 오르페우스 종교에 대한 전승들은 육식에 대해 금지하고 채식주의적 성향을 강조한다. 에우리피데스는 "네가 오르페우스를 너의 왕으로 삼는다면 어떠한 고기도 먹지 못한다."고 말하며(Eur. *Hipp*.952-3), 플라톤도 생명이 있는 모든 것을 먹는 것을 금지하는 것이 오르페우스

종교의 생활이라고 말한다(*Leg.* 782c). 그러나 만약 영혼윤회설과 관련
하여 모든 생명체가 친족 관계이기 때문이라면 육식은 물론 채식도 논
리적으로 모순이라 할 수 있다. 왜냐하면 식물도 생명 또는 영혼을 가
지고 있기 때문이다. 금욕주의적 생활과 관련하여 채식주의의 난점을
풀기 위해서 우리는 고대부터 내려오는 피에 대한 공포를 살펴볼 필요
가 있다(Dodds 2002:129). 그리스에서 피는 바로 영혼이 머무는 곳이
라 생각되었다. 그래서 오뒷세우스가 하데스에 내려갔을 때 죽은 자의
영혼은 그림자처럼 거닐다가 희생 제물의 피를 먹고서야 의식을 차리
게 된다.

오르페우스 종교에서 채식주의가 가능했던 이유는 식물에 대해서는
피의 공포가 없었기 때문일 것이다. 아리스토파네스는 오르페우스가
"너의 손에 피를 묻히지 않도록 하라."고 가르쳤다고 전하고 있다(Ar.
*Ran.*1032). 그리하여 오르페우스 종교에서는 생존을 위한 음식이든 종
교적 희생 제물이든 생명체를 살해하는 것을 금지했다. 영혼이 없는 것
들apsychos만 먹을 수 있으며 영혼이 들어있는 것들empsychos은 먹어서 안
되었다. 그렇지만 피타고라스학파의 경우에는 채식주의와 관련해서는
상충되는 견해들이 존재한다. 어떤 전승에 따르면 피타고라스가 생명
이 없는 것을 제물로 이용했다고 하지만, 다른 전승에 따르면 수탉과
어린 염소와 돼지만을 제물로 사용했다고 하며 생명을 지닌 다른 모든
것을 먹도록 허용했다고 한다(DL 8.20). 오르페우스주의와 피타고라
스학파가 추구하는 금욕주의의 특징은 영혼을 윤회로부터 벗어나게 하
는 정화의 수단으로 신체적 측면뿐만 아니라 정신적 측면에서의 욕구
의 절제를 강조한다는 것이다.

그리스 철학은 호메로스의 올림포스 종교에 대한 일종의 반동이라고

할 수 있다. 흔히 철학은 신화와의 차이를 강조하여 존재 이유를 부각시키지만 신화라는 모태를 망각할 수는 없다. 오르페우스 종교는 호메로스의 올림포스 종교로부터 출발한 과학주의 전통과 달리 신비주의적 전통에 서 있다. 그것은 어떤 측면에서는 극단적 합리주의에 반동이라 할 수 있으며, 다른 측면에서는 오히려 합리주의의 극단이라 할 수 있다. 오르페우스 종교에서 특히 영혼불멸설과 윤회설은 그리스 철학의 중요한 원천이 되고 있다. 그렇지만 아직까지 그리스 철학에 나타나는 오르페우스 종교의 영향은 명확하게 정리되지 못하고 있다. 단편적으로 전해져 내려오던 오르페우스 종교의 주요 특징들은 피타고라스학파의 철학적 전통이 되었다. 사실 아폴론적인 오르페우스가 디오뉘소스 종교의 신비주의와 어떻게 통합되었는지 정확히 알기는 어렵다.

그렇지만 오르페우스 종교는 디오뉘소스 종교의 개혁이고 피타고라스학파의 사상은 오르페우스 종교의 개혁이라 할 수 있다. 오르페우스 종교의 인류 탄생 신화를 볼 때 인간에게는 티탄적인 비합리적인 요소와 디오뉘소스적인 합리적 요소가 있다. 인간 속의 신성한 요소인 영혼은 본성적으로 불멸할 수밖에 없다. 그렇다면 인간의 신체적 죽음 이후에 영혼은 어떻게 되는가? 오르페우스 학파와 피타고라스학파는 영혼이 윤회한다고 주장한다. 그러나 영혼윤회설은 사실 서구 철학자의 눈에 자생적으로 보이지 않았기 때문에 논란이 많았다. 하지만 서구 사회에서 영혼윤회설은 논리적 사유나 윤리적 사유의 체계가 확립되기 이전부터 원형적 사유의 특징을 이루고 있었다. 이 책에서는 오르페우스 종교와 피타고라스학파의 기본적인 전승과 해석을 통해 영혼의 기원과 본성 및 특징을 살펴보고 영혼윤회설의 기원과 금욕주의의 철학적 토대를 추적해보았다. 이것은 초기 자연철학자들 중 엠페도클레스와 특히 플라톤에게 많은 영향을 주었다. 나아가 서구 사상의 기독교적 전통

과 뿌리를 달리하지만 근본적인 원리와 목표에 있어 유사성을 가지고
있다.

피타고라스는 근본적으로 모든 영혼은 친족 관계에 있다고 주장한
다. 디카이아르코스Dicaearchus에 의하면 피타고라스학파가 주장하는 영
혼론의 핵심은 다음과 같다. 영혼은 불사의 존재로서 윤회한다. 더 나
아가 존재케 되는 것은 무엇이나 어떤 순환 과정 속에서 계속 재탄생하
므로 어떤 것도 절대적으로 새롭지 않다. 그 과정에서 생명을 갖고 태
어나는 모든 존재자들은 '친족'homogene으로 취급되어야 한다. 가령 인
간들 가운데 아버지와 아들, 시민과 노예, 남편과 아내 및 자식, 나아가
동식물은 물론이고 심지어 신에 이르기까지 모든 존재자들은 서로 친
족 관계에 있다. 콘포드는 특히 모든 형태의 생명체들이 하나의 친족으
로 통합된다는 주장의 기원이 디오뉘소스 종교에 있다고 주장한다. 즉
피타고라스는 하나의 영혼이 모든 것에 있으며 그것이 모든 형태의 생
명체들을 하나의 친족으로 통합하는 연대성의 기초가 된다는 원시 디
오뉘소스 종교를 믿었다(Cornford 1995:242). 피타고라스는 이러한
친족 관계에 대해 '필리아'philia를 말한다. 흔히 그것은 우정이라 번역
되지만 적절한 의미가 아니다. 그것은 단순히 친구들 간의 관계뿐만 아
니라 부모와 자식, 군주와 신하, 인간과 동물, 동물과 식물 간의 관계에
도 적용되기 때문이다.

인간의 영혼은 근본적으로 신과 친족 관계에 있기 때문에 언젠가 신
적인 원천으로 되돌아 갈 수 있다. 물론 영혼이 완전히 정화가 된 경우
를 전제로 한다. 이러한 생각은 호메로스의 올림포스 종교와 비교한다
면 엄청난 철학적 변화가 일어난 것으로 볼 수 있다. 근본적으로 올림
포스 종교에서는 유일하게 헤라클레스를 제외하고는 인간이 신이 되는
것은 불가능하다. 그러나 피타고라스학파에 의하면 신은 인간과 친족

관계에 있기 때문에 인간이 신이 될 수 있게 된다. 크로톤 사람들은 피타고라스를 아폴론 휘페르보레이오스Apollon Hyperboreios로 불렀다는 사실을 상기할 수 있다(DK 14A7). 이 세계에 존재하는 것이 모두 친족 관계에 있기 때문에 사랑해야 한다는 것이다. 그래서 피타고라스는 개인의 불멸성뿐만 아니라 공동체 의식을 중시하고 자신의 학파에 남녀를 구분하지 않고 받아들였으며 공동체 내에서 모든 소유물을 공유하였을 뿐만 아니라 삶의 방식마저도 공유하도록 했다. 티마이오스에 따르면 피타고라스학파로 인해 "처음으로 이탈리아에 '친구들의 것들은 공동의 것이다'라는 말이 있게 되었다."(Ti. fr.13a)고 한다. 피타고라스식의 삶의 방식은 평판이 좋았으며 플라톤의 이상국가론에도 많은 영향을 미친 것으로 보인다.

3. 영혼의 정화와 금욕

플라톤은 근본적으로 오르페우스 종교와 피타고라스학파의 철학에 상당히 많은 영향을 받았다. 특히 우리가 플라톤의 영혼론에 대해 이야기할 때는 오르페우스 종교와 피타고라스학파의 철학와의 연관성과 관련된 논의를 피할 수 없다. 플라톤은 그들의 영혼불멸성과 영혼윤회설을 물려받았다. 따라서 우리는 플라톤의 작품들에 나타나는 오르페우스와 피타고라스학파의 영혼 이론의 영향을 고찰한 후에, 플라톤이 주장하는 영혼윤회설에 대해 본격적으로 논의할 수 있다.

3.1 영혼과 육체의 결합

플라톤에게 인간의 궁극적 목표는 진리를 인식하는 것이다. 그러나 진리를 인식하기 위해서 영혼이 본래의 순수한 상태를 유지하여야 한다. 플라톤은 인간의 영혼에게 육체 또는 육체와 관련된 것들은 방해가 될 수 있다고 생각했다(*Phd.* 65a-b). 그래서 영혼이 육체의 방해를 받지 않고 자신의 고유한 기능을 가장 발휘할 수 있는 방식을 찾았다. 그것은 바로 영혼을 육체로부터 가능한 멀리 있게 하는 것이다. 인간에게 영혼과 신체의 실제적인 분리는 죽음이다. 만약 우리가 죽는다면, 영혼은 육체를 떠나 홀로 있고, 또 육체가 영혼을 떠나 홀로 있을 수 있는 것이다. 그러나 우리가 살아 있는 동안은 영혼이 실제로 육체와 분리될 수 없기 때문에 가능한 한 육체에 의해 방해 받지 않도록 노력해야 한다. 우리는 고통이든 쾌락이든 영혼을 괴롭히는 것이 없을 때 가장 사유를 잘 할 수 있다. 즉 영혼이 육체적 감각이나 욕망에 방해받지 않고 최대한 그 자체로 존재하여 참된 존재에 도달하려고 노력할 때 가장 잘 사유할 수 있다. 우리가 궁극적으로 인식하려고 하는 정의 자체, 아름다움 자체, 좋음 자체를 눈이나 그 밖의 다른 감각들에 의해 도달할 수 없다. 오히려 이러한 신체의 감각 기관들은 영혼이 진리와 인식을 얻는 것을 방해할 뿐이다.

우리가 먹고 마시지 않으면 육체는 살아남을 수 없다. 사실 이것만으로도 우리를 끊임없이 골치 아프게 한다. 대부분의 사람들은 단순히 생명을 유지하기 위해 먹고 마시지는 않는다. 때로는 맛있고 비싼 것을 먹고 마셔야 하기 때문에 일을 더 많이 해야 한다. 나아가 우리는 육체를 보호하기 위한 장소를 필요로 한다. 단순히 내 몸 하나 가릴 만한 곳이면 되는 것이 아니고 내 몸에 편리할 뿐만 아니라 남에게도 보여줄 만한 집을 마련하기 위해 더 많이 일을 하기도 한다. 우리는 살아가면서 육체를 위해 많은 시간을 사용한다. 사실 기본적으로 먹고 마시고 자는 본능적 욕구를 충족시키는 일도 쉽지 않다. 욕망은 끊임없이 욕망을 낳기 때문이다. 플라톤이 육체를 부정적으로 말하는 것은 육체 자체가 아니라 육체로 인해 발생하는 지나친 욕망 때문이다. 더 정확하게 말하자면 그것이 궁극적으로 도달해야 할 진리의 인식을 방해하는 한에서 부정적이다.

더욱이 육체에 병이라도 드는 날에는 우리는 육체를 돌보느라 아무것도 할 수 없게 된다. 또한 육체는 욕망과 정욕과 두려움, 그리고 온갖 환영과 수많은 어리석음으로 영혼을 가득 채워서 아예 아무 생각도 할 수 없게 만들고 만다(Phd. 65b-d). 심지어 전쟁이나 분쟁과 같은 것들도 육체로 인해 발생하는 것이다. 즉 전쟁은 돈을 사랑함으로써 생기는 것이요, 돈이란 육체 때문에 육체를 위해 얻지 않으면 안 되는 것이다. 이러한 모든 장애물 때문에 우리는 철학하는 데 쓸 시간이 부족한 것이다. 더구나 조금이라도 여가가 생겨서 사색하려고 해도 언제나 육체가 개입하여 혼란과 소동을 일으키고, 나아가 우리의 눈을 흐리게 하여 진리를 보지 못하게 한다. 그러므로 플라톤은 무엇이든지 순수하게 인식하려면 최대한 육체와 떨어져 있어야 한다고 말한다(Phd. 66d-67a). 영혼 그 자체로 돌아가야만 사물들을 그 자체로 볼 수 있는 것이다. 그렇다면 우리가 지혜에 도달하게 되는 것은 우리가 살아 있는 동안이 아니고, 우리가 죽은 후의 일이다. 그러므로 현세에서는 우리는 될 수 있는 대로 육체와 상관하지도 않고 어울리지도 않으며, 신이 우리를 해방시켜 줄 때까지 우리 자신을 깨끗하게 지켜야 그나마 인식에 가장 가까이 이를 수 있다. 이와 같이 육체의 어리석음에서 벗어나야 우리가 순수하게 되고 또 도처에서 밝은 빛을 얻을 수 있다. 그 빛은 바로 진리의 빛이다.

영혼은 육체와 결합하여 본래 자신의 역할이나 기능을 제대로 할 수 없게 된다. 그래서 육체나 육체적인 것과 최대한 멀어지도록 노력해야 한다고 생각한다. 플라톤은 영혼이 육체와 결합된 상태를 마치 술에 취한 상태나, 감옥에 갇힌 상태, 못에 박힌 상태와 비슷하게 생각한다.

우선 '술 취한 것과 같은 영혼'은 영혼이 육체의 방해를 받아 술에 취한 것과 같이 제대로 가누기도 어려운 상태를 말한다(Phd. 79c). 영혼이 무엇인가를 고찰하는 데 시각이나 청각, 혹은 다른 어떤 감각을 사용할 수밖에 없다. 이 때 영혼이 감각을 통해 육체를 사용하게 되는데, 육체로 인해 영혼은 뒤흔들리게 된다. 그래서 결국 영혼이 마치 술 취한 상태와 같이 방황하며 혼란을 일으켜 어질어질한 상태에 있게 된다는 것이다.

다음으로 '감옥 속에 있는 영혼'은 육체라는 감옥에 갇혀서 자유롭지 못한 상태를 말한다(Phd. 82e-83e). 영혼은 육체 속에 꼼짝 없이 감금된 채 들러붙어 있어 이 세계에 존재하는 것들을 고찰하는 데 그 자체로만 할 수 없고, 마치 감옥을 통해서 보듯이 어쩔 수 없이 육체를 통해서 할 수밖에 없게 된다. 이 감옥은 욕망에 의해 점차 두터워져서 영혼을 가리게 된다. 그리하여 우리를 무지에 빠지게 만든다. 참된 철학자는 영혼이 자신을 해방할 수 있도록 하기 위해 가능한 쾌락과 욕망 그리고 고통을 멀리한다. 그러나 누구든지 지나치게 즐거워한다거나 두려워할 때나, 또는 지나치게 슬퍼하거나 욕심을 부리는 경우에는 이렇게 되지 못한다.

마지막으로 '못 박힌 영혼'은 육체에 영혼이 마치 못 박힌 것과 같은 상태를 말한다(Phd. 83d-e). 모든 쾌락이나 고통은 못과 같아서 영혼을 육체에다 대고 못질해서 육체적인 것으로 만든다. 그래서 이런 영혼은 육체가 우기는 것이 바로 참된 것이라고 생각하게 한다. 이런 경우에 영혼은 육체와 같은 생각을 하며, 육체와 같은 습관을 가지며, 함께 자라게 된다. 이러한 영혼은 언제나 온통 육체로 오염된 채로 떠나게 되므로, 정화된 상태로 저승에 갈 수 없다. 그리하여 마침내 그러한 영혼은 다시금 다른 육체 속으로 얼른 들어가서, 마치 씨가 뿌려지기라도 한 것처럼, 그 속에서 뿌리를 내리게 되며, 따라서 신적이며 순수하고 존재와는 아무런 교제도 갖지 않는다.

플라톤은 살아 있는 동안에 영혼이 육체와 너무 밀접하게 결합되어 있었다면, 죽은 이후에도 육체를 떠나기 힘들다고 말한다(*Phd*. 81b-e). 만약 영혼이 살아 있을 때 가능한 육체에서 벗어나려고 했다면 영혼이 육체를 떠날 때 아무런 육체의 흔적을 가지지 않을 것이다. 그러나 항상 육체와 짝하고 육체의 노예가 되어 육체의 여러 가지 욕망과 쾌락에 정신이 팔렸던 영혼, 그리하여 진리는 오직 만져 볼 수 있고 눈으로 볼 수 있고 입으로 맛볼 수 있다고 믿는 영혼은 더럽혀져서 순수할 수 없다. 이러한 영혼은 밤낮 육체의 일을 염려함으로써 마침내 육체적인 것이 그 본성에 스며들어 결국 육체적인 것에 매이게 된다. 이 육체적인 것은 무겁고 둔하며, 또 땅의 성질을 띠고 있어 가시적 요소를 지닌다. 그래서 육체의 무게로 인해서 영혼은 가시적 세계로 다시 끌려 내려와 이 세계에 매이게 된다. 그래서 무덤가에 유령들이 배회하는 것을 볼 수 있는 것은 영혼이 깨끗이 육체를 떠나지 못하고 가시적인 것에 매어 있어서 이다.

3.2 윤회의 원인과 금욕주의

우리가 영혼이 불멸한다는 사실을 인정한다면 영혼이 왜 신체와 결합하며 어떻게 신체로부터 벗어날 수 있는지에 대해 의문을 던질 수 있다. 사실 영혼이 불멸한다고 할 때 죽음 이후 영혼의 운명에 대해 몇 가지 정해진 길이 있다. 호메로스의 경우처럼 죽음 이후에 영혼이 살아남지만 산 자의 세계에서나 죽은 자의 세계에서는 어떤 역할도 하지 못하는 방식도 있다. 오르페우스 종교의 경우처럼 영혼은 불멸하며 윤회하는 방식도 있다. 그런데 우리는 고대인들이 영혼윤회설을 바라보는 태도를 주목할 필요가 있다. 고대인들은 이 세계가 일정한 법칙에 따라 끊임없이 순환하는 것과 마찬가지로 인간의 영혼도 끊임없이 순환한다고 생각했다. 그렇지만 인간의 의식이 발전해 나가면서 영혼의 윤회는 단순히 자연 현상과 같이 받아들여지지는 않았다. 더욱이 처음에는 영혼이 불멸하며 영원히 윤회한다는 사실이 자연스럽게 수용되다가 점차 인간들에게 영원히 반복되고 순환되는 영혼의 윤회는 일종의 족쇄나 억압처럼 느껴진 것으로 보인다. 그래서 왜 인간의 영혼이 윤회하는지에 대한 문제를 제기하고 원인을 탐구하기 시작한 것으로 보인다.

플라톤은 『파이돈』에서는 영혼이 윤회하는 현상이 지속되는 원인을 설명한다. 그것은 바로 영혼이 육체와 반복적으로 결합하기 때문이다. 그래서 영혼은 윤회에서 벗어날 수 없다. 그러나 영혼이 왜 육체와 결합할 수밖에 없는지는 설명되고 있지 않다. 그런데 『파이드로스』에서는 단지 육체만 탓하지 않고, 영혼도 본성적으로 취약하다고 한다. 플라톤은 신들의 영혼에 비해 인간의 영혼이 가볍지 않은 것으로 설명한다. 그래서 신들의 향연에 참가하기 위해 인간의 영혼들이 서로 올라가려다가 부딪혀 날개가 부러져 추락하게 되어 육체와 결합한다고 한다. 그래서 인간의 영혼이 다시 신들의 세계로 돌아가기 위해서 여러 번 윤회를 통해 진리를 인식해서 완전히 육체로부터 벗어나게 된다. 기본적으로 영혼이 육체와 결합하여 윤회하게 되었는데 어떻게 육체로부터 벗어날 수 있는지를 설명하는 데 중점을 두고 있다. 사실 여기서도 영혼이 왜 윤회를 할 수밖에 없는지를 직접적으로 명쾌하게 설명하지는 못한다.

그렇다면 플라톤은 영혼 윤회의 원인을 어떻게 설명하는가? 사실 이것을 경험적 차원에서 설명하기는 불가능하다. 따라서 플라톤은 신화적 원인을 도입하여 설명하고 있다. 오르페우스교에 따르면 인간은 디오뉘소스를 먹은 티탄족 신들의 재로부터 만들어졌다. 인간 안의 디오뉘소스적 요소와 티탄적 요소는 인간의 합리적인 측면과 비합리적인 측면을 설명한다(Rohde 1966:342). 인간의 신적인 특징인 디오뉘소스는 신체 안의 영혼이라 할 수 있다. 우리는 마치 감옥에 갇힌 죄수처럼 신체 속에 묶여 있는 영혼을 해방시켜야 한다. 바로 이러한 디오뉘소스적 요소 때문에 인간은 신체로부터 풀어나 영원히 자유로울 수 있는 가능성을 가질 수 있게 된다. 오르페우스교는 인간의 영혼이 윤회하는 원인을 설명하고 있다. 인간 영혼의 윤회는 인간이 탄생 이후에 저지른 행위 때문이 아니다. 영혼은 본래 타락한 상태로 태어났다. 인간 안에 티탄적 요소가 인간의 죄의 특성을 말해준다.

플라톤도 『법률』에서 오르페우스교의 영향에 따라 "옛날에 있었던 화에 대한 징벌"이나 "인간이 저지른 씻기 힘든 옛 악행들에서" 비롯된 신을 모독하려는 충동들은 모두 티탄적 특성과 관련되어 있다고 말한다(Leg. 854b). 그러나 『법률』에서는 신화적인 원인과 설명을 시도하면서 오르페우스적 원인을 도입한 것으로 보인다. 궁극적으로 오르페우스교와 피타고라스학파 및 플라톤의 경우에 영혼이 윤회하는 이유는 인간의 죄로 인한 것이다. 따라서 영혼의 윤회에서 벗어나기 위해서는 죄에서 벗어나야 한다. 사실 이러한 방식은 인간이 윤회하게 된 원인을 윤리적인 원인으로 환원하여 설명하는 것이다. 플라톤이 후기 작품인

『법률』에서는 오르페우스교의 신화적 요인을 도입한 의도가 비교적 분명해 보인다. 사실 플라톤은 인간의 옛 악행이라는 신화적 설명 자체를 중시하는 것처럼 보이지는 않는다. 이를 통해 우리가 육체와 결합되어 윤회하는 징벌을 받았는데 궁극적으로 윤회에서 벗어나 신들의 세계로 귀환해야 한다는 사실을 강조한다.

그렇다면 과연 인간이 본성적으로 타고난 죄에서 벗어나 신체로부터 해방될 수 있는 방법은 무엇인지를 살펴볼 필요가 있다. 우리가 흔히 '금욕주의'라 부르는 주장은 근본적으로 영혼과 신체를 분명히 구별하고, 영혼과 신체의 갈등 과정을 이해하는 데서 출발점을 찾아볼 수 있다(Dodds 2002: 112). 영혼이 윤회에서 벗어나기 위해서는 신체의 정화가 필요하다. 금욕은 신체에 대한 영혼의 훈련이다. 오르페우스 종교나 피타고라스학파에서 나타나는 금욕은 영혼윤회설에 나타난 일종의 죄의식에서 기원한다. 영혼이 세계의 순환 과정과 유비적으로 추론되는 영혼윤회설은 초기에는 자연 세계의 변화와 같이 자연스럽게 수용되었지만, 점차 인간에게 일종의 두려움과 공포로 다가온 것으로 보인다.

인간의 영혼이 윤회를 하게 된 원인은 부정적으로 설명되고 있다. 그것은 인간의 본성적 한계에서 기인하거나, 인간의 과거에 지은 죄에서 출발한다. 일단 이 세계에서 영혼이 윤회하는 방식은 수많은 신체들과 결합하는 것이다. 따라서 일차적으로 영혼이 신체라는 감옥에서 벗어날 수 방법은 죽음이다. 그러나 죽음 자체는 우리를 영원히 신체에서 벗어날 수 있게 하는 것이 아니며 단지 일시적으로 벗어날 수 있게 할 뿐이다. 죽음은 단지 끊임없는 삶의 순환을 가로지르는 일종의 경계일 뿐이다. 플라톤은 기존과 다른 차원의 죽음의 의미를 설명한다. 신체와 영혼의 분리로서 죽음은 단지 물리적 의미뿐만 아니라 정신적인 의미로도 활용된다. 죽음은 신체라는 감옥 속에 갇혀 있는 영혼을 해방시키는 것이다. 실제로 영혼이 물리적으로 신체로부터 분리되어 생물학적인 죽음을 맞이하지 않고도, 단지 정신적으로 신체로부터 분리시키는 훈련을 통해서도 해방될 수 있다. 플라톤은 "철학은 죽음에의 연습melete thanatou"이라고 한다(*Phd*. 67e). 죽음을 통해 영혼이 신체로부터 벗어나는 것처럼 철학은 삶 속에서 영혼이 신체 또는 신체적인 것들로부터 벗어날 수 있도록 훈련을 하는 것이다.

3.3 영혼의 훈련으로서의 정화

철학은 일종의 영혼의 훈련이다. 그리하여 인간을 비합리적이고 비이성적인 것으로부터 자유롭게 한다. 이것이 바로 영혼의 '정화'katharsis 이다. 플라톤은 『파이돈』에서 오르페우스교와 피타고라스학파의 종교적인 맥락과 다르게 영혼의 정화를 인식론적일 뿐만 아니라 윤리적인 측면에서 접근하여 독창적인 방식의 설명을 시도하고 있다. 진정한 철학자들은 종교적 제의를 통하지 않고 영혼의 훈련을 통해서도 정화할수 있다는 주장이다. 그렇다고 그리스의 전통적인 종교적 희생 제의를 전면적으로 부정한 것은 아니다(Dodds 2002:170-171). 근본적으로 합리적인 방식의 제의에 대해서는 기존 관습과 전통에 따른다.

오르페우스 종교에서 인간의 영혼은 마치 '감옥'에 갇힌 것처럼 또는 '무덤'에 묻힌 것처럼 신체 속에 있다(*Cra*. 339d-400c). 플라톤은 『파이돈』에서 영혼은 신체 속에 꼼짝없이 감금된 채 들러붙어 있어 마치 감옥의 창살을 통해서 보듯이 신체를 통해 인식할 수밖에 없다고 한다. 여기서 플라톤은 오르페우스교와 달리 새로운 윤리적인 계기를 포함시킨다. 플라톤은 죽음의 의미를 중층적으로 설명하기 위해 신체라는 말을 넓은 의미로 사용하고 있다. 그것은 물리적인 측면에서의 신체

뿐만 아니라 심리적인 측면에서의 신체적인 것들을 포함한다. 오르페우스교에서 말하는 신체로 비유되는 감옥은 인간의 욕망이 만든 것으로 해석하여 인간 자신에게도 책임이 있다고 말한다. 따라서 영혼에 방해되지 않도록 가능한 한 쾌락과 고통을 멀리해야 한다. 누구든지 지나치게 즐거워하거나 두려워할 때, 지나치게 슬퍼하거나 욕심을 부릴 때 인간이 겪을 수 있는 가장 불행한 일을 겪을 것이다(*Phd.* 82e-83e).

플라톤은 영혼이 진리를 인식하는 데 육체는 방해가 된다고 말한다 (*Phd.* 65a-67c). 사실 우리는 정의 자체, 아름다움 자체, 좋음 자체를 눈이나 그 외 다른 감각들에 의해 도달할 수 없다. 육체의 감각 기관들은 영혼이 진리와 인식을 얻는 것을 방해할 뿐이다. 무릇 육체라는 것은 먹고 살아야 하는 것인데 이것만으로 우리에게 끝없는 골치 덩어리가 되는 것이요, 또 병이라도 드는 날에는 참된 존재에 대한 우리의 탐구를 방해하게 된다. 그러므로 무엇이든지 순수하게 인식하려면 신체로부터 벗어나야 한다. 영혼 그 자체로 돌아가야만 사물들을 그 자체로 볼 수 있는 것이다. 그렇다면 우리가 지혜에 도달하게 되는 것은 우리가 살아 있는 동안이 아니고, 우리가 죽은 후의 일이 된다. 그러므로 현세에서 우리는 될 수 있는 대로 육체와 상관하지도 않고 어울리지도 않으며, 신이 우리를 해방시킬 때까지 우리 자신을 깨끗하게 지켜야 그나마 인식에 가장 가까이 이를 수 있다. 이와 같이 육체의 어리석음에서 벗어나야 우리가 순수하게 되고 또 도처에서 밝은 빛을 얻을 수 있다. 그 빛은 바로 진리의 빛이다. 플라톤이 『파이돈』에서 추구하는 정화의 방식은 인식 주체인 영혼을 신체와 신체적인 것들로부터 자유롭게 하여 사물을 있는 그대로 인식할 수 있도록 만드는 것이다. 즉 철학적인 영혼의 정화가 궁극적으로 추구하는 목표는 바로 진리를 인식하는 것이다.

4. 영혼의 자유와 진리

4.1 영혼의 해방과 신적 광기

플라톤은 우리가 진리를 인식할 수 있다면 끊임없는 영혼의 윤회에서 벗어날 수 있다고 주장한다. 영혼이 신체로부터 해방되면 신들의 세계로 귀환할 수 있다. 영혼은 본성적으로 불멸하는 존재로서 신들의 세계에 있었다. 플라톤은 『파이드로스』에서 인간의 영혼이 추락하여 신체와 결합되어 윤회를 하게 된 이유를 신화적으로 설명하고 있다(*Phdr.* 246d-248b).

우선 신들의 세계에서 영혼의 추락과 신체와의 결합에 대해 다음과 같이 말한다. 천상의 모든 영혼이 신들의 향연에 참석하기 위해 제우스가 지휘하는 신들의 마차를 따라 길을 떠난다. 그런데 신들의 마차와는 달리 인간들의 마차는 간신히 따라 올라 어떤 영혼은 참된 실재를 간신히 보게 되고, 다른 영혼은 보는 둥 마는 둥하고, 또 다른 영혼은 전혀 보지 못하기도 한다. 결국 영혼들이 서로 앞을 다투다가 날개가 부러져 지상으로 추락하게 된다고 한다. 그래서 영혼은 지상의 가장 무거운 요소인 흙과 결합하여 신체라는 감옥에 갇히게 되고 창살을 통해서만 세계를 바라보게 된다. 다시 영혼의 날개를 통해 천상의 고향으로 돌아갈 때까지 인간은 수천 년 동안 수많은 신체들을 거치며 떠돌게 된다.

플라톤은 영혼이 추락하게 된 이유를 신들의 영혼과 달리 인간들의 영혼이 가진 근본적인 한계로 설명하고 있다. 즉 인간들의 영혼은 신들의 영혼보다 무거워 날아오르기가 어렵기 때문에 서로 앞다투다가 추락한다는 것이다. 그렇다면 영혼이 윤회에서 벗어나 다시 신들의 세계로 돌아가기 위해 필요한 것은 무엇인가? 플라톤은 영혼이 윤회에서 벗어날 수 있는 방법을 인식론적인 측면에서 설명한다. 지상의 영혼이 신들의 세계로 돌아가기 위해서는 천상에서 보았던 참된 실재, 즉 진리를 인식해야 한다. 그러나 영혼은 신체와 결합하면서 진리를 망각하게 되고 막연한 동경만을 하게 된다. 그렇다면 진리를 인식하기 위해서는 영혼의 상태가 조화를 이루어야 한다.

인간 영혼은 '쌍두마차'에 비유될 수 있다(*Phdr.* 253d-257b). 마부는 이성이고 두 마리 말들은 각기 기개와 욕망이다. 이성인 마부가 하늘로 올라가려는 기개라는 말과 땅으로 내달으려는 욕망이라는 말을 잘 통제해야 훌륭한 삶을 살 수 있다. 플라톤은 『파이돈』에서 신체로부터 비롯된 인간의 욕망을 부정적인 측면에서 바라보면서 진리를 인식하기 위해서는 욕망을 절제하는 금욕적 생활을 강조했다. 그러나 『파이드로스』에서는 욕망이 오히려 진리를 인식하는 데 기여할 수 있다는 입장을 펼친다. 물론 여기서는 최소한 이성에 의해 지배될 수 있는 욕망을 말한다. 따라서 『파이돈』과 『파이드로스』에 나타나는 욕망에 대한 관점이 달라 정도의 차이가 있지만 근본적으로 금욕주의적인 성향이 띠고 있다.

플라톤은 진리를 인식하기 위해서 또 한 가지 중요한 조건을 에로스eros라 말한다. 에로스는 일종의 욕망이다. 인간이 진리를 인식하는 데 이성 능력이나 감각 능력의 역할은 매우 중요하다. 그렇지만 플라톤이 무엇보다도 중요하게 생각하는 것은 바로 진리에 대한 '사랑'이다. 우리는 에로스를 통해 잃어버린 영혼의 날개를 되찾을 수 있다. 왜냐하면 에로스는 영혼의 날개를 다시 돋아나게 해주기 때문이다. 우리가 진리에 대한 사랑을 하면 영혼의 날개가 돋아나서 신들의 세계로 되돌아갈 수 있게 해준다. 『향연』에서도 에로스는 진리를 인식하는 데 중요한 동력이 된다(*Symp.* 201d-212c). 우리는 에로스를 통해 진리를 인식할 수 있고 불멸할 수 있다. 일반적으로 그리스에서 에로스는 비합리적인 것으로 생각되었다. 사랑은 인간을 미치게 한다. 흔히 "미쳤다"라는 것은 비합리적인 상태이며 정상적인 상태가 아니라는 것이다. 그러나 우리가 정상적이거나 또는 비정상적이라는 판단을 내리는 것은 때로는 다수의 편견이거나 오해일 수 있다.

플라톤은 에로스를 광기의 일종이라고 한다. 흔히 광기mania는 나쁜 것으로 생각한다. 하지만 가장 좋은 것들은 광기를 통해 온다. 광기는 신들로부터 온다. 그것은 아름답고 훌륭하다. 플라톤은 신의 선물로 제공되는 광기를 통해 우리에게 가장 좋은 것들이 생겨난다고 말한다. 플라톤은 신들로부터 오는 광기를 네 종류로 구분한다(Phdr. 244a-245a, 249d-e).

첫째, '예언적 광기'로 신관들의 예언을 통해 개인과 국가의 행복에 기여한다. 고대 그리스에서 예언술은 아폴론 신과 관련 있다. 플라톤은 옛사람들은 광기mania를 부정적으로 생각하지 않았기 때문에 미래의 일을 식별하는 가장 아름다운 기술을 마니케manike라고 불렀다고 한다. 후대에 마니케에 t음이 첨가되어 만티케mantike로 부르게 된 것이다. 델포이나 도도네의 여사제들은 접신적인 예언술entheos mantike을 통해 수많은 사람들에게 미래에 일어날 많은 일을 미리 알려주어 올바로 대처할 수 있게 했다. 신으로부터 나오는 광기가 인간으로부터 나오는 분별sophrosyne 보다 더 훌륭하다.

둘째, '종교적 광기'로 재앙으로부터 보호하기 위해 정화를 목적으로 한다. 그것은 과거의 죄로 인해 어느 가문에 내린 질병과 고난이 너무나 크다면 신들에게 기도와 제사를 바치도록 인도하여 구원할 수 있는 방법을 찾아준다. 고대 그리스 종교에는 죄의 정화를 위한 종교 의식과 희생 제의를 포함하고 있다. 아가멤논이 그리스 동맹군을 결성하여 트로이 원정을 떠나려 하는데 바람이 불지 않아 출발을 하지 못하자 신탁을 통해 원인을 묻게 된다. 종교적 광기는 정화 의식과 입문 의식을 통해 고통에서 벗어날 해결책을 찾아준다.

셋째, '시적 광기'로 무우사 여신들Mousai에게서 오는 신들림과 광기이다. 그것은 여릿하고 순결한 영혼을 사로잡아 도취 상태에 빠뜨려 여러 가지 노래와 시를 짓게 한다. 시인들은 시적 광기를 통해 옛사람들의 일을 후대 사람들에게 가르친다. 플라톤은 무우사 여신의 시적 광기 없이 단지 창작 기술만으로도 충분히 시인이 될 수 있다고 생각하는 사람은 반드시 좌절하게 될 뿐만 아니라 시적 광기에 사로잡힌 자들에게 가려 빛을 보지 못할 것이라고 한다. 기본적으로 위대한 예술 작품을 창작하기 위해서는 무우사 여신들의 광기에 사로잡혀야 한다.

넷째, '사랑의 광기' 또는 '철학적 광기'로 참된 실재를 상기해내려는 데 목적이 있다. 플라톤은 우리가 진리를 인식하기 위해 신적인 광기에 사로잡혀야 한다는 것을 보여주고 있다. 지상에서 아름다운 것들을 보며 진정한 아름다움을 상기한다면 날개가 돋아 날고 싶은 욕망을 갖게 되어 지상의 것에 대해 관심을 갖지 않는다. 추락한 영혼에 날개가 다시 돋아나게 하여 신들의 세계로 돌아가도록 하는 데 진리를 향해 이끌어주는 힘이 필요하다. 그것은 바로 진리에 대한 사랑eros이다. 그리하여 진리에 대한 사랑으로 광기에 사로잡혀 있는 사람을 아름다운 것들을 사랑하는 사람들이라고 불린다.

4.2 에르 신화와 죽음 이후의 세계

플라톤은 영혼을 정화하고 금욕적 생활을 하는 것이 사후 심판의 보상과 처벌이라는 기준에 비추어 자신의 행위를 성찰하고 판단할 수 있는 윤리적 주체로서 자신을 확립해준다고 생각한다. 플라톤은 『국가』 편 마지막 부분에 이르러 에르Er 신화를 도입하고 있다(*Resp*. 614b-621b). 에르는 언젠가 전투에서 죽었는데 시체를 거두어 열이틀이 지나 화장을 하기 위해 장작더미 위에 놓았는데 되살아나서 자신이 저승에서 본 것들을 이야기했다. 우리는 에르 신화를 통해 지하 세계를 여행하면서 죽은 자들의 영혼이 어떠한 보상과 대가를 치르는지를 살펴볼 수 있다.

에르의 영혼은 육체를 벗어난 후에 다른 많은 영혼들과 함께 여행을 하다가 어떠한 신비스러운 곳에 이르렀다. 그곳은 한편으로는 땅 쪽으로 두 개의 넓은 구멍이 나란히 나 있었고, 다른 편으로는 하늘 쪽으로 다른 두 개의 넓은 구멍이 나 있었다. 이것들 사이에 심판관들이 앉아 있다가, 올바른 자에겐 오른쪽의 하늘로 난 구멍을 통해 윗길로 가도록 지시하는 반면에, 올바르지 못한 사람에게는 왼쪽의 아랫길로 가도록 지시했다. 또한 다른 두 구멍들 가운데 한쪽으로는 땅 쪽에서 오물과 먼지를 뒤집어 쓴 영혼들이 내려오고, 다른 쪽으로는 하늘 쪽에서 다른 순수한 영혼들이 내려 왔다.

이들은 이곳에서 서로 만나 이야기를 나누는데, 땅 쪽에서 올라온 영혼들은 지하의 여행에서 자신들이 얼마나 많은 일을 겪고 어떤 일을 겪었는가를 비탄하면서 이야기했고, 하늘 쪽에서 내려온 영혼들은 자신들이 아주 잘 지냈으며 너무나 아름다운 것들을 구경했다고 이야기했다. 이들은 사람들이 언젠가 누구한테든 일단 올바르지 못한 짓을 했다면 그만큼 벌을 받게 되고, 또한 그들이 각자가 해를 입힌 사람들의 그 수만큼 벌을 받게 되는데 각각 그 열배로 받게 된다고 말했다. 그리고 만일 사람들이 어떠한 선행들을 행해서 올바르고 경건한 자들이 되었다면 이와 같은 방식으로 대가를 받을 것이라고 말했다.

플라톤이 말하는 죽음 이후의 세계는 분명히 선악의 원리가 지배한다. 올바르게 살았던 사람들과 올바르지 못하게 살았던 사람들은 적절한 보상과 처벌을 받게 된다. 먼저 살아 있을 때는 올바른 사람이나 올바르지 못한 사람이나 모두 함께 살아갔지만, 죽은 이후에 각 영혼은 서로 다른 세계를 다녀오게 된다. 플라톤은 아쉽게도 두 세계에 대해 자세히 묘사하고 있지는 않다. 그러나 분명히 올바르게 살았던 영혼과 올바르지 않게 살았던 영혼은 보상과 처벌을 받는다. 그것은 위에서 내려온 올바른 영혼은 즐겁고 아름다운 여행을 한 반면에, 아래에서 올라온 올바르지 않은 영혼은 괴롭고 고통스러운 여행을 한 걸로 처리되어 있다. 죽은 이후에 여행을 마친 영혼들은 다시 지상으로 돌아가기 위해 준비를 하게 된다. 모든 영혼들은 운명의 여신들 앞에 나아가 자신의 운명을 선택하게 된다.

플라톤은 당시 그리스 신화와 종교에서 전통적으로 내려온 영혼의 운명에 대한 일반적 견해와 다른 입장을 분명하게 표명한다. 호메로스부터 인간은 정해진 운명을 타고나며 한 치도 피할 수 없다고 생각되었다. 그러나 플라톤은 여기서 각 사람이 자신의 삶을 선택할 수 있도록 해주었다. 모든 영혼들에게 공평한 기회를 주기 위해 운명을 선택할 순번을 제비뽑기로 정했다. 각 영혼은 자신의 순서가 오면 자신의 운명을 스스로 선택할 수 있다. 플라톤이 죽은 자의 영혼이 자신의 운명을 선택할 수 있게 만든 배경에는 모든 사람은 자신의 삶에 대해 신이 아니라 자신이 책임을 져야 한다는 믿음이 깔려 있다.

그런데 만약 우리가 다음 세계에서 태어날 운명을 선택할 수 있다면 어떻게 될 것인가? 일반적으로 사람들이 모두 좋다고 생각하는 삶은 비슷하지 않을까? 그러나 플라톤은 전혀 그렇게 생각하지 않은 것으로 보인다. 그리스의 영웅들을 통해 이전의 삶에서 가장 고통스럽고 가장 후

회되었던 사건들을 기억하고는 전혀 다른 삶을 선택하는 사례를 제시한다(620b-c). 그리스 동맹군에서 아킬레우스 다음으로 강력한 아이아스Aias, Ajax는 인간의 삶을 원하지 않아 사자의 삶을 선택한다. 그는 아킬레우스의 무구를 두고 오뒷세우스와 다투다가 억울하게 빼앗기게 되자, 미친 상태로 난동을 부리다가 제정신이 들자 수치스러워 자살한 인물이다.

그리스 총사령관이었던 아가멤논은 인간에 대한 증오심 때문에 역시 인간이 아닌 독수리의 삶을 선택했다. 그는 트로이 전쟁에서 승전하여 돌아오지만 자식을 희생시킨 남편에게 원한을 가졌던 아내 클뤼타임네스트라에 의해 살해되었다. 오뒷세우스는 이전의 삶에서 겪은 고난에 대한 '기억'mneme 때문에 영웅적인 삶을 원하지 않았던 것으로 보인다. 그는 다른 사람들에게 무시당하면서 살아가는 아주 평범한 사람의 삶을 선택했다. 여기서도 특별히 우리가 주목해야 할 부분은 호메로스가 죽음 이후에 영혼은 하데스에서 아무런 의식을 하지 못한다고 했던 것에 반해, 플라톤은 죽음 이후에도 영혼이 기억을 모두 가진다고 전제한다는 사실이다. 그들은 이전의 삶에 대한 주요 기억 때문에 전혀 다른 삶의 종류를 선택하는 것이다. 이전의 삶에 대한 반성적 인식과 평가가 새로운 삶의 종류를 선택하는 데 중요한 결정 요인이 된다.

에르 신화를 통해 플라톤이 올바르게 살아야 하는 이유에 대해 아주 단순하지만 진지하게 이야기를 하고 있다는 것을 알 수 있다. 플라톤은 죽음 이후의 삶에 대한 신화를 통해 윤리적 주체로서 올바르게 살기 위해 금욕적 생활의 필요성에 대해 말하고 있다. 그는 분명하게 모든 사람들은 각자 자신의 삶과 운명에 대해 책임이 있다고 주장한다. 따라서 우리는 항상 올바르게 살기 위해 최선을 다해야 한다. 그러나 이 세계에서 무엇이 올바르고 무엇이 참된 것인지를 알아야 할 필요가 있다.

이것은 바로 진리를 인식해야 한다는 철학적 목표와 직접적으로 연관되어 있다.

플라톤의 금욕주의의 기본적인 개념은 단순히 욕망을 억압하고 제거하는 데 있지 않다. 인간이 훌륭한 삶을 살아가기 위해서는 단지 이성만을 필요로 하는 것은 아니며 기개와 욕망 없이는 불가능하다. 물론 이성이 충동적인 기개와 욕망을 적절히 통제하고 조절해야 한다는 단서는 존재한다. 더욱이 흔히 비이성적인 것으로 보지만 이성적인 것의 극치로서 철학적 광기 또는 철학적 에로스가 진리를 인식하는 데 가장 중요한 조건이 되는 것이다. 플라톤의 금욕주의는 기본적으로 영혼의 다양한 능력들이 이성의 적절한 통제에 의해 조화롭게 기능하여 훌륭한 삶을 살아야 한다는 목적에 토대를 두고 있다.

4.3 영혼 개념의 변천과 발전

그리스 서사시에 나타난 영혼 개념은 일차적으로 생명의 의미로서 주로 사용되었다. 그러나 감각이나 지성 및 욕구 등과 같은 영혼의 다양한 기능으로 생각되던 능력들은 아직 영혼 개념에 포함되지 않았다. 그리스 초기 철학자들인 탈레스, 아낙시만드로스, 아낙시메네스와 같은 자연철학자들도 기본적으로 호메로스의 영혼 개념을 계승하고 있다. 호메로스의 영혼 개념은 생명이다. 우리는 생명을 가진 것을 판단할 때 아주 기본적으로 움직일 수 있는지 또는 변할 수 있는지를 살펴본다. 그리스 초기 자연철학자들은 영혼의 일차적인 특징을 운동과 변화로 보았다. 단지 인간만이 아니라 다른 동물처럼 움직일 수 있거나 또는 식물처럼 스스로 변화할 수 있는 것들도 영혼을 가지고 있다. 사실 영혼 자체는 비가시적이기 때문에 직접적으로 지각하는 것은 어렵지만 신체를 통해 간접적으로 지각할 수 있다.

우리가 볼 수 있는 신체나 물체를 가진 존재들이 영혼이라는 운동과 변화의 원리에 의해 작용한다. 먼저 탈레스가 모든 것의 원리를 '물'로 보았던 이유는 상징적으로나 경험적으로나 가장 극명하게 '생명'을 드러내기 때문일 것이다. 다음으로 아낙시만드로스의 경우에 영혼에 대해 말한 단편들은 거의 남아 있지 않지만 생명체와 관련하여 탈레스와 비슷하게 습기로부터 생성되었다고 한다. 아낙시메네스에 이르면 영혼의 개념에 새로운 특징이 본격적으로 나타나기 시작한다. 그가 모든 것의 원리를 공기로 삼은 것은 '숨' 또는 '생명'과 연관되었기 때문일 것이다. 영혼은 단일성의 원리로서 인간 안에 있는 공기인 영혼이 우리를 결합시키듯이 우주를 결합시키고 있다. 헤라클레이토스도 영혼을 기본적으로 생명의 원리로 보지만 밀레토스학파와 달리 불로서의 영혼이 가장 덜 물질적이라 논한다. 현실적으로 생명 현상을 드러내는 특징으로 운동을 일으키거나 변화를 일으키는 것은 물질적이라고 생각하게 된다. 그러나 헤라클레이토스는 영혼을 가장 덜 물질적인 것이라 생각하며 초월적인 사유를 발전시켰다. 헤라클레이토스의 영혼 개념의 독창적인 면은 '인식' 능력을 덧붙였다는 사실이다.

오르페우스교와 피타고라스학파에게 나타난 금욕주의는 일종의 종교적 금기나 윤리적 명령의 형식으로 나타난다. 현존하는 오르페우스교의 정화 방법에 대한 전승은 육식을 금지하고 채식을 권장하는 것이다(DK58C6). 피타고라스학파도 영혼 윤회에서 벗어나기 위한 정화의 방법으로 음악 교육과 금욕적 생활을 강조했었다. 우선 음악은 영혼을 치료하여 영혼의 능력들이 서로 조화를 이루게 해준다. 다음으로 금욕적 생활은 주로 신체적 욕구뿐만 아니라 정신적 욕구의 절제까지 요구하고 있다. 현재 남아 있는 오르페우스교와 피타고라스학파의 전승은 종교적 특성을 훨씬 많이 가지고 있으며 철학적인 해석의 여지가 많지 않다. 그러나 플라톤의 경우에 우리는 영혼의 정화를 세 가지 측면에 살펴볼 수 있다. 첫째, 인식론적 측면에서 그것은 인식 주체의 순수화를 통해 궁극적으로 진리의 인식을 목적으로 한다. 둘째, 존재론적 측면에서 그것은 이 세계를 끊임없이 배회하던 영혼을 윤회의 수레바퀴에서 벗어나 신들의 세계로 돌아가게 해준다. 셋째, 윤리적 측면에서 그것은 사후 심판의 보상과 처벌이라는 기준에 비추어 자신의 행위를 성찰하여 판단할 수 있는 윤리적 주체로서 확립해준다.

IV

영혼의 돌봄과 조화:
추락한 영혼이 자유를 얻다

1. 영혼의 문제는 어떻게 변화했는가

인류의 역사를 통해 인간은 자신을 이해하기 위해 노력해왔다. 이 세계 속에서 인간이 외부 대상을 이해하는 하나의 축으로서 자기 자신을 성찰하는 것은 모든 학문의 단초라 할 수 있다. 모든 학문은 인간이 무엇인가로부터 출발한다. 우리가 인간의 본성에 대한 이해를 전제로 하지 않는다면 특정한 학문의 체계를 확립하기 어렵다. 특히 인간의 자기 인식은 타자와의 관계에서 훨씬 더 반성적으로 이루어질 수 있다. 미셸 푸코는 "고대 철학에서 가장 중요한 도덕 원리는 무엇인가?"라는 질문에 대해 즉각적으로 델포이 신전에 내린 '너 자신을 알라'라는 신탁이라고 대답한다(Foucault 1988:38). 그는 왜 고대 철학에서 자기 인식의 문제를 가장 중요한 도덕적 원리라고 하는가? 사실 이러한 주장은 윤리학의 범주를 확장시키는 효과를 가져온다.

현대 철학은 학문 간 경계를 가로지르는 통합 학문의 이념을 추구한다. 각 분과 학문 내에서도 이미 영역 파괴가 이루어지고 있다. 현대에 이르러 윤리학의 영역은 매우 축소되어 왔다. 그러나 윤리학의 영역도 모든 행위의 단초가 되는 인간의 영혼으로 더 깊이 내려갈 필요가 있다. 고대 그리스 철학에서 '자기 자신을 인식하는 것'은 자신의 영혼을 아는 것과 같다. 자신의 영혼을 아는 것은 영혼을 돌보는 것과 밀접하게 연관된다. 자기 자신이 어떤 존재인지를 알아야 자기 자신을 훈련시킬 수 있기 때문이다. 영혼을 돌보는 행위는 자기 자신뿐만 아니라 다른 사람과의 관계를 필연적으로 전제할 수밖에 없다. 근본적으로 인간은 타자와의 관계를 통해 자기 자신을 변증법적으로 이해해왔다. 따라서 자기 자신에 대한 인식과 돌봄은 윤리학의 정초라 할 수 있다. 그런데 현대에는 자기 인식과 자기 돌봄의 문제가 분리되어 있다. 미셸 푸코는 '너 자신을 알라'는 격언과 관련하여 '너 자신을 돌보라'라는 삶의 방식이 현대 사회에서 은폐된 이유를 매우 흥미롭게 제시하고 있다.

첫째, 서구 중세 이후에 그리스도교의 엄격한 도덕 법칙과 금욕주의를 물려받았기 때문이다. "오늘날 우리는 자신을 돌보는 것을 점차 일종의 부도덕, 존재하는 모든 규칙으로부터의 도피 수단쯤으로 생각하는 경향이 있다. 우리는 자기 포기를 구원의 조건으로 설정한 그리스도교 도덕률의 전통을 전수받았다. 자기를 인식하는 일은 역설적으로 자기 포기의 길이었다."(Foucault 1988:42-3). 그리스도교에서는 자기 자신의 인식을 통해서 자기 자신을 부정하는 것을 목표로 하기 때문이다. 흔히 자신에 대한 관심과 배려는 마치 이기적이고 현세적인 것으로 생각되었을 수 있다. 둘째, 근대 철학의 인식론에 대한 관심 때문이다. 근대에 데카르트에서 후설에 이르는 순수 이론적인 철학에서도 자기 인식은 인식론의 출발점으로서 강조되었기 때문에 자기 돌봄으로 발전되지 못했다. 철학의 실천적인 목표는 훌륭한 삶을 사는 것이다. 따라서 훌륭한 삶을 살기 위해 우선 자기 자신을 인식해야 할 필요가 있고, 나아가 자기 자신, 즉 영혼을 돌보는 것으로 나타난다.

2. 영혼의 본성과 삶의 방식

2.1 영혼의 부분들과 그 특성

플라톤이 『국가』에서 가장 훌륭한 삶을 살기 위해 가장 중요하게 다루고 있는 문제는 바로 '영혼이란 무엇인가'이다. 인간은 살아가면서 수많은 관계를 맺는다. 이 세계 속에서 각자의 삶의 중심적인 축은 타자가 아닌 자기 자신이다. 소크라테스에 의해 유명해진 델포이의 신전에 새겨진 그리스의 격언은 바로 '너 자신을 알라'이다. 그것은 우리 자신이 타자와의 관계에서 반드시 검토되어야 할 과제이다. 우리가 자기 자신에 대해 인식하는 것은 윤리적 삶의 방식의 출발점이 되기 때문이다. 플라톤에게 '자기 자신'은 영혼psyche을 가리킨다. 그는 영혼을 세 부분들로 구분하여 설명하고 있다(Resp. 580d-581b). 첫째, 배우는 부분인 '이성'이다. 그것은 언제나 진리를 인식하는 것을 목표로 하고 있다. 그래서 배우는 것을 좋아하고 지혜를 사랑하는 부분이라 할 수 있다. 둘째, 격정을 느끼는 부분인 '기개'이다. 그것은 지배하고 승리하고 명성을 떨치는 것을 목표로 한다. 그래서 이기는 것을 좋아하고 명예를 좋아하는 부분이라 할 수 있다. 셋째, 여러 종류라서 명확하게 이름을 붙이기는 어려우나 온갖 욕구들과 관련된 '욕망'이다. 그것은 특히 이익kerdos을 좋아하기 때문에 돈을 좋아하는 부분이나 이익을 좋아하는 부분이라고 부른다.

영혼의 세 부분과 관련하여 인간을 세 종류로 분류할 수 있다(*Resp*. 581aff). 첫째, '지혜를 사랑하는 사람들'이고, 둘째, '이기는 것을 좋아하는 사람들'이고, 셋째, '이익을 좋아하는 사람들'이다. 이 세 종류의 사람들이 추구하는 즐거움도 모두 다르다. 우선 이익을 좋아하는 사람들은 만일 명예를 누리거나 지혜를 배우더라도 이것들로 이익을 얻지 못하면 가치 없는 일이라 한다. 다음으로 이기는 것을 좋아하는 사람들도 배우는 일이 명예를 가져다주지 않으면 어리석은 일이라 할 것이다. 마지막으로 지혜를 사랑하는 사람들은 배우는 데서 가장 큰 즐거움을 얻는다고 생각한다. 플라톤은 세 종류의 사람들 중에서 즐거움에 대해 가장 많은 경험을 가진 사람들은 바로 지혜를 사랑하는 사람들이라고 한다. 플라톤은 영혼의 부분들 중에서 배우는 부분이 가장 즐거울 것이며, 또한 우리 중에서 이 부분이 지배하는 사람들의 삶이 가장 즐거운 삶이라고 한다(*Resp*. 583a). 플라톤은 영혼의 종류를 더 잘 이해할 수 있도록 '괴물의 비유'를 제시하고 있다. 영혼은 옛날에 있었다고 전해지는 키마이라Khimaira나 스퀼레Skyle나 케르베로스Kerberos 또는 서로 다른 여러 부분들이 결합되어 하나로 되었다는 수많은 괴물들과 비슷하다고 말한다. 인간의 영혼과 비슷한 괴물은 세 종류의 머리들을 가지고 있다. 첫째는 여러 개의 머리를 가진 짐승이다. 둘째는 사자의 머리를 가진 부분이다. 셋째는 인간의 머리를 가진 부분이다. 플라톤은 이 세 부분을 어떻게든 하나로 결합하여 겉모습을 인간의 모습으로 둘러싸서, 안쪽을 볼 수 없고 단지 바깥쪽만 볼 수 있는 사람에게는 전체적으로 하나의 동물, 즉 인간으로 보이게 만들어보자고 한다. 그는 이것이 바로 인간이라는 존재의 모습이라고 한다.

『국가』에 나타나는 영혼의 세 부분은 일반적으로 '이성', '기개', '욕구'를 말한다. 우리가 어떤 종류의 인간이 될지는 영혼의 세 부분이 맺는 관계에 따라 달라진다(*Resp*. 588e-589b). 만약 우리 안에 여러 개의 머리를 가진 욕망과 사자의 모습을 한 기개를 실컷 먹여서 강하게 만든 다음에 인간의 모습을 한 이성을 굶겨서 쇠약하게 만들어 짐승이나 사자가 이끄는 대로 끌려다니게 만들면 우리는 올바르지 못한 사람이 될 것이다. 이러한 상태에서는 이성이 아무 힘이 없어서 올바른 판단을 내리지 못할 뿐만 아니라 욕구나 기개가 하자는 대로 할 수밖에 없게 된다. 그러면 이성은 욕구나 기개의 도구나 수단에 불과하게 된다. 그러나 만약 우리 안에 인간의 모습을 한 이성을 강력하게 만들고, 한편으로 여러 개의 머리를 가진 욕망의 머리 중 유순한 머리들은 잘 먹이고 길들이며 사나운 머리들은 자라지 못하도록 해보자. 또한 사자의 모습을 한 기개를 협력자로 만들어 모든 부분들을 잘 돌보며 서로 화목하게 만든다고 해보자. 그러면 이성은 욕망과 기개를 적절히 조화시키고 통제할 수 있게 된다.

나아가 플라톤은 영혼의 세 부분들이 어떠한 상태에 있는지에 따라 인간의 윤리적인 특성이 드러난다고 했다. 만약 우리가 여러 개의 머리를 가진 짐승인 욕망을 지나치게 풀어주고 통제하지 못하면 '무절제' 또는 방종이라는 상태에 있게 된다. 나아가 사자의 모습을 가진 기개가 욕망에 종속하게 되면 사자의 모습은 간 곳 없이 원숭이 모습이 되어버리고 '아첨'과 '비굴함'을 드러내게 된다. 따라서 플라톤은 인간의 모습을 한 이성이 다른 부분들을 지배하도록 하는 것이 가장 바람직하다고 생각한다(*Resp*. 590a-d). 플라톤은 개인의 영혼과 국가의 체계는 유사한 관계를 가지고 있다고 생각했다. 그래서 우리가 자신의 영혼을 올바로 돌보지 못하면 타락하게 되듯이 국가의 체제도 올바로 돌보지 못한다면 타락하게 된다.

2.2 영혼의 특성과 다섯 정치체제

플라톤은 국가의 정치체제는 인간 영혼의 특성 또는 기질tropos에 따라 달라진다고 생각했다. 그리하여 영혼의 특성에 따라 다섯 가지의 정치체제를 나눌 수 있다(*Resp*. 544c-e). 네 가지 체제는 기존에 있던 정치체제들이고, 나머지 한 가지 체제는 플라톤이 가장 이상적이라고 생각하는 정치체제이다. 우선 가장 이상적인 정치체제는 플라톤이『국가』에서 가장 훌륭한 국가로 말한 훌륭하고 올바른 사람들, 즉 지혜를 사랑하는 사람이 다스리는 국가이다. 다음으로 기존에 있던 네 가지 유형의 정치체제는 명예제, 과두제, 민주제, 참주제이다. 첫째, 명예를 추구하는 야심가들이 지배하는 명예제timokratia이다. 둘째, 부자들이 지배하는 과두제oligarchia 또는 금권제이다. 셋째는 자유민이 지배하는 민주제demokratia이다. 넷째는 불의한 사람이 지배하는 참주제tyrannis이다. 그런데 플라톤은 가장 좋은 사람이 지배하는 '최선의 정체'aristokratia를 추가하여 모두 다섯 가지 정치체제를 분류하면서 이와 유비적으로 다섯 가지 '개인의 영혼'이 있다고 설명한다(*Resp*. 544d). 첫째, '가장 훌륭한 사람의 정체'와 닮은 사람은 훌륭하고 올바른 사람이다. 둘째, 명예제와 닮은 사람은 승리를 좋아하고 명예를 좋아하는 사람이다. 셋째, 과두제와 닮은 사람은 재물을 좋아하는 사람이다. 넷째, 민주제와 닮은 사람은 자기 마음대로 하고 싶어 하는 사람이다. 다섯째, 참주제와 닮은 사람은 사악하고 부정의한 사람이다.

또한 개인의 영혼의 종류와 관련해서 플라톤은 헤시오도스의 다섯 종족 이야기를 빌어 설명한다. 그것은 위에서 제시한 다섯 가지 국가

체제와 상응한다. 즉 황금 종족은 가장 훌륭한 체제와, 은 종족은 명예 제와, 청동 종족은 과두제와, 영웅 종족은 민주제와, 철 종족은 참주제 와 유비적인 관계에 있다. 플라톤에 따르면 가장 이상적인 국가 체제와 개인의 영혼은 타락의 과정을 겪게 된다. 모든 생성된 것은 반드시 쇠 퇴하기 마련이기 때문이다(*Resp*. 546a). 그렇지만 플라톤의 논리에 따르면 국가의 세 계층이나 개인 영혼의 세 부분들이 이성에 의해 통제되 지 못해 조화를 이루지 못하는 상태가 되면 국가나 개인 영혼은 타락하 게 될 수밖에 없다. 국가의 경우도 개인의 경우도 가장 이상적인 상태 에서 변화가 일어나면 나쁜 방향으로 나갈 수밖에 없다. 그리하여 다음 과 같은 순서로 타락한다. 첫 번째로 명예제와 명예를 좋아하는 사람으 로 타락하고, 두 번째로 과두제와 재물을 좋아하는 사람으로 타락하고, 세 번째로 민주제와 맹목적인 자유를 좋아하는 사람으로 타락하고, 네 번째로 참주제와 불의에 따르는 사람으로 타락한다.

　첫째, 명예제는 '명예'를 중시하는 사회로 최선의 체제와 과두제의 혼합적 특성을 가진다(*Resp*. 547d). 그렇다면 어떻게 최선의 체제로부 터 명예제로 변화하는가? 그것은 최선의 체제에서 가장 훌륭한 자식들 이 계속해서 태어나지 않게 되면서 완벽한 체제에 변화가 일어나기 때 문이다. 말하자면 황금 종족에 은 종족이나 철 종족이 섞이는 방식으로 적합한 능력을 갖추지 못한 아이들이 적합하지 않은 업무를 하면서 서 서히 변화가 일어난다는 것이다. 처음에는 통치자들이 돈벌이를 멀리 하며 공동식사를 하고 시가 교육과 신체 훈련에 전력을 다하지만, 점차 재물에 대한 욕심이 많아져 땅과 집들을 사유 재산으로 만들게 된다. 명예제적인 사람은 이성보다는 기개에 의해 지배받는 사람이다. 그래 서 이성적이기보다는 격정적이며, 평화보다는 전쟁을 더 좋아하여 전 쟁과 관련된 전술이나 계략을 중시하고 전쟁을 하면서 일생을 보낸다.

그런데 어떻게 가장 좋은 사람이 명예제적인 사람으로 되는가? 플라톤은 명예제적인 사람의 아버지는 이성적인 부분을 북돋으며 키우나 그 외 다른 사람들이 욕구와 기개를 북돋우며 키우기 때문이라고 한다. 그래서 천성 자체가 나쁘지 않지만 남들과 좋지 않은 관계를 갖게 된다. 이성과 욕구의 중간에 머물러 남을 이기기 좋아하는 명예를 사랑하는 사람이 된다. 플라톤은 가장 이성적인 사람이 지배하는 국가를 가장 좋은 국가라고 한다. 사실 모든 사람들이 합리적으로 살아갈 수 있다면 가장 좋은 사회가 될 것이다. 그렇지만 한 국가를 이루고 살아가는 공동체의 모든 구성원들이 합리적이기는 어렵다. 사실 현실적으로 명예를 중시하는 사람들이 지배하는 사회만 되어도 더할 나위 없이 좋을 수 있다. 항상 이성의 명령을 따르지는 않지만 최소한 욕망에 휘둘리지는 않기 때문이다.

둘째, 과두제는 '재산'에 기초한 정치체제로 부자들만 통치하고 가난한 사람들은 통치에 관여하지 못한다(*Resp.* 550c). 명예제가 과두제로 바뀌는 원인은 재물에 대한 욕망 때문이다. 그들은 물질적 욕구에 사로잡혀 명예를 사랑하는 사람에서 재물을 좋아하는 사람으로 변하게 된다. 그리하여 돈을 사랑하기 때문에 부유한 사람들은 칭송하고 가난한 사람들은 경멸한다. 나아가 그들은 능력이 아닌 재산을 평가 기준으로 삼아 관직을 주기 때문에 대부분의 경우에 특정 분야에 적합지 않은 사람들이 선발되어 황당한 상황이 벌어지기도 한다. 가령 배의 조타수를 뽑으려고 할 때 과두제의 경우에는 다음과 같은 사태가 발생한다. 비록 가난하지만 조타술이 뛰어난 사람이 선발되지 않고 조타술은 뛰어나지 않지만 재물이 많은 사람이 배를 맡게 되는 엉뚱한 상황이 벌어지게 된다. 조타술을 전혀 모르는 사람에게 배를 맡기면 곧 파선할 것이요, 정치를 모르는 사람에게 나라를 맡기면 붕괴될 것이다.

플라톤에 따르면 과두제적인 인간은 욕구가 주인이 되어 이성과 기개를 노예처럼 부린다. 그렇기 때문에 재물에 눈이 어두워 사리분별을 하지 못하는 것이다. 과두제에서는 재산을 마음대로 처분할 수 있는 권한이 허용되어 있기 때문에 아주 부유한 사람들과 아주 가난한 사람들이 존재한다. 그러나 결국 과두제 국가에서는 소수의 지배자들을 제외하고는 거의 모두가 거지들이 된다. 따라서 타락한 과두제 국가는 '거지들의 나라'일 수밖에 없다. 플라톤은 과두제에서 민주제로 바뀌는 것은 최대한 부유해져야만 한다는 '만족할 줄 모르는 욕망' 때문이라고 말한다(*Resp*. 555b). 한 국가에서 재물이나 부를 중시하면 국민들은 절제력이 없어지게 된다. 절제를 하지 못하면 낭비를 하게 되어 가난한 사람이 되고 만다. 그래서 가난한 사람들은 부유한 사람들과 그 밖의 다른 사람들조차 미워하게 된다. 결국 그들은 음모를 꾸며 혁명을 일으키게 된다.

플라톤은 민주제의 탄생 계기가 가난한 사람들이 부유한 사람들을 이긴 후 나머지 시민들에게 평등하게 시민권과 관직을 나눠주는 과정에서 생겨났다고 한다(*Resp*. 557a). 소크라테스는 민주제를 시행하던 아테네에 살았고, 아테네를 위해 전쟁에 나가 싸웠고, 아테네의 국법에 복종하여 사형을 받아들였다. 그러나 플라톤은 소크라테스의 재판을 지켜보는 과정에서 민주제에 대해 회의를 갖게 되었을 것이다. 그래서 기존의 국가와 정치에 대해 전면적으로 반성하고 검토하게 된 것으로 보인다.

셋째, 민주제는 '멋대로 할 수 있는 자유'를 추구한다(*Resp*. 557d). 모든 사람들은 자신이 원하는 대로 말하고 행동할 자유를 가지며 자신에게 가장 즐거운 삶의 방식을 마음대로 선택할 수 있다. 언뜻 보면 민주제는 가장 훌륭한 것처럼 보인다. 그럼에도 플라톤은 민주제를 열등한 정치체제로 생각했다. 민주제의 주요 원리를 '자유'가 아닌 '방종'

이 되기 싫다고 생각했기 때문일 것이다. 플라톤은 극단적으로 민주제 국가를 '무법' 하고 '무정부' 적이라고 주장한다(*Resp*. 558a). 누구나 제멋대로 할 수 있기 때문에 사형이나 추방형 선고를 받은 사람들도 감옥에 갇히지 않고 버젓이 돌아다닐 수 있다. 또한 아무도 간섭받거나 지배받으려 하지 않기 때문에 법이나 국가는 있으나 마나 한 존재가 되고 만다.

민주제적인 사람들은 욕구에 의해 지배받기 때문에 '무절제' 하다. 그들은 매순간 다가오는 즐거움에 자신을 내맡기며 모든 즐거움은 똑같이 존중해야 한다고 주장한다(*Resp*.561b-c). 적절한 즐거움과 적절하지 않은 즐거움을 구별하지 않으며 시시때때로 욕구를 채우려고 한다. 이것은 과두제적인 사람들과 비슷하지만 민주제적인 사람은 한층 더 심하다. 사실 욕구 자체가 나쁜 것은 아니다. 우리가 살아가는 데 반드시 필요한 욕구도 있기 때문이다. 대부분 욕구에 대해 별로 긍정적으로 평가하지 않는 이유는 불필요한 욕구나 필요 이상의 욕구로 인해 생기는 폐해 때문이다. 만약 욕구가 이성에 의해 통제되어 적절하게 활용되면 우리의 삶을 더욱 풍요롭게 할 수도 있다. 그렇지만 만약 욕구가 이성에 의해 적절하게 통제되지 않으면 자기 자신은 물론이고 다른 사람들에게까지 피해를 입힐 수도 있다.

플라톤의 생각으로는 각 사람이 자신에게 적합한 일을 하는 것이 가장 좋은 것이며 가장 행복한 일이다. 누군가 자기 마음대로 한다는 것은 자신이 무엇에 적합한지를 생각하지 않고 자신에게 맞지 않는 일을 하는 것이다. 그것은 혼란을 불러일으킬 뿐이다. 내 마음대로 한다고 우리가 행복해지는 것은 아니다. 또한 내 마음대로 하는 것은 현실적으로 불가능하다. 우리가 신이 아닌 인간인 한 결코 모든 것을 내 마음대로 할 수는 없다. '내 마음대로 한다는 것' 은 내가 나의 주인인 것처럼 보이지만 사실은 욕구가 나의 주인이 되는 경우가 많다. 이성과 기개가 욕구에 의해 지배된다면 욕구의 노예에 불과하게 된다. 특히 이성은 그 자체로 목적으로 사용되지 않고 수단으로 사용되게 된다. 욕구가 원하는 것을 하기 위해 이성은 도구적으로 될 수밖에 없다. 진정으로 우리가 우리 자신의 주인이 되는 것은 이성에 의해 욕구를 적절히 조절할 수 있게 될 때다. 그렇다면 우리는 진정으로 자유로워질 수 있다.

넷째, 플라톤이 민주제를 강하게 비판하는 것은 '절제력' 때문이다. 과두제는 절제력을 잃어가는 과정에 있는 체제이다. 가장 절제력이 없는 체제는 바로 민주제와 참주제라 할 수 있다. 민주제는 최대 다수의 사람들이 주도권을 갖지만 참주제는 단 한 사람이 주도권을 갖는 데서 차이가 있을 뿐이다. 플라톤은 참주가 탄생하는 과정을 '뤼카온의 신화'를 들어 설명하고 있다(*Resp.* 565d). 뤼카온Lykaon은 아르카디아의 왕으로 매우 불경건한 인물이었다. 어느 날 그는 농부로 변신한 제우스를 시험하기 위해 아이를 죽여 음식으로 내놓았다. 제우스는 분노하여 뤼카온을 늑대로 만들어버렸다고 한다. 그리스어로 뤼카이오스Lykaios는 '늑대'를 의미한다.

플라톤은 뤼카온 이야기를 변형시켜 한번 권력에 맛들인 사람은 다른 사람을 부당하게 고발하여 살해하는 등 부정의한 짓을 거리낌 없이 행한다고 해석한다. 처음에 참주는 자신이 만나는 모든 사람들에게 자신은 참주가 아니라고 하며 사적으로나 공적으로 많은 것을 약속하고서, 민중들을 빚에서 벗어나게 해주고 땅을 나누어준다(*Resp.* 566d). 그리하여 자신이 마치 가난한 민중들의 해방자인 척하며 인심을 얻지만, 계속하여 전쟁을 일으켜 항상 지도자가 필요하게 만든다. 결국 전쟁을 위한 세금을 내게 되어 민중이 가난해져서 생계에 매달리지 않을 수 없게 만들어 자신에 대한 음모를 꾸미지 못하게 하려 한다. 결국 참주제는 민중의 혈세를 빨아먹고 살아간다.

플라톤은 민중을 '아버지'에 비유하고 참주를 '아들'에 비유하여 민중과 참주의 관계를 설명한다(*Resp*. 568e). 나날이 강력해지는 아들 참주가 나날이 쇠약해지는 아버지 민중을 폭행하는 상황까지 가며 결국 친부 살해자가 된다. 참주는 처음에는 아버지 민중을 위해주는 척하며 온갖 아첨과 거짓말을 하며 안심을 시킨다. 그러나 얼마 안 가 본색을 드러내어 자신에게 적이든 친구이든 말을 듣지 않는 사람들은 모조리 처단해버린다. 결국 민중은 참주가 탕진해버리는 재물을 지원하다가 허리가 휘고 나라는 점점 가난하게 된다. 참주제적인 사람은 "미친 듯한 욕망에 억지로 끌려 다녀서 혼란과 후회로 가득한" 사람이다(*Resp*. 577e). 결국 자신의 욕망을 다스릴 수 없기 때문에 항상 가장 가난한 사람이 되고 마는 것이다. 여기서 참주제적 인간도 이성을 가졌기 때문에 통제할 수 없는 욕망에 휘둘려 행동한 것에 대해 후회로 가득 차게 된다. 그래서 일생 동안 고통과 두려움으로 가득 찬 세월을 보낼 수밖에 없게 된다. 나아가 그는 믿을 수 없고, 올바르지 못하며 경건하지 못하고 친구도 없다. 더욱이 그는 온갖 악을 다 받아들이며 키우는 자이다. 이 모든 것 때문에 가장 불행한 사람이며 자기 주변의 사람도 불행하게 만들어버린다.

3. 영혼의 조화와 자기 지배의 원리

3.1 영혼의 갈등과 조화

플라톤은 인간의 영혼이 가장 올바르게 되는 상태는 영혼의 세 부분들이 각각 '자신의 일을 하는'to hautou prattein 경우라고 말한다(Resp.
441d-e). 플라톤은 영혼의 각 부분이 각자 자신의 일을 할 때 영혼의
조화harmonia가 이루어진다고 한다(Resp. 443d-e). 그런데 영혼의 각 부
분은 서로 조화를 이루기가 쉽지 않다. 영혼은 끊임없이 갈등하기 때문
에 평온하지 않다. 우리가 무언가를 하려 할 때 우리 안에서 그것을 하
려고 하는 부분과 하지 못하게 하는 부분이 서로 갈등하는 경우가 있
다. 실제로 우리가 아무리 그렇게 하지 않겠다고 결심을 해도 결국 똑
같은 행동을 되풀이하기도 한다. 때로는 우리가 하려고 욕구하는 것을
가까스로 막을 수 있을 때도 있지만, 때로는 격정에 휩싸여서 아예 이
성적인 판단이 마비되는 경우도 있다. 플라톤은 우리 자신 안에서 영혼
의 세 부분들이 서로 조화를 이루기도 하지만 대립하여 갈등을 일으키
는 경우도 많다고 생각했다.

영혼의 갈등은 대부분 이성이 욕구와 대립하여 일어난다. 욕구는 음
식이나 잠 및 생식 등과 관련된 즐거움을 대상으로 한다(Resp. 436a-
b;437d). 가장 기본적인 욕구epithymia는 '목마름'과 '굶주림'이다. 인간
은 먹고 마시지 않으면 생존하기 어렵다. 그러나 우리는 때로는 목이
마르지만 마시려고 하지 않는 경우가 있다. 그것은 영혼 속에서 마시도
록 시키는 것이 있는가 하면 마시는 것을 막도록 하는 것이 있다는 사
실을 보여준다. 플라톤은 영혼에서 무언가를 하는 것을 막으려는 것은
헤아리는 부분logistikon인 이성의 기능이라고 한다(Resp. 439d). 가령 우
리가 목이 말라 어떤 것을 마시려고 한다고 하자. 그러나 우리가 마시
려고 하는 욕구의 대상이 신체를 해칠 수 있는 것이라면 이성은 막으려
할 것이다. 가령 욕구가 목이 말라 냉장고에서 우유를 찾아 마시려 하
는데, 이성은 이미 날짜가 많이 지나 상했을 것으로 판단하고 막을 수
있다.

그런데 이성과 욕구의 대립이 일어날 때 기개가 갈등을 일으키는 경우가 있다. 일반적으로 기개는 욕구와 함께 단순히 이성이 아니라는 점에서 비이성적인 부분으로 분류될 수 있다. 그러나 영혼의 부분들에 대해 이성적인 부분과 비이성적인 부분으로만 구별하는 학자들도 있다. 그들은 기개를 중간적인 것일 뿐이라고 생각한다. 그러나 쿠퍼와 칸의 경우는 이성과 욕구 외에 기개의 독자적인 지위를 분명하게 인정한다. 사실 기개는 단지 욕구와 이성의 중간에서 때로는 욕구와 함께, 때로는 이성과 함께 작용하는 것으로 볼 수 있다. 플라톤은 대개 기개는 타락하지 않은 한 이성을 보조한다고 말한다(Cooper 1984: Kahn 1987).

이성은 욕구와 독립적인 것이다. 그래서 때로는 욕구에 대항하기도 하고 때로는 욕구에 순종하기도 한다. 그러므로 기개는 욕구가 이성에 거슬러 행동하도록 할 때 반응하는 방식이 달라질 수 있다. 플라톤은 레온티우스의 예를 들어 설명하고 있다(Resp. 439e–440a). 레온티우스는 피레우스 항구에서 아테네로 들어오다가 사형 집행자 옆에 시체들이 누워있는 것을 목격했다. 그는 한편으로는 보고 싶기도 하고, 다른 한편으로는 언짢아서 외면하려고 했다. 그래서 한동안 마음속으로 싸우며 얼굴을 가리고 있었다. 그러나 결국 보고 싶은 욕구에 압도당하자 두 눈을 부릅뜨고 시체들 쪽으로 가서 자신의 두 눈에게 실컷 보라고 말했다. 레온티우스는 잠시 동안 자신의 욕구와 갈등을 겪다가 결국은 굴복한다. 그러나 그 자신이 욕구에 굴복했다는 사실 때문에 욕구를 꾸짖으며 분노하고 있다.

우리는 레온티우스가 어떻게 분노하였는지 살펴볼 필요가 있다. 플라톤은 여기서 기개는 욕구가 아니라 이성과 한편이 되었다고 말한다(Resp. 440a–b). 사실 플라톤의 입장에서는 "기개는 나쁜 양육으로 인해 타락되지 않는다면 본성적으로 헤아리는 부분을 보조하는 것"이다

(*Resp*. 441a). 왜냐하면 이성은 레온티우스가 그러한 행동을 한 것에 대해 비난하며 그렇게 하도록 강요한 욕구에 대해 분노한 것으로 해석하기 때문이다. 기개는 욕구와 이성이 갈등하는 가운데 비록 욕구에 이끌리지만 이성에 의해 어느 정도 설득되었기 때문에 자신의 행동에 대해 비난하는 태도를 보이는 것이다. 기개는 중립적인 상태에서 때로는 이성에 이끌리기도 하고 때로는 욕구에 이끌리기도 하지만 독자적인 지위를 가질 수 있는 부분이라 할 수 있다. 기개가 분노하는 것은 그것이 평가적 태도를 가지고 있다는 주장의 근거로 삼기도 한다. 그러나 만약 평가적 태도가 좋음과 나쁨에 대한 믿음과 관련된다면 이성과 구분하기 어려워진다(Irwin 1995:212). 기개 자체가 평가적 태도를 갖는 것보다는 기개가 이성의 판단의 도움을 받아 평가적 태도를 가지는 것으로 보인다.

　플라톤은 기개를 이성과 분명하게 구별하고 있다(*Resp*. 441a-c). 첫째, 기개와 이성은 발휘되는 시기가 다르게 나타난다. 물론 이성이나 기개는 모든 인간이 타고나는 것이다. 그렇지만 그것들이 발휘되는 시기는 조금씩 다르다. 따라서 그것들은 분명히 독자적인 능력들이라 볼 수 있다. 기개는 태어날 때부터 아이들에게 나타나는 것이지만, 이성은 일부 사람들은 아예 가지지 못하는 경우도 있으나 많은 사람들이 나이가 들어 늦게 가지게 된다. 플라톤에 따르면 기개는 태어나면서부터 누구나 가지고 있는 것이 분명하다. 그렇지만 이성은 훈련을 필요로 하는 것이다. 만약 그렇지 않다면 아예 나타나지 않을 수도 있고 점진적으로 나타나게 된다. 둘째, 이성은 평가할 수 있는 능력을 가지지만 기개는 그렇지 못하다. 이성은 더 나은 것과 더 못한 것을 헤아릴 수 있는 능력을 가지고 있기 때문이다.

　플라톤은 욕구와 이성을 주로 비교하여 분석하는 레온티우스의 일화와 달리 이성과 기개를 집중적으로 분석하기 위해 오뒷세우스의 이야기를 사용한다. 호메로스의 『오뒷세이아』에서 고향 이타케에 돌아온 오뒷세우스는 자기 아내 페넬로페의 하녀들이 구혼자들과 놀아난 것에 대해 분노하는 장면이 나온다. 여기서 우리는 이성이 복수를 위해 어떻게 행동하는 것이 좋은가를 평가한 후에 현재의 분노를 참는 것을 선택하는 것을 알 수 있다(Od. 3.390). 레온티우스는 이성이 자신의 욕구를 지배하지 못한 경우로 기개가 자신에 대해 화를 내고 있으며, 오뒷세우스는 이성이 자신의 욕구를 지배하여 자기 자신을 극복한 좋은 사례가 된다.

플라톤은 영혼의 부분들 중에서 이성이 다른 부분들을 지배해야 한다고 생각한다. 왜 이성이 다른 능력을 지배해야 하는 것일까? 이성이 지혜로우며 영혼 전체를 위해 선견지명prometheia을 가지고 있기 때문이다(Resp. 441c). 또한 이성만이 영혼의 세 부분뿐만 아니라 국가 공동체 전체를 위해서도 유익한 지식을 가지고 있기 때문이라고 한다(Resp. 443c). 이성은 우리가 어떤 일을 할 때 그것이 우리에게 유익한지 또는 유익하지 않은지를 추론하거나 헤아려서 가장 좋은 행동을 할 수 있도록 해줄 수 있다. 그러므로 이성이 기개와 욕구를 지배할 수 있도록 만든다면 가장 아름답고 좋은 삶을 살 수 있다.

3.2 영혼을 위한 교육

플라톤은 이성과 기개가 적절한 교육을 받으면 서로 조화를 이룰 수 있다고 생각했다. 특히 신들이 이성과 기개를 위해서 시가mousike 교육과 체육gymnastike 교육을 인간에게 제공했다. 그것들은 육체가 아닌 영혼의 부분들 중 이성과 기개를 위해 필요한 교육이다(Resp. 411e-

412a). 플라톤은 영혼이 서로 조화를 이루기 위해서는 일종의 영혼의 훈련이 필요하다고 생각했다. 이성은 훌륭한 말과 학문으로 훈련될 수 있고, 기개는 달래는 말로 풀어주고 화성과 리듬으로 순화시킬 수 있다 (*Resp.* 442a). 플라톤은 시가 교육의 궁극적 목표는 '아름다운 것에 대한 사랑'이라고 한다. 이것은 아름다움 그 자체에 대한 인식과 직접적으로 연관이 있다. 시가 교육은 궁극적으로 기개를 훈련시키기도 하지만 이성을 훈련하기 위한 준비 교육으로서의 역할을 할 수 있다. 플라톤은 이성의 훈련을 위한 시가 교육의 구체적인 내용을 정확히 말하지는 않는다. 그러나 아름다운 것을 사랑할 수 있도록 영혼을 어느 정도 훈련시킬 수 있을 것이다.

그리스 시대의 시가mousike는 흔히 '음악' 교육으로 번역되어 왔다. 원래 그리스어 무시케는 인도유럽어족의 men이라는 어근에서 나왔는데 '마음에 두다'를 의미한다. 그래서 이것은 무우사 여신들의 어머니 기억의 여신 므네모쉬네Mnemosyne와 밀접하다. 무우사 여신들은 단지 음악이나 춤뿐만 아니라 서사시, 서정시, 비극, 희극, 역사, 천문학 등을 관장한다.[1] 현대적인 의미에서 시가 교육의 범위를 넘어서 당시의 교양 교육 전체를 아우른다. 플라톤이 말하는 '훌륭한 말과 학문'은 변증론을 가리키는 말일 수도 있지만 그리스 시가에서도 발견할 수 있다. 플라톤이 호메로스나 헤시오도스의 시를 비판한 것은 신의 본성에 대해 오해를 불러일으키는 비교육적인 내용 때문이다. 그렇지만 그리스 서사시와 서정시 및 비극 등에 수많은 훌륭한 말들과 삶의 철학이 들어

---

1   무우사 여신들은 일반적으로 칼리오페(Kalliope, 서사시), 클리오(Klio, 역사), 에우테르페(Euterpe, 서정시), 탈리아(Thalia, 희극, 목가시), 멜포메네(Melpomene, 비극), 테르시코레(Terpsikhore, 춤), 에라토(Erato, 사랑시), 폴뤼힘니아(Polyhymnia, 찬미가), 우라니아(Urania, 천문학) 등 9명으로 구성되어 있다.

있다. 물론 그것들은 궁극적으로 영혼을 본격적으로 훈련시키기 위한 변증론을 배우기 전에 영혼을 이끌어주는 역할을 한다. 따라서 시가 교육은 변증론으로 나아가기 전에 이성이 진리에 대한 열망을 가지도록 만드는 기초 교육의 역할을 한다.

플라톤은 이성과 기개가 올바로 훈련을 받는다면 욕구를 지배할 수 있을 것이라고 했다. 욕구는 재물에 대해 만족을 모르는 성향을 가지고 있으며, 육체적 쾌락으로 가득 차서 너무 강력해지면 기개와 이성까지도 지배하려 든다. 따라서 이성과 기개는 욕구가 삶 전체를 뒤집어엎지 않도록 감시해야 한다(Resp. 442a-b). 플라톤은 영혼의 세 부분들이 서로 조화를 이룬 상태를 영혼의 '정의' 또는 '올바른 상태'라 말한다. 그것은 기본적으로 이성, 기개, 욕구가 각자 자신의 일을 하고 서로 다른 부분의 일에 간섭하지 않으면서 전체적으로 조화를 시키는 것을 말한다(Resp. 443c-d).

『파이드로스』에서 영혼은 쌍두마차에 비유된다(Phdr. 253c-254e). 인간의 영혼은 마부인 이성과 기개인 착한 말과 욕구인 나쁜 말로 이루어져있다. 기개라는 말은 분별심과 수치심이 있고 명예를 사랑하여 참된 견해를 동반자로 삼아 명령과 이치에 따라 인도된다. 하지만 욕구라는 말은 무분별과 거짓을 동반자로 삼고 말귀를 못 알아들어 채찍과 막대기를 들어야 겨우 말을 듣는다. 만약 영혼의 세 부분들 중 어느 한 쪽이 날아오지 못하거나 날려고 하지 않는다면 마차는 추락하기 마련이다. 그래서 영혼의 어느 한 쪽을 말을 듣지 않는다고 없애버리거나 강제적으로 묶어놓는다면 영혼의 마차는 제대로 날아 오를 수가 없다. 따라서 이성인 마부가 기개와 욕구라는 두 마리 말들을 적절하게 통제할 때 올바로 길을 갈 수 있다.

영혼의 세 부분들이 각자 자신의 일을 적절하게 할 수 있을 때 영혼의 여행이 훌륭하게 이루어질 수 있다. 이를 위해 이성은 기개와 욕구를 조정하고 통제하는 역할을 제대로 해야 한다. 특히 욕구는 이성이 아무리 통제하려 해도 개의치 않고 함부로 날뛰고 마음대로 하려 하는데 이성이 억지로 낚아채고 끌어당겨서 겨우 통제하게 된다. 이러한 일을 여러 번 똑같이 반복하다 보면 욕구는 이성의 말을 따르게 된다. 플라톤은 결국 이성이 욕구를 지배하는 반복적 훈련을 통해 통제력을 얻게 된다고 한다.

국가 안에서 통치자 계층과 수호자 계층 및 생산자 계층이 각자 자신의 일을 할 때 조화를 이루고 정의롭게 되는 것처럼, 우리의 영혼 안에서 이성과 기개 및 욕구가 각자 자신의 일을 할 때 조화를 이루고 정의롭게 되는 것이다.

"영혼 전체가 지혜를 사랑하는 부분을 따르며 서로 반목하지 않는다면, 영혼의 각 부분은 다른 모든 면에서도 자신의 일을 할 수 있으며 올바를 수 있다. 특히 영혼의 각 부분이 자신의 고유한 즐거움hedona과 가장 좋은beltistas 즐거움과 가능한 가장 진정한alethestatas 즐거움을 누릴 수 있다."(Resp. 586e-587a).

영혼의 각 부분은 각자 자신의 고유한 기능을 가지고 있다. 이성이 기개나 욕구를 지배한다는 것은 그것들의 본성이나 기능을 억압하거나 제거해버리는 것이 아니다. 그것들이 각자 자신의 기능과 역할을 적절하게 잘 할 수 있도록 조절하고 통제하는 것을 말한다. 이러한 방식으로 영혼의 세 부분들은 서로 조화를 이룰 수 있게 되는 것이다. 영혼이 조화를 이룰 때 가장 훌륭한 삶을 살 수 있다. 더욱이 그것은 우리에게 가장 좋고 참된 즐거움을 누릴 수 있게 해준다.

4. 영혼의 돌봄과 윤리적 치유

4.1 영혼의 훈련과 철학적 성향

플라톤은 우리가 성장하여 어른이 되어 가는 시기에 육체를 잘 보살펴야 하는 것처럼, 영혼이 성숙해지는 시기가 되면 영혼의 '훈련'gymnasia을 해야 한다고 주장한다(Resp. 498b). 영혼의 훈련은 우리에게 철학적 성향을 만들어줄 수 있다. 그러나 그것은 때로는 "노예처럼 고생하지 않으면 얻을 수 없다"(Resp. 494d). 따라서 단지 명예를 얻기 위해서 한다면 실패할 수밖에 없다. 궁극적으로 영혼의 훈련은 진리를 인식하기 위해 필요하다. 그렇다면 우리는 어떻게 진리를 인식할 수 있을까? 플라톤은 『국가』에서 진리를 사랑하기 위해서는 언제나 배우는 것을 좋아하는 사람이어야 한다고 말한다(Resp. 485b). 기본적으로 본성적으로 항상 배우는 것을 좋아해야 힘들다고 포기하지 않게 되기 때문이다. 또한 『파이드로스』에서는 진리를 추구하는 것을 마치 연인을 사랑하는 것에 비유한다(Phdr. 251c-253c). 사랑하는 데에는 항상 즐거움만 따르는 것은 아니다. 헤아릴 수 없는 고통과 슬픔도 동반되기도 한다. 그렇지만 진리를 사랑하기 때문에 포기하지 않고 인내와 끈기로 견뎌낼 수 있는 것이다.

진리를 탐구하기 위해 신체의 훈련과 영혼의 훈련이 모두 필요하다고 한다. 플라톤은 어느 한 쪽만 소홀히 해도 올바른 탐구 자세가 아니라고 한다. 절름발이의 비유를 통해 진리를 사랑하는 사람은 절반만 좋아하고 절반은 싫어하는 사람이어서는 안 된다는 것이다. 가령 체육이나 사냥과 같은 신체 훈련은 좋아하면서, 배우거나 듣거나 탐구하는 것은 좋아하지 않고 노력하지 않는 경우를 말한다(Resp. 535d). 반대로 영혼의 훈련은 좋아하면서 신체의 훈련을 싫어하는 경우도 마찬가지라고 한다. 플라톤은 영혼이 훌륭한 상태가 되기 위해서는 신체도 훌륭한 상태에 있는 것이 중요하다고 생각했다(Resp. 403c-d). 그래서 신체 훈련을 위해 다양한 것들을 요청했다. 그것은 모두 신체의 욕구를 조절하기 위한 것으로 가령 술을 삼가고 음식도 제한할 것을 요청한다. 플라톤은 가능한 단순하게 살 것을 요청한다. 일상적 삶에서 '단순하게 살라'라는 표어는 신체뿐만 아니라 영혼에 유익하다. 그것은 신체에 건강을 낳고 영혼에 절제를 낳는다(Resp. 404e).

소크라테스를 비롯하여 그리스 철학자들의 삶에 가장 중요한 것은 일종의 훈련이며 교육이다. 따라서 영혼의 건강을 위해 기개와 욕구를 위한 치유의 방법도 독자적으로 찾아보아야 한다. 물론 플라톤은 시가 교육과 체육 교육을 기개와 욕구를 위한 치유 역할을 할 것으로 생각했다. 이성에 대한 보다 본격적인 치유 방법은 '변증론'이라 할 수 있다. 플라톤은 변증론을 훈련함으로써 영혼의 조화를 이룰 수 있다고 생각했다. 변증론을 배우기 위한 예비 학문들인 산술, 기하학, 천문학, 화성학은 생성, 소멸하는 세계에 존재하는 감각적인 것들에 의해 방해받지 않고 진정으로 존재하는 것을 좀 더 쉽게 배울 수 있게 해준다(Resp. 525a-531e). 다음으로 우리는 감각이 아닌 이성에 의해 각 사물의 본질에 이르도록 노력해야 한다. 플라톤은 이것이 변증론을 통해 훈련될 수 있다고 생각한다. 변증론은 각 사물의 본질, 곧 이데아를 인식하는 것이며, 이데아 중의 최고의 이데아, 즉 '좋음의 이데아' 또는 '좋음 그 자체'를 인식하는 것이다(Resp. 519b).

플라톤은 영혼의 부분들 중에서 이성의 역할을 매우 중요하게 보고 있다. 그것은 반드시 이성만이 중요하기 때문은 아니다. 인간은 본래적으로 이성과 기개 및 욕구를 가진 존재이다. 이성의 능력이 가장 탁월하다고 해서 다른 능력이 하는 역할을 축소하거나 부정할 필요는 없다. 플라톤은 오히려 이성 이외에 기개나 욕구의 힘이 너무나 '강력'하기 때문에 상대적으로 이성의 역할을 중시했다. 이성은 본래 기개나 특히 욕구에 비하면 '힘'이 약한 존재이다. 플라톤은 인간의 영혼을 구성하는 데 욕구의 힘이 얼마나 강력한지를 여러 개의 머리를 가진 짐승에 비유하여 말했다. 만약 우리가 이성의 능력을 올바로 훈련하지 않으면, 그것은 자기 자신보다 본성적으로 강력한 힘을 가진 기개나 욕구를 통제할 수 없다. 따라서 이성의 훈련을 위해 변증론의 예비 과목과 변증론 자체의 교육을 상당 기간 동안 탐구해야 할 필요가 있다. 그러면 이성이 기개와 욕구를 적절하게 통제할 수 있는 힘을 얻게 되어 영혼이 조화를 이룰 수 있다.

4.2 영혼의 전향과 돌봄

철학은 지혜를 얻으려는 훈련과 노력이라는 짐에서 삶의 방식이 된다. 지혜는 영혼의 평화를 가져오는 삶의 방식이다(Hadot 1995:265-266). 플라톤이 동굴의 비유에서 말하듯이 철학은 영혼의 전향periagoge이다. 동굴 안의 인간은 현상에만 집착해서 생겨난 편견이라는 사슬에 결박된 존재이다. 어느 날 그는 고개를 돌려 자신이 바라봤던 세계가 그림자에 불과하다는 사실을 깨닫게 되고 동굴 밖으로 나가기를 결심한다. 여기서 영혼의 '전향'은 처음으로 자기 자신의 무지를 깨닫는 중요한 계기가 된다. 푸코는 이와 비슷하게 '자기에로의 전향'이 중요하다고 말했다. "자기 자신을 응시해야 하고, 자기 자신에게로 자기 자신의 시선을 돌려야 하며, 자기 자신으로부터 시선을 떠나게 해서는 안 되고, 자기 자신을 항상 목전에 두어야 한다."(Foucault 2001:253). 그가 말하는 '자기 자신에게 시선 돌리기'는 우선 타자들로부터 시선을 해방하는 것을 말하고, 다음으로 세계의 사물로부터 시선을 해방시키는 것을 말한다(Foucault 2001:254).

플라톤의 영혼은 푸코에게는 자기 자신이다. 우리는 자기 자신을 인식하여야 한다. 자기 자신에 대한 인식을 통해 자기 자신을 돌볼 수 있게 된다. 그리하여 우리는 기존과 다르게 세계와 인간을 인식하게 되고 행동하게 된다. 우리가 자신의 영혼을 돌본다는 것은 자신과의 관계뿐만 아니라 타자와의 관계도 포함한다. 플라톤에게서 자신의 영혼에 전념하는 것은 다른 모든 사회적, 정치적 생활과 단절을 의미하는 것은 아니다. 그리스 시대에 자기 자신을 인식하고 돌보기 위해 자기 자신에게 전념하는 것은 정치적 삶을 위한 준비였다. 플라톤은 『국가』에서 17, 18세까지 시가 교육과 체육 교육을 받고 20세까지 군대 복무를 하고 20-30세까지 변증론의 예비 과목들을 배우고 30-35세에는 변증론을 배우고, 35-50세까지 이론과 실무를 두루 배우고 진리를 인식하게 되면 50세 이후에 정치적 삶을 사는 것으로 말한다.

플라톤은 『알키비아데스』에서도 다른 사람을 다스리기 위해서 자기 자신을 먼저 돌보아야 한다고 말한다. 실제로 자기 자신을 다스리지 못하는데 다른 사람을 다스리기 어렵다. 우리가 쾌락과 욕망을 극복하려는 이유는 자유 때문이다. 진정으로 자유로워지기 위해서는 자신을 알아야 하는데 이것이 '절제'sophrosyne이다(Alc. 133c). 우리는 절제를 통해서 자신의 욕망을 자신의 의지대로 사용할 수 있는 주인이 될 수 있다. 자기 자신을 지배할 수 있는 사람이야 말로 다른 사람을 지배할 수 있는 사람이다. 그래서 플라톤은 『알키비아데스』에서 정치의 필수적인 덕들로 절제와 정의를 제시한다(Alc. 133c). 그러나 『프로타고라스』에서는 인류가 존속하기 위해 필요한 기본적인 덕들로 수치심aidos과 정의dike를 제시한다. 이것은 모든 인간이 동일하게 가져야 할 덕들로 이야기한다. 그러나 바로 다음으로 다시 시민으로서 가장 중요한 덕들을 정의dikaiosyne와 '절제' sophrosyne라고 말한다(Prt. 322c-323a).

그리스 시대에는 '자신을 돌보는 것' epimeleia heautou은 타자를 돌보는 것이기 때문에 정치적 삶의 준비이자 조건이었다. 그러나 헬레니즘 시대와 로마 시대의 경우에는 많은 변화가 일어나 개인의 영혼의 훈련이 반드시 정치적 삶의 준비는 아니었다. 물론 그리스 전통이 남아 있었기 때문에 키케로나 세네카의 경우에는 철학자이자 정치가로서 살아갔다. 헬레니즘 철학도 정치에 전혀 무관심한 것은 아니었다. 일반적으로 헬레니즘 철학은 당시 정치적 부패에 무력감을 느끼고 개인적 윤리를 발전시켰다고 하지만, 에피쿠로스학파나 스토아학파의 많은 철학자들이 정치에 직접 참여한 기록도 남아 있다(Hadot 2008:128). 그러나 헬레니즘 시대 후기로 갈수록 점차 정치와 멀어지는 것으로 보인다. 푸코는 헬레니즘 시대의 철학과 정치와의 결별을 다음과 같이 설명한다. "자신의 영혼을 돌보는 것은 하나의 보편적 원리가 되었다. 따라서 자신의 영혼을 보다 더 잘 돌보기 위해서는 정치와 결별해야만 했다." (Foucault 1988:57).

헬레니즘 시대 후기에 오면 자신의 영혼을 돌보기 위해 전념하는 개인적 삶과 정치적 삶은 양립하기 어려운 것으로 생각되었다. 사실 우리 자신을 지배한다는 것은 우리의 전 생애에 걸쳐 노력해도 도달하기 어려운 일이다. 따라서 헬레니즘 시대의 철학은 자신의 영혼을 돌보는 데 전념하고 있다. 그렇지만 자신의 영혼을 돌보는 것은 실천적으로 타인의 영혼을 돌보는 것과 필연적으로 연관될 수밖에 없다. 일상적인 삶 속에서 우리의 영혼은 타자와의 관계 속에서 성찰될 수밖에 없다. 우리의 영혼을 주의 깊게 들여다보는 행위는 자신뿐만 아니라 타자에 대해 반성적으로 성찰할 수 있게 한다. 그것은 윤리적 삶의 실천적 계기일 뿐만 아니라 정치적 삶의 실천적 계기라 할 수 있다.

V

영혼의 훈련과 글쓰기:
이성이 감정을 벗 삼다

1. 영혼의 훈련과 타자와의 소통

철학의 가장 기초적이고 가장 근본적인 문제는 무엇인가? 그것은 아마
도 우리 자신에 대한 인식일 것이다. 철학의 대부분의 분과들은 '인간'
에 대한 이해를 전제하고 있다. 나아가 근대 이후의 모든 학문이 궁극
적으로 인간으로부터 출발한다는 사실은 일반적으로 알려져 있다. 그
러나 오늘날 우리가 우리 자신에 대해 과연 얼마나 올바로 인식하고 있
는지는 정확히 설명하기는 어렵다. 인간은 이 세계 내에서 끊임없이 변
화하는 존재이다. 따라서 우리는 자기 자신에 대해 끊임없이 탐구할 필
요가 있다. 그래서 그리스의 "너 자신을 알라"는 명제는 모든 시대를 불
문하고 영향력을 잃지 않는 것이다.

    우리는 자신을 알기 위해 우리의 영혼을 들여다보고 살펴야 할 필요

가 있다. 그것은 우리 자신의 영혼을 그 자신과의 관계 속에서, 또한 타자와의 관계에서 돌보는 것이다. 그래서 우리가 '자기 자신'을 안다는 것은 우리 자신뿐만 아니라 우리가 속해 있는 세계를 이해하는 것이기도 하다. 우주 안에서 '나'라는 존재는 수많은 관계망을 형성하고 있다. 사실 나의 인식은 나로부터 출발하는 수많은 관계망에 영향을 줄 수 있다. 우리는 모든 과정의 인과 관계를 모르기 때문에 우연이나 필연이라는 개념을 사용하는 것일 수 있다. 내가 나의 영혼을 돌본다는 것은 나자신이 포함된 타자들의 세계를 총체적으로 살펴보는 것이다.

나아가 우리는 철학을 통해 삶에 대한 태도와 목표를 변화시키고 싶어 한다. 철학은 단순히 순수 학문만이 아니라 응용 학문이기도 해야 한다. 그것은 어원적으로 '진리를 사랑하는 것'이다. 여기서 우리가 기억해야 하는 것은 진리를 사랑하는 행위의 '주체'이다. 그것은 바로 인간 자신이다. 소크라테스는 인간의 앎과 행위가 일치되어야 한다고 했다. 그것은 우리가 진리로 향해 나아가면서 변화해 나가는 것을 전제로 한다. 우리가 진리를 추구한다고 말만하고 실제로 아무런 행동의 변화가 없다면 다른 사람의 비웃음을 살 것이다. 근본적으로 진정한 철학은 삶을 변화시킬 수 있어야 한다. 만약 그것이 우리 자신을 변화시킬 수 있는 힘을 가지지 못한다면 탁상공론과 다름이 없을 것이다. 학문적으로 아무리 복잡하고 정교한 논증을 전개하고 화려하고 현란한 내용을 담는다고 하더라도 단순히 말 잔치에 머문다면 쓸모없는 학문이라는 공격이나 비난을 피할 수 없을 것이다.

플라톤은 타자에 대해 끊임없는 열정을 가지고 이야기하고 있다. 그것은 비유와 신화를 통해 살아 움직이고 있다. 누군가의 삶을 변혁시킬수 있다면 언제든지 '철학자'라는 틀을 깨트려 버릴 수 있으며 깨트리고 있었다. 그렇기 때문에 학문적 엄밀성과 정확성이라는 단단한 줄을 가지고 스스로를 결박하고는 단 한 발자국도 나가려고 하지 않고 자신만의 탑 속에만 갇혀 사는 사람들과는 달랐다. 그는 언제나 자신의 줄을 세상 밖으로 걸어놓고 내려가려고 했다. 왜냐하면 그것이 바로 진리를 사랑하는 행위이며 학문을 탐구하는 이유이기 때문이다.

진정으로 진리를 사랑하는 사람은 변화될 수밖에 없다. 플라톤이 『향연』에서 누군가를 사랑하게 되면 모든 것이 변화된다고 말하는 것처럼, 진리를 사랑하게 되면 우리의 삶에 대한 태도나 가치 및 목표 등이 변화될 수밖에 없다. 그러므로 플라톤과 같이 진리에 대해 말하려고 하는 사람들은 언제든지 세상 안으로 뛰어들 수 있다. 플라톤은 영혼에 대해 말할 때도 수많은 비유와 신화를 사용한다. 물론 그것은 오늘날 학문의 세계에서 발표되는 전문적인 논문 형식과는 매우 다르다. 그렇지만 플라톤에게는 전혀 문제가 되지 않는다.

플라톤은 글쓰기를 통해 자신의 영혼과 대화하는 동시에 타자의 영혼과도 소통한다. 플라톤이 말하는 영혼에 관한 이야기는 주로 우리가 자신의 영혼을 늘 보살펴야 한다는 사실을 알려준다. 특히 플라톤의 대화편은 글쓰기에 대한 플라톤의 철학적 입장을 잘 반영하고 있다. 그래서 플라톤에게 글쓰기는 일종의 영혼의 돌봄으로써 자기 자신뿐만 아니라 다른 사람과의 관계에서 윤리적 주체로서 확립해주는 중요한 수단이며, 영혼의 부조화로 인한 병을 치유해주는 도구가 될 수 있다. 우리는 영혼의 돌봄과 관련하여 실천적 양식으로 '글쓰기'를 철학적으로 분석해볼 필요가 있다.

2. 서구의 로고스 중심주의와 영혼의 유희

철학은 본래적으로 '철학함'을 통해 실현될 수 있다. 철학함은 이론적으로 인식한 것을 실천적으로 행동할 수 있도록 하는 데 목표로 한다. 현대 철학자는 '교육'을 통해 철학적 삶을 실천적으로 추구하고 있다. 그것은 때로는 직접적으로 말을 통해 이루어질 수도 있고, 때로는 간접적으로 글을 통해 이루어지기도 한다. 따라서 현대 사회에서 말이나 글은 철학함을 실천하는 데 중요한 도구가 된다. 그러나 플라톤 자기 자신은 글로 후대 사람들의 영혼을 치유하면서도 문자나 글쓰기에 대해 비판하고 있다. 글로 쓰인 말들은 단지 이미 알고 있는 사람들에게 그것을 회상시키는 데에 유용하고, 아직 알지 못한 사람들에게는 별다른 도움이 되지 않기 때문이다. 따라서 플라톤은 글쓰기가 일종의 유희에 지나지 않는다고 생각한다.

우리는 먼저 플라톤이 『파이드로스』에서 글로 쓰인 말을 비판하는 내용을 분명하게 살펴볼 필요가 있다. 역사적 소크라테스는 글을 쓰지 않았지만 플라톤이 소크라테스에 관한 대화편들을 썼기 때문에 우리는 소크라테스를 만날 수 있다. 비록 플라톤의 작품들에 나온 소크라테스가 어디까지 진짜 소크라테스이고 어디까지 플라톤의 소크라테스인지 알지 못하더라도, 소크라테스는 물론이고 누구보다도 플라톤을 알 수 있게 해준 것은 플라톤이 남긴 글 때문이다. 그러나 플라톤 자신은 문자로 쓰인 글과 관련하여 매우 부정적인 견해를 가지고 있다. 『파이드로스』편에서 플라톤은 말과 글의 관계를 설명하기 위해 테우트 신화, 그림 그리기 비유, 현명한 농부의 비유를 활용한다.

2.1 테우트 신화와 문자 기원 및 역할

플라톤은 문자의 기원과 특성을 설명하기 위해 테우트 신화를 소개한다(*Phdr*. 274cff). 이집트의 테우트Theuth 신은 수학과 기하학 및 천문학은 물론이고 장기 놀이와 주사위 놀이를 발명했으며, 그 외에도 문자grammata를 발명했다고 한다. 테우트는 당시 이집트의 왕인 타모스Thamos를 찾아와 자신의 기술을 보여주면서 다른 이집트 사람들에게 기술을 보급해야 한다고 말했다. 마지막으로 테우트는 문자를 배우면 사람들이 더 지혜로워지고 기억력이 좋아질 것이라고 말한다(*Phdr*. 274e). 왜냐하면 "그것은 기억mnemes과 지혜sophias의 약pharmakon으로 발명된 것이기 때문이다." 그러나 타모스 왕은 테우트와 달리 사람들이 문자를 배운다면 기억에 무관심해져서 영혼이 더 쉽게 망각하게 될 것이라고 주장한다. 사람들은 자기 스스로 기억하려기 보다는 '자기 밖으로부터' 주어지는 낯선 흔적인 문자에 의존하려 들기 때문이다. 그래서 테우트가 발명한 것은 기억mneme의 약이 아니라 회상hypomnesis의 약일 뿐이라고 한다.

사실 문자가 사람들에게 전달하는 것은 진정한 의미의 지혜가 아니라 단지 지혜처럼 보이는 것doxosophia일 뿐이다. 사람들은 문자 때문에 가르침을 받는 일 없이 많은 것을 듣고 자신들이 많이 안다고 생각한다. 그런데 플라톤은 바로 이 점이 지혜를 추구하는 데 가장 위험한 요소라 생각한다. 왜냐하면 사람들은 '지혜처럼 보이는 것'을 가지고 있다고 생각하여 지혜를 더 이상 추구하지 않게 되기 때문이다. 그래서 그것은 지혜를 추구하는 데 큰 방해가 된다(Burger 1980:95). 사실 플라톤은 직접적인 가르침 없이는 결코 지혜로워지지 않는다고 생각한다. 오히려 문자를 통해 많이 안다고 생각하는 사람들은 무지할 뿐만 아니라 상대하기도 힘들다. 그들은 진정으로 지혜로운 사람이 아니라 겉보기에 지혜로운 것처럼 보이는 사람이기 때문이다.

따라서 플라톤은 문자가 인간의 지혜를 더 증가시키지는 못한다고 말한다(*Phdr.* 275d). 문자는 이미 앎을 가진 사람에게 단지 그 문자들이 가리키는 것을 회상하게 할 뿐이다. 플라톤의 주장처럼 문자는 일차적으로 단지 기존의 지식을 회상시키는 역할만을 하고 기억력을 떨어뜨릴 수도 있다. 사실 플라톤이 사용한 '외부'로부터의 회상hypomnesis은 '내부'로부터의 '상기'anamnesis와 대비되는 개념이다(Griswold 1968: 206). 상기는 진리를 인식하는 수단이지만 회상은 단지 기존의 지식을 불러일으킬 뿐이다. 우리는 진리 인식하기를 욕구하며 글로 쓰인 문자가 도움이 될 것이라고 믿는다. 그러나 소크라테스는 우리가 욕구의 수단들에 의해 지배될까 두려워하는 것이다(Griswold 1968:207).

2.2 그림 그리기의 비유와 글쓰기의 한계

소크라테스는 글쓰기의 본성과 한계를 그림 그리기의 비유를 통해 설명한다(*Phdr.* 275d-e). 그리스어로 '그림 그리기'zographia는 살아 있는 것처럼 그리기를 의미한다. 글쓰기는 그림을 그리는 것처럼 살아 움직이듯 써야한다. 그러나 글은 그림과 같은 약점을 갖고 있다. 어떤 동물의 그림을 예로 들어보자. 누군가 아무리 그림을 잘 그린다고 해도 그 동물을 실제로 살아 움직이게 할 수는 없으며, 단지 그렇게 보이게 할 수만 있을 뿐이다. 그림 속의 동물은 우리가 어떤 질문을 던지든지 침묵할 것이다. 마찬가지로 글이 표현하고 있는 말들도 마치 무언가 생각을 가지고 말하는 것처럼 보일 수 있겠지만, 무언가 배우고 싶은 것이 있어서 질문을 던지면 글은 언제나 동일한 것만 가리킬 뿐이다.

모든 말은 일단 쓰이면 그것을 이해하는 사람들과 전혀 이해하지 못하는 사람들을 구별하지 못하고 말을 걸어야 할 사람과 걸지 말아야 하는 사람을 알지 못한다. 그래서 글은 잘못 다루어지거나 부당하게 비판을 받으면 항상 자신을 도와줄 '아버지'를 필요로 한다. 말하자면 글은 누군가 공격해오면 항상 그것을 쓴 사람의 도움을 받을 수밖에 없다. 그러나 글로 쓰인 로고스는 그것의 이복형제인 말로 이야기되는 '로고스'와 다르다. 그것은 인간의 영혼에 쓰인 것으로 마치 살아 있는 것과 같다. 플라톤에 따르면 "참된 인식과 함께 배우는 자의 영혼 속에 쓰인 말은 자신을 지킬 힘이 있고, 말을 해야 할 사람과 침묵해야 할 사람들을 구별할 수 있다."(Phdr. 276a) 말은 '살아 있으며 영혼을 가지고 있으나empsykon', 글은 말logos의 모상eidolon에 불과하다. 글과 달리 영혼을 가진 말은 누군가 공격해오면 스스로 방어할 수 있으며, 누구를 상대해야 하고 누구를 상대하지 말아야 할지를 잘 알고 있다.

플라톤의 그림 그리기의 비유는 세 가지 주요 부분들로 이루어진다. 첫째, 글은 말과 달리 살아 있지 못하며 영혼을 가지지 못한다는 것이다. 사실 글은 직접적으로 그것을 읽는 사람에게 아무것도 말하지 않는다. 그래서 글을 읽는 사람은 자기 방식대로 읽어나가며 생각한다. 그래서 실제적인 상호 작용은 불가능하다고 할 수 있다. 둘째, 글은 말과 달리 자신을 공격하는 것에 대해 방어할 수 없다. 글은 그것을 읽는 사람이 어떤 질문을 하더라도 대답할 수 없기 때문에 그것을 쓴 사람을 필요로 한다. 그러나 대부분의 경우에 저자 역시도 항상 질문에 대답할 수 없기도 한다. 때로는 글만 남는 경우도 있기 때문이다. 셋째, 글은 어떤 사람에게는 말하고 어떤 사람에게는 말하지 말아야 하는지를 구별하지 못한다. 글은 그것을 읽는 사람을 선택할 수 없으며, 오히려 그것을 읽는 사람에 의해 선택된다.

사실 글은 그것을 읽는 사람들에 따라 전혀 다르게 이해될 수 있다. 플라톤이 글이 자기 자신을 변호하지 못하기 때문에 아버지를 필요로 한다고 말할 때, 글 자체에 대한 저자의 의도와 목적 및 내용이 본래적으로 존재한다고 전제하는 것이다. 그렇지만 글은 쓰이면 원래 저자와 상관없이 그 자체로 독립적으로 존재한다. 비록 글이 살아 있지 않은 것이라 할지라도 글을 읽는 영혼은 살아 있다. 그래서 그는 글에 또 다른 생명을 불어넣을 수 있다. 영혼은 글을 통해 글 자체가 전달하는 내용뿐만 아니라 글과 관련된 다른 내용들을 연상할 수 있으며 새로운 내용을 촉발시킬 수 있다. 플라톤은 글을 읽는 영혼의 역할을 수동적으로만 설정하여 훨씬 더 능동적인 측면은 주목하지 않았다.

2.3 현명한 농부의 비유와 아도니스의 정원

마지막으로 플라톤은 철학자가 지혜를 가르치는 데 주의해야 할 태도에 대해 '현명한 농부의 비유'를 통해 설명하고 있다(*Phdr.* 276b-e). 흔히 가르치는 일은 농사짓는 일에 비유된다. 현명한 농부는 한여름의 아도니스의 정원에 씨를 뿌리고 8일이 지나 정원이 화사하게 바뀌는 것을 보고 기뻐하지 않는다. 그것은 단지 축제를 위한 일에 불과하며 며칠이 지나지 않아 뜨거운 태양 아래 시들어버리고 말기 때문이다. 오히려 그가 진정으로 관심을 두고 있는 것은 농사 기술을 사용하여 씨를 적절한 곳에 뿌리고 여덟 달이 지나 결실을 맺게 하는 것이다. 만약 이렇게 하여 결실을 거둬들이게 되면 기뻐하지 않을 수 없다.

플라톤은 사람들에게 가르칠 '지혜'를 씨앗에 비유한다. 스스로 자신을 도울 수도 없고 진리를 가르칠 능력이 없는 '말'들을 마치 씨를 뿌리듯 뿌려대는 것은 진지한 의도를 가지고 하는 일은 아니다. 이것은 마치 아도니스 정원에 씨를 뿌리듯 놀이 삼아 글을 쓰는 것이나 마찬가지이다. 그는 자기 자신을 위해서나 비슷한 길을 가는 다른 모든 사람들을 위해서나, 나이가 들어 망각에 이를 때 되살려내야 할 회상 수단들을 쌓아두면서 문자의 정원에서 어린 새순이 자라나는 것을 기뻐한다. 그러나 현명한 농부라면 사실 별로 기뻐하지 않을 일이다. 왜냐하면 일정 시간이 지나면 금방 시들어버리고 말라버릴 정원이기 때문이다. 그렇지만 플라톤은 이러한 일을 하는 것이 술잔치를 하거나 다른 놀이에 빠지는 것보다는 훨씬 '고상한' 놀이라고 한다.

그러나 플라톤이 '현명한 농부의 비유'에서 말하듯이 지혜로운 사람이라면 일시적인 아도니스의 정원이 아니라 결실을 맺을 수 있는 땅에 씨앗을 뿌릴 것이다. 만약 우리가 적절한 영혼을 찾아 변증론을 통해 씨앗을 싹트게 하고 결실을 맺게 하는 일이 영원히 이어진다면 최대의 행복을 얻을 수 있을 것이다(*Phdr.* 276b-277a). 플라톤은 술이나 마시고 다른 놀이에 빠져 있는 것보다는 글을 써서 일시적으로나마 한여름의 아도니스 정원처럼 화려하게 변하는 것을 즐기는 것이 훨씬 고상한 일이지만 별다른 결실을 얻을 수 없는 '유희'와 같은 것이라고 말한다. 하지만 인간의 영혼에 씨를 뿌리듯 말, 즉 로고스를 심으면 결실을 맺을 수 있을뿐더러 씨앗을 내어 영원히 지속될 수 있기 때문에 살아 있으며 영혼을 가진 로고스를 가지고 교육하는 것이 가장 좋은 방법이라고 말한다. 근본적으로 플라톤은 글보다는 말이 영혼에 훨씬 영향력을 미칠 수 있다고 한다. 더욱이 '글'은 일시적으로는 문자의 정원을 화려하게 만들어내지만 지속적인 영향을 미칠 수 없다고 한다. 오히려 '말'이 인간의 영혼에 씨앗이 되어 진정한 결실을 이룰 수 있다고 말한다.

플라톤이 글로 쓰인 문자를 모두 부정한 것은 아니다. 실제로 그는 분명히 글쓰기 자체가 수치스러운 것은 아니라고 말했다. 하지만 훌륭하지 않은 글을 쓰거나 아주 조악하게 글을 쓰는 것은 수치스러운 일이다(*Phdr.* 258d). 더욱이 그는 진지한 변증론자가 놀이 삼아 문자의 정원에 씨를 뿌리고 글을 쓰는 일을 할 수 있다고 말한다. "그는 자기 자신을 위해서나 똑같은 발자취를 좇는 모든 사람들을 위해 나이가 들어 망각lethe하게 될 때 좋은 회상 수단들을 쌓아놓는다."(*Phdr.* 276d). 플라톤은 비록 유희에 지나지 않는다고 하지만 사유의 보물들을 자신에게 제공할 수 있다고 한다(Griswold 1998:209).

2.4 플라톤의 문자 비판과 철학적 글쓰기

플라톤의 문자 비판은 후대에 많은 논란을 낳았다. 플라톤이 문자를 비판한 이유를 다양한 측면에서 접근해 볼 수 있다. 사실 소크라테스는 전혀 글을 쓰지 않았다. 플라톤은 글로 쓰인 말을 비판했다. 그렇지만 플라톤 자신은 대화편의 형식을 글을 썼다. 그렇다면 그는 왜 글을 비판하면서도 자신은 글을 썼을까?

첫째, 플라톤은 언어철학 전반에 대한 반성적 성찰의 일환으로 말과 글의 차이를 분석한 것으로 보인다. 사실 『파이드로스』편 후반부는 수사학과 변증론에 대한 논의들이 주축을 이루고 있다. 여기서 특히 수사학과 관련해서 말과 글을 비교하여 분석하는 내용이 충분히 들어올 수 있다. 특히 플라톤이 글에 대해 부정적이었던 이유가 당시 플라톤이 격렬히 비판했던 소피스트의 교육 방식과 연관이 있다는 주장도 있다(Neel, J. 1988:3-4). 물론 소크라테스의 죽음과 관련해서 플라톤의 소피스트에 대한 불만과 직결될 수도 있다. 하지만 플라톤이 『파이드로스』에서 말과 글을 비교하는 내용은 그리스의 구전 문화의 전통에서 해

석할 필요가 있다.[1] 플라톤의 대화편 자체도 말하는 방식으로 되어 있
다. 플라톤의 문자 비판은 음성 중심 문화에서 문자 중심 문화로 변환
되는 과정에서 문자 중심 문화가 가져올 위험에 대해 경고하기 위한 의
도인 것으로 보인다.

  둘째, 플라톤은 철학의 기능과 역할과 연관하여 글보다 말의 우위성
을 주장한다. 플라톤 학교의 철학적 훈련은 대부분 대화와 토론을 통해
이루어진다. 철학함은 변증법적 대화를 통해 이루어진다. 따라서 말은
철학을 훈련시키는 중요한 수단이지만 글은 제한적이다. 당시에 고대
그리스의 아고라에서는 시민들이 모여 수많은 문제들에 대해 토론하였
고 민주주의가 발전했다. 당시 정치적 상황에서는 단순히 완벽한 표현
능력이나 논리적 추론 능력을 획득하는 것은 매우 중요했다. 그러나 플
라톤의 대화법은 일차적으로 진리를 인식하기 위한 훈련을 목표로 했
다. 이를 통해 국가 공동체의 구성원 각자가 자기 자신을 수양하여 개
인은 물론 국가 공동체의 최선의 삶을 추구할 수 있도록 만들고자 했
다. 그렇기 때문에 말logos이 훨씬 진리를 인식하고 실천하는 데 적절하
다고 판단할 수 있다.

  셋째, 플라톤의 문자 비판은 플라톤 자신의 수많은 작품들의 의미와
연관해서 설명할 필요가 있다. 플라톤이 글쓰기를 비판하면서 『파이드
로스』라는 글을 쓴 것은 도대체 어떤 의미가 있는가? 만일 글쓰기에 대
한 플라톤 자신의 주장이 옳다면 플라톤은 아예 소크라테스처럼 글을

---

1 플라톤이 구전 문화의 전통에서 음성 중심주의를 중시하면서도 호메로스나 헤시오
도스의 작품에 적대적인 것을 문제로 삼는 플라톤의 입장을 설명하려는 학자들(Have-
lock 1963: Ong 1982)도 있다. 플라톤이 호메로스나 헤시오도스의 작품을 비판하는
것은 내용과 관련되어 있으며 구전 전통에서 말의 중요성을 강조하는 것과 다른 맥락
이다.

쓰지 말아야 하지 않는가? 등과 같은 질문이 가능하다. 우리는 플라톤이 문자 비판을 통해 영혼에 쓰인 말과 달리 글로 쓰인 말이 여러 가지 제한을 가지고 있다는 사실을 알고 있다. 그러나 이러한 사실로부터 우리는 플라톤이 글이나 글쓰기를 전면적으로 반대하고 쓸모없다고 주장한다는 결론을 도출할 수는 없다.

　플라톤의 대화편은 비록 글로 쓰인 말이지만, 기본적으로 '대화', 즉 '말'의 형식을 가지고 있다. 그는 단지 글로 쓰인 말이 갖는 한계를 분명히 하고 있을 뿐이다. 실제로 플라톤은 글로 쓰인 말에 대해 강력하게 비판한 후에 철학적 글쓰기에 대해 간단하게 서술하고 있다. 더욱이 그는 자신의 작품들을 통해 새로운 글쓰기의 방식을 보여주고 있다. 그것이 단순히 이미 알고 있는 것에 대한 '회상'에 불과할지라도 쓸모없는 것은 아니다. 그래서 그는 기존의 글쓰기가 갖고 있는 장점과 자신의 새로운 글쓰기를 종합하는 방식의 대화편을 만든 것이다.

3. 로고스와 파토스의 조화로서의 글쓰기

플라톤의 글쓰기에 대해 기존에 많은 논의가 있었다. 그러나 우리는 다른 글쓰기와 달리 플라톤만이 독특하게 구축한 글쓰기의 형식을 두 가지 측면에서만 살펴보고자 한다. 첫째, 플라톤의 대화편을 뮈토스와 로고스의 측면에서 접근해 들어가고자 한다. 플라톤은 대화편에 신화와 비유를 많이 사용했다. 그것은 대중들이 보다 쉽게 철학적 담론을 이해할 수 있는 역할을 한다. 특히 플라톤의 신화는 기존의 올림포스 신화에서 선별된 이야기를 이성의 논리에 의해 치밀하게 재구성하여 만들어진 철학적 신화이다. 둘째, 플라톤의 대화편을 로고스와 파토스의 측면에서 접근해 들어가고자 한다. 특히 영혼의 본성과 연관하여 플라톤의 대화편의 형식이 로고스와 파토스에 호소하는 부분들로 분류되는지를 분석할 필요가 있다.

3.1 뮈토스와 로고스의 원리

플라톤은 자신의 작품들에서 신화와 비유를 많이 사용했다. 그것은 플라톤의 철학하는 방법과도 밀접한 관계가 있다. 플라톤은 한편으로 학문적으로 엄밀성을 추구하기 때문에 과학적 방법론을 도입하여 논의하기도 하지만, 다른 한편으로 일반적으로 대중에게 세계와 인간 및 삶의 다양한 문제들을 보다 쉽게 이해시키려는 노력을 했다. 실제로 우리가 플라톤의 작품들을 통해 다양한 철학적 문제를 인식하려고 노력할 때 플라톤은 적절한 비유나 신화를 제공하고 있다. 특히 우리가 삶의 태도를 변화시키려고 결단해야 하는 순간에 이르렀다고 생각될 때 보다 적극적으로 사용된다.

호메로스 시대에는 뮈토스mythos는 말이나 이야기를 의미하였으며, 거짓이거나 믿을 수 없는 이야기라는 대중적인 의미와 연관된 적은 없다. 뮈토스는 이야기의 의미로 사용될 때 흔히 참이나 거짓의 구별 없이 사용되었다. 호메로스에게는 로고스에 대한 단 두 가지 예만 있다. 헤시오도스에게도 뮈토스의 의미의 변화는 없다. 호메로스나 헤시오도스에게서는 뮈토스와 로고스는 상호 교환 가능한 말이었다. 헤시오도스는 『일과 나날』에서 뮈토스는 왜곡될 수 있고 로고스는 속일 수 있다고 말한다(*EH* 195). 그러나 『신통기』에서 뮤즈들은 참된 이야기와 거짓 이야기를 알고 있다고 한다(*Theo.* 24). 그리스 서사시 전통에서는 뮈토스와 로고스의 이분법은 아직 존재하지 않는다.

　　신화는 인간의 보편적 사유의 원형을 가지고 있다. 더욱이 신화는 일반적으로 사용되는 '비유'와 같이 아주 쉽게 이해할 수 있으며, 자연스럽게 흥미를 유발할 수 있다는 장점이 있다. 따라서 이성과 논리로 더 이상 이야기하기 힘든 논의에 도달하게 될 때 플라톤은 기존의 신화와는 다른 설명을 담은 철학적 신화를 창조하여 우리의 이해를 돕는다. 그렇지만 플라톤은 분명히 기존 신화의 문제점들을 비판한다. 그러나 그것은 신화 자체에 대한 비난이 아니라 신화의 내용을 '윤리적'으로 문제 삼을 뿐이다(Nussbaum 2003:226).『국가』에서 플라톤이 호메로스와 헤시오도스와 같은 서사 시인들을 맹렬히 공격하는 것은 신들의 본성에 관한 진리가 아닌 거짓을 말하고 있기 때문이다(Resp. 377c-379a). 그들이 말하는 이야기에는 신들이 부모 자식 간에 수난을 당하고 복수를 할 뿐만 아니라, 신들이 서로 간에 전쟁을 일으키고 음모를 꾸미는 등 비윤리적인 사건들이 포함되어 있다.

　　플라톤은 이러한 서사 시인들의 신화가 우리로 하여금 신들을 잘못 이해하게 만들고 있다고 한다. 우선 신들은 본성적으로 선한 존재이며 선의 원인이다(Resp. 379a-380c). 따라서 신들이 악행을 일삼는 이야기나 신이 악의 원인이라고 주장하는 것은 거짓이다. 다음으로 신들은 항상 그 자체로 동일한 존재이다. 따라서 신은 인간을 속이기 위해 변신을 하지 않을 것이다(Resp. 379b-382e). 신은 말과 행동에 있어 전적으로 '진실'하기 때문에 자신을 바꾸거나 남들을 속이지 않는다. 나아가 신은 항상 가장 아름답고 가장 훌륭한 상태로 있다. 따라서 다른 것으로 변신한다는 것은 오히려 나쁘고 추한 쪽으로 변하는 것이 될 것이다.

　　플라톤이 서사시와 비극을 비판한 것은 예술적 가치나 효능을 무시하거나 간과했기 때문이 아니라, 종교적 내용에 대한 윤리적 비판을 통해 교육적 효과를 얻고자 했기 때문이다. 그리스의 서사 시인들인 호메로스와 헤시오도스는 올림포스의 신들을 비도덕적으로 묘사했다(*Resp*. 378d-e). 가령 아버지가 자식을 삼켜버리고 자식은 아버지를 거세하고, 그래서 아들이 아버지와 전쟁을 벌이고, 어머니가 아들을 차버리고 아들은 어머니를 포박하는 일 등은 숨은 뜻이 있든 없든 간에 받아들일 수 없다고 한다. 그것은 근본적으로 신을 비도덕적으로 설명하고 있다. 그런데 누구나 어릴 때 갖게 되는 생각을 잘 잊어버리거나 바꾸기 어렵다. 그렇기 때문에 처음부터 가능한 한 훌륭함에 대해 듣는 것이 중요하다.

플라톤은 시인들의 모방적인 시가 가장 문제가 되는 것은 아무리 훌륭한 사람들일지라도 그것들을 보게 되면 함께 즐거워하고 슬퍼하게 되기 때문이라고 한다. 문제는 모방적인 시는 우리게 억제하고 통제하려 하는 부분들을 장려하기 때문이다. 그래서 그것은 오히려 우리를 지배하게 된다. 그렇지만 우리는 그것을 지배해야 하는 것이다. 플라톤은 다음과 같이 경고한다. "만약 그대가 서정시에서든 서사시에서든 즐겁게 만드는 시가를 받아들이면 그대의 국가에서는 법과 모든 사람들이 가장 좋은 것으로 여기는 이성 대신에 즐거움과 괴로움이 지배자 노릇을 하게 될 겁니다."(*Resp*. 607a).

많은 사람들은 플라톤이 『국가』 10권에서 시에 대해 공격하는 것을 보고 이상 국가에서 시인들을 추방했다고 생각했다(Cross 1979:277). 그러나 이것은 너무 지나치게 플라톤의 말을 해석한 것에 불과하다. 분명히 플라톤은 이상 국가의 교육 과정에서 시가mousike 교육을 포함시키고 있기 때문이다(*Resp*. 411e). 만약 이상 국가에서 시인들을 모두 추방한다면 시가 교육의 주요 내용인 시가는 어떻게 교육할 것인가? 플라톤은 사물을 올바로 이해하지 못하게 하거나 나쁜 영향을 미치는 시나 비극에 대해 비판했다. 따라서 그것은 시나 비극 전체에 대한 공격이라기보다는 사물의 본질을 올바로 표현하지 못해 사람들에게 악영향을 미치는 특정한 시들에 국한되는 것으로 보아야 한다.

플라톤이 서사 시인들을 비판하는 이유는 아직 분별력이 없는 아이나 여전히 분별력이 없는 어른이 신화의 숨은 의미를 파악하기는 어려울 뿐만 아니라 심각한 오해를 불러일으킬 수 있기 때문이다. 그는 신화가 대상의 본성을 왜곡시키거나 은폐시켜서는 안 되며 있는 그대로 묘사해야 한다고 말한다. 그것은 모든 이야기가 허구적인 내용을 전혀 포함해서는 안 된다는 말이 아니고 사물의 본성을 올바르게 설명해야 한다는 말이다. 로고스는 경험이 아닌 단지 이성에 기초하여 확실성과 보편성을 가진다고 주장하는 담론이다. 이러한 담론을 이해하고 즐길 수 있는 사람들은 극히 제한되어 있다.

만약 누군가 플라톤을 지나치게 이상적이라고 생각한다면, 그것은 플라톤을 지나치게 오해한 결과일 것이다. 플라톤은 일반적으로 생각되는 것보다도 훨씬 현실주의적이었다. 그는 철학을 즐기는 것은 단지 소수의 사람들에게만 제한되어 있다는 사실을 잘 알고 있었기 때문에 수많은 비유와 은유를 대화편에 사용했다. 더욱이 그는 이성에 의해 진리를 설명하는 데 한계에 도달할 때 더 이상 학문적 노력을 하지 않고 포기하거나 또는 비합리적이고 비논리적 설명을 선택하지는 않는다. 보다 엄격한 학문적인 증명이나 논리적 비판을 피할 수 있으면서도 사람들에게 사람들을 설득할 수 있는 수단을 찾아냈다. 그것은 바로 새로운 방식의 신화로 이성적 설명과 합리적 설득을 포함하는 철학적 신화이다. 이를 통해 플라톤은 이성의 논리로서 더 이상 말할 수 없지만 말해야 할 필요가 있는 것을 말하려고 시도했다.

3.2 로고스와 파토스의 조화

현대 철학은 아리스토텔레스에 의해 대표되는 서술체의 형식을 선택하고 있다. 그러나 플라톤은 아주 독특한 철학적 방법을 통해 자신의 입장을 표현하고 있다. 그것은 대화의 형식을 표방하고 있는데, 사실 형식만 본다면 철학보다는 문학에 가까워 보인다. 사실 플라톤이 철학에 입문하게 된 경위를 놓고 볼 때 플라톤의 학문적 배경은 문학에서 출발한다고 할 수 있을 것이다. 플라톤은 비극 작품을 가지고 경연대회에 가려는 도중에 소크라테스를 만나 철학에 입문하게 되면서 자신이 기존에 썼던 비극 작품을 모두 태워버렸다고 한다(DL 3.5). 플라톤이 젊었을 때 비극 작가가 되려는 꿈을 가지고 비극 작품을 쓰는 데 몰두했다는 사실은 문학에 대한 플라톤의 관심과 이해를 충분히 보여준다.

그럼에도 불구하고 플라톤이 자신의 작품을 쓸 때 비극 작품과 유사한 대화 형식을 사용한 이유는 무엇일까? 일반적으로 우리는 세 가지 정도의 이유를 말할 수 있을 것이다(Griswold 1998:221). 첫 번째는 전문가가 아니라 대중을 대상으로 삼으려는 이유 때문일 것이다. 만약 플라톤이 이미 자신과 같이 진리를 추구하고 있는 철학자 집단을 위해 썼다면 이러한 대중적인 방식을 선택하지는 않았을 것이다. 그것은 아마도 앞으로 철학적 탐구를 하려는 사람을 위해 아주 구체적이고 점진적인 사유의 과정과 '훈련'의 특징을 가지고 있다. 두 번째는 형식에 구애받지 않고 자유로이 논의할 수 있다는 이유 때문일 것이다. 플라톤은 대화 형식을 통해 철학적 논문에서는 다루기 힘든 비의적 교설에 관해 자연스럽게 이야기하고 신화나 비유 및 아이러니와 같은 방식을 자유자재로 구사한다. 세 번째로 어떤 특정한 상황과 무대를 설정하여 철학의 보편적 논의를 살아 있는 구체적인 현장으로 끌어들이려는 이유 때문일 것이다.

사실 플라톤 시대 이전에는 철학적 논의와 문학적 논의 간에 별다른 구별이 없었다. 당시에는 산문 작가와 시인들 간의 구별만이 있었을 뿐이다(Nussbaum 1986:123). 사실 플라톤은 당시의 비극 작품과 같이 무대 배경과 상황 및 등장인물들을 설정해놓고 서로 대화를 주고받는 식으로 대화를 전개한다. 나중에 니체가 비판하듯이 플라톤의 대화편에 '코러스' 부분이 빠져있다는 사실을 제외하고는 어떤 면에서는 서로 유사한 형태로 나타난다. 우선 플라톤 이전에는 인간의 실천적인 문제들에 관해 철학적인 논의와 문학적 논의 간에 구별이 없었다. 그렇지만 우리는 그리스 초기 서사시, 서정시, 비극 작품들과 초기 자연철학자들의 작품 및 플라톤의 작품을 구분할 필요는 있다.

그리스 서사 시인들과 초기 자연철학자들은 형식적으로는 동일하게 시 또는 산문의 형식을 가졌다. 그렇지만 플라톤의 작품은 대화의 형식으로 되어 있으며, 외관상 그리스 비극과 유사한 형태를 가지고 있다. 그리스 초기 자연철학자들과 마찬가지로 그리스 서사 시인들인 호메로스와 헤시오도스도 인간의 삶과 관련하여 세계관과 인간관 및 가치관을 피력하고 있다. 가령 호메로스는 『일리아스』와 『오뒷세이아』에서 인간의 삶에서 일어나는 행복과 불행의 원인에 대해 논하고 있으며, 헤시오도스도 『신통기』에서 이 세계에 악이 들어오게 된 이유를 설명하고 있다. 그러나 그리스 초기 자연철학자들은 이와 다른 윤리적 가치를 가지고 있었다. 특히 크세노파네스, 파르메니데스, 헤라클레이토스, 피타고라스, 엠페도클레스 등과 같은 철학자들은 비록 시의 형식으로 서술했지만 매우 교훈적인 내용을 쓴 것으로 보인다.

특히 플라톤의 작품들이 기존의 비극과 근본적으로 다른 점들을 몇 가지 검토할 필요가 있다. 우선, 작품의 '제목'에서 차이가 난다(Nuss-

baum 1986:129). 비극 작품들의 제목은 모두 신화적 인물이나 사건과
관련되어 있다. 가령 비극의 경우에 『아가멤논』Agamemnon, 『오이디푸스
왕』Oedpus Tyrannos, 『오레스테스』Orestes, 『안티고네』Antigone 등과 같이 신화
적 인물의 이름이 제목이 되거나, 혹은 『제주를 붓는 여인들』Choephoroi,
『트라키아의 여인들』Trachiniai, 『탄원자들』 등과 같이 신화의 주요 사건
들과 관련하여 제목이 붙여진다. 그렇지만 플라톤의 대화편의 작품들
은 『에우튀프론』Euthyphron, 『크리톤』Criton, 『뤼시스』Lysis 등과 같이 당시
의 일반인들의 이름이 붙여져 있거나, 예외적으로 여러 사람이 주요 화
자로 등장하여 개인의 이름을 붙이지 않고 그 상황과 관련하여 『향연』
Symposion이라 붙여지기도 한다.

다음으로 작품의 '문체'에서도 다르다(Nussbaum 1986:129-130).
당시의 글은 대부분 산문체와 특정한 리듬을 따르고 있다. 그러나 플라
톤의 대화편은 의도적으로 수사적이지 않고 일상생활에서 들을 수 있
는 소박한 말로 기술했다. 당시의 시인이나 수사학자들은 영혼의 비지
성적인 면에 영향을 주기 위해 리듬이나 형식을 통해 감정을 뒤흔들거
나 자극하기 위해 계산적으로 사용한다. 그러나 플라톤의 대화편들은
근본적으로 감정에 호소하기보다는 이성에 호소한다. 궁극적으로 그것
들은 주제와 관련하여 본질적인 문제에 직접적으로 논한다. 아리스토
텔레스에 따르면 비극은 '진지하고 완결되었으며 어떠한 크기를 가진
어떤 행동의 모방'이며, '드라마적 형식을 취하고 서술적 형식을 취하
지 않으며, 연민과 공포를 통해 이러한 감정들을 정화시킨다'(Poet.
1449b24-28).

가령 『안티고네』를 보더라도 처음부터 끝까지 복잡한 행동에 관한
이야기로 되어 있다. 한 인물의 생각과 말 및 행동에 대한 구체적인 표
현과 반응이 다채롭게 표현되었다. 안티고네Antigone와 크레온Creon과의

대결이나 하이몬Haimon과 안티고네의 관계를 보면 분노, 사랑, 슬픔, 연민 등으로 표현되고 있다. 그러나 대화편은 등장인물들의 개별적인 믿음과 판단을 재현하는 데 그치지 않고 보편적인 설명과 이해를 구하고 있다. 또한 단순히 등장인물의 감정과 느낌을 모방하는 데 그치지 않고 지성의 냉철한 작업을 이끌어내고 있다.

3.3 이성의 설득과 감정의 호소

플라톤에 있어서 구체적인 경험과 개인적 반응은 일반적 논의와 질문 및 탐구로 대체되고 있다. 우리는 비극에서 나오는 '반전'과 '인지'를 여기서도 발견한다. 그러나 지적인 판단과 믿음의 차원이지, 개인적인 행동이나 반응에서 발견하는 것은 아니다. 누스바움에 따르면 소크라테스는 새로운 종류의 이야기의 영웅이다. 플라톤은 이야기를 학문의 차원으로 끌어올리려는 야심을 가졌다. 그래서 우선 개별적 등장인물들에서 일반적인 설명들로 옮겨감으로써, 다음으로 감정들과 느낌들을 지성으로 옮겨가는 방식에 의해 시도된다. 소크라테스는 이러한 지성의 선물들에 의해 인간을 사랑하는 프로메테우스적인 작업을 할 수 있기 때문이다(Nussbaum 1986:131).

아리스토텔레스는 비극이 '연민'과 '공포'를 통해 감정들을 정화시킨다고 한다. 플라톤의 대화편에도 등장인물들의 감정이 폭발하는 장면이 자주 등장한다. 특히 『파이돈』에서 대화자들은 아주 깊은 슬픔과 고통을 일으킨다. 소크라테스가 사형 선고를 받고 독약을 마시는 마지막 날에 가족과 제자들이 감옥으로 찾아온다. 소크라테스의 아내 크산티페는 울다가 아예 방 밖으로 내보내지고, '아폴론의 선물'이라는 의미를 가진 아폴로도로스Apollodoros는 이름처럼 냉철하지 못하여 여자처

럼 운다고 야단을 맞는다(*Phd*. 60a;117d). 그렇지만 이러한 상황에서
도 소크라테스는 너무나 냉정하고 침착하여 별다른 동요를 느끼기 어
렵게 묘사되어 있다.

플라톤도 비극 작품들과 같이 대화편 안에 전체적인 논의의 배경이
되는 시간이나 장소 및 등장인물들을 도입한다. 대화편의 주제와 관련
하여 발단이 되는 이야기를 할 때는 구체적인 상황을 설정하여 독자들
을 이야기 속으로 끌어들이는 작업을 한다. 그렇지만 소크라테스가 본
격적으로 '죽음'이나 '정의' 또는 '절제' 등과 같은 철학적 주제를 논
할 때는 '이성'에 호소한다. 플라톤의 작품에서 이러한 두 측면은 분명
하게 구분되어 있다는 사실을 기억해야 한다. 플라톤은 『국가』에서 시
를 쓸 때 우리의 욕구나 격정을 사용하여야 하는데 이것이 이성에 혼돈
과 혼란을 일으켜 실제로 영혼의 비이성적 요소들을 강화시킨다고 말
하고 있다(*Resp*. 606d). 플라톤의 글쓰기는 이성적 호소와 설득에 주안
점을 두고 있다. 이를 위해 비극과 유사한 드라마적 요소들도 도입하지
만 단지 부차적으로 사용될 뿐이다. 그것은 모든 독자들이 진리를 추구
하는 데 실제로 참여하도록 만드는 데 유용한 도구이다(Nussbaum
1986:134).

플라톤은 비록 대화편에서 가장 핵심적인 논의를 할 때 이성의 방법
을 사용하고 있지만 감정을 적절하게 사용하고 있다는 사실을 인정하
지 않을 수 없다. 플라톤은 대화편에서 진리에 이르기 위한 본격적인
주제를 다루기 시작하는 순간부터 감각이나 감정이 아닌 이성에 호소
하고자 한다(Nussbaum 1986:132). 그렇다고 해서 인간의 감정이 진리
를 추구하는 데 근본적으로 방해가 되니 배제시키자는 주장은 아니다.
사실 플라톤의 대화편에서도 우리는 감정의 변화를 인지하며 즐거움과
괴로움을 느끼기 때문이다. 실제로 플라톤이 전혀 감정에 호소하지 않

았다고 할 수 없으며 오히려 적절히 감정적 요소를 활용하고 있다. 플라톤은 이성과 감정 등의 모든 방법을 동원하여 우리가 진리를 사랑하도록 인도하려고 한다. 단지 당시의 수사학자들이나 소피스트들이 법정에서 승리하기 위해 사용한 감정적 호소나 궤변적 논의를 배제할 뿐이다.

특히 플라톤은 중기 대화편들에서 '감정'이 소크라테스의 변증론이 시작되기 전에 도입될 필요가 있다고 생각했던 것으로 보인다(Nussbaum 1986:133). 플라톤은 우리의 영혼을 이성, 기개, 욕구 등 세 부분으로 설명한다. 『국가』에서 변증론은 이성을 훈련시키기 위한 학문이었다(Resp. 519b). 따라서 소크라테스가 진리를 추구하기 위해 이성에 호소하고 설득하는 방식은 매우 중요하다. 그러나 우리의 영혼 안에는 이러한 것들에 별로 반응을 보이지 않는 비이성적인 부분들도 있다.

사실 우리의 영혼 전체를 설득하고 훈련하는 데 비이성적 부분들은 중요한 역할을 할 수 있다. 플라톤은 이 점을 분명히 깨달았고 소홀히 하지 않았던 것으로 보인다. 특히 『향연』과 『파이드로스』에서 에로스eros와 광기mania가 진리를 인식하는 중요한 역할을 한다는 사실이 분명하게 드러난다. 플라톤이 궁극적으로 목표로 삼고 있는 진리를 인식하기 위해서는 이성 이외에 다른 영혼의 부분들인 기개(격정)와 욕구가 적절히 작용할 수 있는 글쓰기가 반드시 필요하다. 플라톤의 대화편은 인간의 로고스와 파토스에 적절하게 영향을 미칠 수 있는 형식으로 구성되어 있다. 특히 영혼의 비이성적인 부분을 진리로 이끄는 데 대화편의 형식은 상당히 많은 기여를 한다. 따라서 플라톤의 글쓰기는 영혼의 본성에 대한 철학적 입장과 연관하여 감정과 이성의 역할을 적절하게 활용하는 독특한 형식으로 평가할 수 있다.

4. 영혼의 돌봄과 치유로서의 글쓰기

플라톤은 『알키비아데스』에서 인간의 삶에서 가장 중요한 것으로 '자기 자신을 알아야 한다' 는 충고를 하고 있다. 플라톤에게 자기 자신을 아는 것은 자신의 영혼을 아는 것이다. 소크라테스는 "자신을 알라고 말하는 사람은 우리에게 영혼을 알라고 시키는 것이다."라고 말한다 (*Alc*. 130e). 그래서 신체에 대해 아는 것은 '자신에게 속하는 것' 을 아는 사람이지, '자신' 을 아는 사람은 아니라고 한다. 나아가 정치적 삶을 살아가기 위해서는 자기 자신을 아는 것과 돌보는 것이 필요하다. 플라톤 철학에서 자기 자신을 돌보는 기술은 바로 자신의 영혼을 돌보는 기술이다. 정치가를 목표로 삼고 있는 알키비아데스는 다른 사람을 지배하려면 먼저 자기 자신을 지배할 수 있어야 한다. 그것은 당시 그리스인들의 일반적인 견해이기도 했다. 여기서 '자기 자신의 지배' 는 바로 이성이 기개와 욕구를 통제할 수 있는 상태이다. 만약 이성이 올바로 훈련되지 못하여 욕구를 통제하지 못하게 되면 결국 욕구의 노예가 될 수밖에 없다.

우리는 자신 안에 자신을 지배할 수 있는 힘enkrateia을 가져야 한다. 플라톤은 우리가 자신 안에서 일어나는 즐거움과 욕구를 통제하는 것이 자기 자신의 주인이 되는 것이라고 한다(*Grg*. 491d). 우리가 자기 자신을 지배하기 위해서는 자기 자신을 주의 깊게 성찰하는 행위가 필요하다. 플라톤은 '음미되지 않은 삶은 살 가치가 없다' 고 했다. '자신의 삶을 음미하는 것' 은 자신의 영혼을 마치 '거울' 처럼 주의 깊게 들여다보고 살피는 것이다. 그것은 일종의 명상 또는 관조의 행위라 할 수 있다. 헬레니즘 시대의 학자들이 그리스 철학을 계승하여 영혼을 돌보는 방법으로서 사용하는 것은 '침묵' 과 '기억', 그리고 '글쓰기' 의 방법이라 할 수 있다. 호메로스 시대에 기억은 영혼에 쓰인 말이었다. 그것은 그리스 인들의 모든 학문의 원천이었다. 특히 기억mnemosyne의 자식들mousai은 시가mousike로 나타났다.

그러나 호메로스 시대와 달리 피타고라스학파에게 '기억'은 일종의 자기 훈련 또는 수련의 방법이 된다. 피타고라스학파는 공동생활을 했다. 피타고라스학파에 입문하는 사람들은 5년 동안 완전히 침묵했다고 한다. 그래서 이소크라테스Isocrates 이후에 '피타고라스학파적 침묵'은 격언처럼 쓰였다고 한다(Dodds 2002:315). 피타고라스학파는 하루 종일 일어났던 일을 모두 기억해내는 일을 하나의 계율로 삼았다(Rohde 1966:397). 우리는 기억을 해내려는 노력을 통해 우리 자신이 누구인지를 알 수 있게 해준다. 이러한 과정을 통해 우리는 자신의 영혼과 삶 전반에 대해 관심을 가지게 된다.

영혼의 훈련은 헬레니즘 시대에 이르면 그리스와 다른 방식으로 발전되기 시작하고 근현대 서구 사회의 문화적 현상으로 나타난다. 푸코에 따르면 고대 그리스와 헬레니즘 시대에 영혼을 돌보기 위한 방법으로 사용했던 것이 바로 '글쓰기'이다. 자기 자신을 돌보는 문화에서는 글쓰기가 중요한 역할을 했다. 그것은 일종의 자기 연마라고 할 수 있다(Foucault 2001:51). 그리스 시대에는 초기부터 구전 문화의 전통을 계승하여 서사시, 서정시, 철학에 이르기까지 '대화'나 토론을 통한 말하기 훈련이 중시되었다. 그러나 헬레니즘 시대에 이르면 글쓰기가 일종의 영혼의 훈련 방법으로 자리 잡게 되면서 다양한 유형의 글들이 등장했다. "인간이 자기 자신을 돌보는 행위는 끊임없이 글 쓰는 행위와 결합되었다."(Foucault 2001:52). 글쓰기 행위를 통해 자기 체험은 강화되고 확대되었다. 그것은 헬레니즘 시대의 철학적 경향과 연관하여 '자기 체험'이라는 새로운 장르가 등장한다.

　대부분의 자기 체험 형식의 글쓰기는 자신의 일상생활에 대한 세부 사항들의 기록이라 할 수 있다. 즉 그것은 하루 동안에 있었던 자신의 삶을 사소하고 하찮은 것까지 하나하나 기억해내어 기록하는 행위라 할 수 있다. 가령 마르쿠스 아우렐리우스나 세네카의 편지글을 보면 마지막에 자신의 양심을 검토하는 내용이 포함되어 있다. 이러한 글쓰기는 대부분 자신의 행동에 주로 관심을 갖고 쓰이게 마련이다. 서구 사회에서 자신의 영혼을 돌보는 일환으로 편지를 쓰는 일은 자기 자신과의 관계를 맺는 것과 동시에 타자와의 관계를 맺는 것과 연관된다. 헬레니즘 시대에 편지 쓰기가 확산되면서 자기 자신과 타자를 주의를 기울여 관찰하는 계기가 된다. 실제로 이러한 편지에는 일상생활에 시시콜콜한 일화들과 생활 정보들을 담고 있다. 그것은 나중에 그리스도교 시대에 나타나는 일기 쓰기의 기원이 된다(Foucault 2001:56).

　글쓰기는 영혼을 돌보는 중요한 수단이 된다. 자신의 영혼을 살핀 내용을 글로 쓰는 것은 일종의 영혼의 훈련이라 할 수 있다. 우리가 자신에 관해 글을 쓰든, 또는 단지 자신에 의한 글을 쓰든, 글쓰기는 영혼에서 일어나는 수많은 사건들을 '보이지 않는 형태'에서 '보이는 형태'로 만들어내는 것이다. 우리의 영혼 속의 생각이 글로 표현될 때 주관적인 방식에서 객관적인 방식으로, 개별적 방식에서 보편적 방식으로 작용하기 때문이다. 수많은 개별적인 '나'는 '우리'의 형식을 가지고 이야기한다. 그래서 보다 객관적으로 보편적인 사유를 필요로 하게 된다. 그래서 글쓰기는 자기의 영혼을 돌보는 데도 유용하지만 또한 타자의 영혼에도 유용할 수 있다(Foucault 2001:387). 만약 우리가 자신의 영혼을 돌보기 위해 글을 쓰면서 서신 교환을 통해 타자와 소통을 하게 되면 상호 간에 영혼을 돌보는 일을 할 수 있다. 또한 오늘날과 같이 글로 쓴 것을 책으로 출판하게 되면 그것을 읽는 타자의 영혼에도 훈련이 될 수 있다.

글을 쓰는 행위를 하기 위해 먼저 우리는 자신의 영혼을 살피게 된다. 그것은 자기 자신과의 관계는 물론이고 타자와의 관계를 모두 포함하게 된다. 우리 자신이 느끼고 생각한 모든 것은 영혼을 돌보기 위한 행위, 즉 성찰의 대상에 포함된다. 기억은 우리 자신의 행위를 객관적인 대상으로 놓는다. 그래서 우리는 기억에 의해 우리 자신의 행위를 자신과 일정한 거리를 두고 살펴볼 수 있게 되는 것이다. 나의 영혼은 기억에 의해 객관화되면서 나의 행위는 나의 영혼에 의해 검토되는 과정에서 윤리적 성찰과 치유가 이루어질 수 있다. 다음으로 우리는 영혼의 기억을 글로 쓴다. 우리의 영혼에서 일어나는 수많은 기억들은 글을 통해 또 다른 객관화의 과정을 거친다. 그것은 반복적으로 우리의 기억을 불러내어 우리의 영혼을 감찰하게 만든다.

우리의 영혼을 돌보는 행위는 영혼의 병의 원인을 진단하고 치유할 수 있는 방법을 스스로 찾아낼 수 있도록 해준다. 플라톤에 의하면 영혼의 병은 영혼의 부분들 간의 갈등에서 비롯된다. 그것은 대부분 우리의 욕망을 제대로 통제하지 못하기 때문에 발생한다. 따라서 우리 자신의 영혼을 항상 잘 살펴서 원인을 알게 되면 대부분 스스로 치유될 수 있는 부분들이 많다. 그러나 이를 위해 상당한 기간 동안 영혼의 훈련이 필요하다. 우리가 자신의 영혼을 잘 알고 돌볼 수 있을 때 윤리적으로 올바른 행동을 할 수 있게 되는 것이다.

VI

영혼의 탁월성과 훌륭한 삶:
인간으로 사는 법을 배우다

1. 그리스의 비극적 인간관과 행복의 추구

인간은 욕망하는 존재이다. 욕망은 본질적으로 일종의 결핍 또는 결여라고 할 수 있다. 내가 어떤 것에 대해 욕망을 가지고 있다면 그것을 가지고 있지 않기 때문이다. 욕망이란 결코 만족될 수 없는 것이다. 그것은 그 자체로 무한히 재생되기 때문이다. 인간에게 삶이란 유한한 것이다. 그러나 인간은 끊임없이 삶이 지속되기를 욕망한다. 그리스 신화와 비극에서는 삶에 대한 인간의 욕망이 부질없음을 경계하는 이야기들이 자주 등장한다.

　　그리스 신화에 등장하는 코린토스의 왕 시쉬포스Sisyphos는 인류의 역사를 통해 가장 오래된 욕망을 대표하는 인물이다. 그는 지상에서의 삶을 가능한 한 오래 누리고 싶었기 때문에, 자신을 데리러 왔던 죽음의 신을 지상에 결박하여 세상을 혼란에 빠트렸다. 결국 제우스가 보낸 헤르메스에 의해 억지로 하데스로 끌려가지만, 다시 하데스와 페르세포네를 속이고 지상에 돌아와 살다가 타르타로스에서 끊임없이 바위를 굴리는 지루하고 반복된 벌을 받는다(Apollod. *Bibl*.1.9.3). 그러나 시쉬포스는 운명을 거부했다. 신이 아닌 인간이면서도 죽지 않으려 했기 때문이다. 올림포스 종교에서 그것은 '오만' hybris으로 불행을 자초하는 것이다. 사실 시쉬포스가 받은 형벌은 실제로 인간의 삶이 비극적이라는 사실을 보여준다. 시쉬포스의 끊임없이 반복되는 일상은 인간에게 삶 자체가 허망하고 부질없다는 사실을 깨닫게 한다.

소포클레스는 너무 지나치게 오래 살려고 하는 사람을 어리석은 사람이라고 비판한다(Soph. *OC* 1211-1223). 너무 긴 삶은 즐거움보다는 슬픔을 쌓는 것에 지나지 않기 때문이다. 인간이란 존재는 비참하기 짝이 없으며, 인간의 삶은 고통으로 가득 차 있다. 더욱이 나이가 들어 늙으면 이루 말할 수 없는 비참한 상태에 빠지게 된다. 그렇기 때문에 오히려 인간에게 죽음은 자유이며 축복이라 할 수 있다.

"태어나지 않는 것이 무엇보다도 가장 좋은 일이네. 하지만 일단 [세상의] 빛을 보았다면 그가 나왔던 곳으로 가능한 빨리 돌아가는 것이 그 다음 좋은 일이라네. 경솔하고 어리석은 젊은 시절이 지나고 나면, 어떤 고통인들 벗어날 수 있으며, 어떤 슬픔들인들 가지지 않겠는가? 악의, 투쟁, 불화, 전쟁, 살인, 마지막으로 노령geras이 그의 몫으로 떨어진다네. 비난받고, 힘이 없고, 비사교적이고, 친구도 없고, 나쁜 것들 중 나쁜 것들이 모두 함께 머무는 노령이 말일세." (Soph. *OC* 1225-1238)

니체도 『비극의 탄생』에서 소포클레스와 비슷한 이야기를 하고 있다. 미다스왕은 디오뉘소스의 추종자인 현자 실레노스Silenos에게 인간에게 가장 좋은 것, 가장 훌륭한 것은 무엇이냐고 물었다. 그 신은 꼼짝하지 않고 부동의 상태로 침묵했다. 그러나 미다스 왕이 강요하자 마침내 껄껄 웃으며 이렇게 말문을 열었다.

"가련한 하루살이여, 우연의 자식이여, 고통의 자식이여, 왜 차라리 듣지 않는 것이 그대에게 가장 행복할 일을 나에게 말하라고 강요하는가? 가장 좋은 것은 그대가 결코 성취할 수 없는 것이라네. 그것은 태어나지 않는 것, 존재하지 않는 것, 무로 존재하는 것이라네. 그러나 그 다음으로 좋은 것은 바로 죽는 것이네."(Nietzsche 2005:41)

인간의 삶은 고통으로 가득 차있기 때문에 태어나지 않는 것이 최선이다. 그러나 만약 이미 태어났다면 지금 죽는 것이 차선이다. 여기서 행복은 소극적인 의미로 고통의 부재로 설명되고 있다. 진정으로 인간에게 가장 행복한 것은 아예 고통을 겪지 않는 것이며, 다음으로 행복한 것은 더 이상 고통을 겪지 않는 것이다. 인생은 살 만한 가치가 없으며 오히려 죽는 것이 더 낫다는 주장은 그리스인들 특유의 인간의 삶에 대한 통찰력에서 나왔다. 만약 그렇다면 인간이 계속해서 삶을 유지해야 하는 이유는 무엇인가? 니체는 그리스인들이 이러한 비관주의로부터 벗어나기 위해 낙관적이고 환희에 찬 세계를 창조해냈다고 한다. 그것이 바로 올림포스 신들의 세계이다.

"이 세계 안에서 그리스적 의지는 아름답게 변용시키는 거울을 앞에 들고 있다. 이렇게 신들은 스스로 인간의 삶을 살아감으로써 인간의 삶을 정당화한다. 이것만으로 충분한 변신론이다! 그러한 밝은 햇빛 아래서 신들의 실존

은 그 자체로 추구할 만한 가치가 있는 것으로 여겨졌다."(Nietzsche 2005:
42)

호메로스의 신은 인간보다 더 '인간적인, 너무나 인간적인' 삶을 살
아간다. 그리스 신들이 인간적인 삶을 사는 이유는 그것이 바로 추구할
만한 가치가 있기 때문이다. 즉 그리스 신들은 자신들이 스스로 인간의
삶을 살아감으로써 인간의 삶을 살만한 것으로 보여준다. 따라서 이제
죽음은 삶으로부터의 분리이기 때문에 그것은 좋은 것이 아니다. 이제
고통은 삶으로부터의 분리, 즉 죽음과 관계가 있다. 그러므로 니체는 이
제 실레노스의 지혜를 뒤집어, 그리스인들에 관해 다음과 같이 말한다.

"그들에게 가장 나쁜 것은 곧 죽는 것이고, 그 다음으로 나쁜 것은 언젠가 죽
는다는 것이다."(Nietzsche 2005:42-3)

그러나 과연 올림포스 신들의 세계가 인간의 비극적 운명을 극복할
수 있는 계기가 되었는가? 니체는 올림포스 신들이 인간의 삶을 살아가
게 함으로써 인간의 삶을 정당화한다고 말한다. 그러나 올림포스 신들
이 비록 인간처럼 말하고 행동하고 생각할지라도 인간과는 근본적으로
다른 존재들이다. 단순히 삶의 양적인 측면에서도 인간은 죽을 운명을
가지고 태어났고 신들은 불멸한다. 삶의 질적인 측면에서도 신들과 인
간들은 완전히 다른 존재들이다. 신들은 지극히 행복한 삶을 살아가나,
인간들은 불행과 행복이 뒤섞인 삶을 살아간다.

호메로스는 『일리아스』에서 신들이 괴로워하며 살아가도록 인간들
의 운명을 정해놓았다고 한다. 제우스의 궁전에는 행운과 불운이 들어
있는 두 개의 항아리가 있는데, 모든 인간의 운명은 두 가지가 섞여 있

다(*Il.* 24.527-533). 그래서 인간은 누구나 불행을 피할 수 없다. 올림 포스 신들의 존재는 오히려 죽을 수밖에 없는 인간의 운명을 더욱 확인 시켜줄 뿐이다. 델포이의 신전에 쓰여 있던 유명한 그리스 격언은 '너 자신을 알라, 신과 인간이 얼마나 다른지를 알라'는 것이다. 그리스인 들은 누구보다도 신과 인간의 차이를 분명하게 인식했다. 그럼에도 불 구하고 인간은 본성적으로 행복을 추구한다. 이것이 바로 인간의 또 다 른 비극적인 면이라 하지 않을 수 없다. 인간은 누구나 행복하기를 원 한다. 행복은 어떤 사람에게는 엄청난 재물을 벌어들이는 데 있고, 다 른 사람에게는 수많은 사람들에게 명성을 얻는 데에 있는 것처럼 보인 다. 그래서 대부분의 사람들은 자신이 원하는 것을 가지고 있는 사람들 이 행복하리라 생각을 한다. 그러나 누구도 삶의 마지막에 이르기까지 는 행복을 함부로 판단하기 어렵다. 아무리 행복해 보이는 삶일지라도 불행하게 끝날 수 있고, 아무리 불행해 보이는 삶일지라도 행복하게 끝 날 수 있다.

인생을 살아가다 보면 예기치 않았던 일들이 벌어진다. 아리스토텔 레스에 따르면 "가장 성공적으로 살던 사람도 노년에 엄청난 불행에 빠 질 수 있다. 그런데 이렇게 불운을 당하고 비참하게 최후를 맞이하는 사람을 누구도 행복하다고 말하지는 않는다."(*Eth.Nic.* 1100a6-9). 트 로이의 왕 프리아모스는 전쟁이 일어나기 전까지는 지중해에서 가장 부유하고 풍요로운 나라인 트로이의 왕이었을 뿐만 아니라 50명이나 되는 아들들을 두었던 행복한 아버지였다. 그러나 전쟁을 하는 동안에 자신이 사랑하던 아들들을 하나 둘 잃어가기 시작했다. 마침내 아킬레 우스가 사랑하던 파트로클로스를 잃고 미친 듯이 트로이 성벽으로 달 려오고 있을 때, 프리아모스는 사랑하는 큰 아들 헥토르에게 흰 머리카 락을 뜯으며 성안으로 들어오라고 애처롭게 호소했다.

"제발 성벽 안으로 들어오너라. 내 아들아, 그러면 네가 트로이아의 남자들과 여인들을 구하고 펠레우스의 아들에게 큰 명성을 주지 않을 것이며, 너자신도 너의 사랑스런 목숨을 빼앗기지 않을 것이다. 아직까지 살아서 불운을 당하고 있는 나를 불쌍히 여겨다오. 크로노스의 아들인 아버지 [제우스]께서 늙어서 수많은 잔혹한 일들을 보게 한 후에 모진 비참한 운명 속에서 죽게 하려는 불행한 나를 불쌍히 여겨다오… 전쟁에서 죽은 젊은이는 날카로운 청동에 사지가 찢겨져 누워있어도 어울리지. 그는 죽었지만 모두 아름답게 보여지기 마련이지. 그러나 죽은 노인의 흰 머리와 흰 수염과 치부를 개들이 수치스럽게 괴롭히면, 비참한 인간들에게 일어날 수 있는 가장 불쌍한 일일 것이지." (Il.22.55-76)

프리아모스는 사랑하는 큰 아들 헥토르에게 흰 머리카락을 뜯으며 성안으로 들어오라고 애처롭게 호소했다. 그러나 프리아모스는 결국 성벽에서 자신의 아들이 아킬레우스의 창에 비참하게 죽어가는 모습을 지켜볼 수밖에 없었다. 더욱이 아킬레우스는 헥토르의 발뒤꿈치에서 복사뼈까지 뚫고 쇠가죽 끈을 꿰어서 전차에 매달아 질질 끌고 그리스 진영으로 달려갔다. 프리아모스는 울면서 성벽 밖으로 따라 나가 애원하려 했지만 사람들이 제지하자 땅 위를 뒹굴며 통곡했다.

"나를 말리지 마시오, 내 친구들이여. 그대들은 나를 걱정하지만 제발 나 홀로 떠나 도시 밖으로 나가 아카이아인들의 함선들에 가도록 해주시오. 난 그토록 폭력적이고 끔찍한 행동을 했던 자에게 빌어볼 것이오. 그가 동료들 앞에서 창피해하며 늙은이를 불쌍히 여길 수도 있지요. 그도 나같이 아버지가 있다오. 바로 펠레우스지요. 그는 [아킬레우스]를 낳아 길러 트로이아인들에게 재앙이 되게 만들었지요. 그는 다른 누구보다도 나를 슬프게 만들었소.

그토록 많은 내 아들들을 한창 나이에 죽여버렸다오. 난 그들 때문에 비탄에 빠졌지만 그들 모두를 합쳐도 단 한 자식 헥토르만큼이나 슬프지는 않소. 이 슬픔이 결국 나를 하데스의 집으로 내려가게 데려갈 것이오. 그가 내 품에서 죽었더라면 그를 낳은 어미와 나 자신은 울며불며 실컷 슬퍼했을 텐데."(*Il.* 22.415-428)

프리아모스는 결국 헥토르의 시신을 되찾기 위해 홀로 그리스 진영의 아킬레우스 막사로 찾아가 호소한다. 그는 나이가 들어서 사랑하는 자식을 잃고 슬픔에 빠진 자신의 입장을 아킬레우스의 아버지에 비유한다.

"당신 아버지를 생각해보세요. 신과 같은 아킬레우스여. 그는 나와 같은 세대이며 늙어서 죽음의 문턱에 있어요. 혹시 주변에 사는 주민들이 아버지를 괴롭힐지라도 파멸에서 구해줄 사람은 아무도 없을 겁니다."(*Il.*24.486-489)

아무도 돌보아 줄 사람이 없는 노인처럼 불쌍한 존재가 없다. 늙어서 자신을 보호해줄 자식조차 없다면 아무런 희망도 없는 삶이 될 것이다.

호메로스는 '슬픈' 노령이라고 말한다. 나이가 든다는 것은 슬픈 것이다. 여기서 슬픔은 근원적이다. 그것은 슬픔을 일으키는 어떤 구체적인 원인이나 특정한 행동에 의해 빠져드는 감정만은 아니다. 늙어간다는 사실 자체가 서글퍼지는 것이다. 특히 늙어가는 것을 위안으로 삼을 수 있게 해주던 모든 것들이 사라질 때 느끼는 박탈감과 상실감은 감당하기 힘들 것이다. 트로이의 왕 프리아모스의 경우는 가장 행복한 아버지로부터 가장 불행한 아버지로 한 순간에 추락했다. 트로이 전쟁에서

50명에 이르는 수많은 자식들을 잃게 되었기 때문이다. 그리스와 같은 가부장제 사회에서는 가문의 혈통을 이을 자식이 없는 경우가 가장 비참하게 생각되었다. 프리아모스는 죽은 아들 헥토르 때문에 비통해 하였지만 펠레우스는 죽을 아들 아킬레우스 때문에 비통하게 될 것이다. 아킬레우스는 펠레우스의 유일한 자식이기 때문이다.

누구도 인생이 행복하다고 말할 수 없다. 아킬레우스는 신들이 비참한 인간들이 괴로워하며 살아가도록 운명을 정해놓았다고 한다(*Il.* 24.525-526). 인간의 삶은 항상 행운과 불운이 섞여 있다. 단지 정도의 차이만 있을 뿐이다. 어떤 인간도 궁극적으로 행복할 수는 없다. 소포클레스도 오이디푸스 왕의 불행을 이야기하면서 다음과 같이 이야기한다.

"삶의 마지막 날을 보기를 기다리는 동안에는 죽을 운명을 가진 사람들 중 누구도 축복받았다고olbizein 하지 마시오. 삶의 경계를 지나 고통에서 해방될 때까지는 말이요."(Soph. *OT* 1528-1530)

인간의 삶은 우연으로 가득 차 있다. 나이가 들어 오래 살다보면 좋은 일도 볼 수 있고 나쁜 일도 볼 수 있다. 그러나 젊어서 불행한 일을 당하는 것보다 늙어서 불행한 일을 당하면 훨씬 더 불행해 보인다. 사실 이 세계에 존재하는 것 자체가 우리에게 고통일 뿐일 수도 있다. 헤로도토스Herodotos가 전하는 솔론의 일화에서도 동일한 생각을 엿볼 수 있다. 솔론은 견문을 넓힐 목적으로 사르디스의 크로이소스Kroisos 왕을 방문했다. 크로이소스는 솔론에게 자신의 엄청난 금은보화를 구경시켜 주고는 그가 만난 사람들 가운데 가장 행복한 사람이 누구냐고 물었다. 크로이소스는 자신이 바로 그 사람이라는 말을 들으리라 기대했지만 솔론이 한창 나이에 전장에서 전사한 아테네인과 어머니를 축제 장소에 모셔다드리고 잠을 자다가 죽은 형제들이라고 말하자 분노를 터트렸다. 그러나 솔론은 인간의 운명을 알 수가 없으며 우연으로 가득 차 있다고 말한다.

> "크로이소스여, 제게 인간사에 대하여 묻고 계시군요. 전 신이 질투가 많고 곤란에 빠지게 한다는 것을 잘 압니다. 오랜 세월을 사는 동안 인간은 보기 원하지 않는 많은 것들을 보고, 겪고 싶지 않은 많은 일들을 겪습니다. 인간의 수명을 70세라고 칩시다… 인생 70년간의 날짜를 모두 합치면 2만 6천 2백 50일이 되는데, 그 중 어느 날도 다른 날과 똑같은 일이 일어나지 않습니다. 그래서 크로이소스여, 인간은 모두 우연적 [동물]입니다."(*Historia*, 1.32)

그래서 솔론은 만약 "죽는 날까지 평화스럽게 죽을 수 있는 사람이 있다면 그런 사람이야말로 행복한 사람이라"고 말하며, "무엇을 생각하든 간에 결과를 내다보는 것이 중요한 것"이라고 말한다. 그러나 크로이소스는 현재 누리고 있는 행복을 저버리고 결과만 기다리라는 솔론을 멍청한 사람이라 생각했다(*Historia*, 1.32). 그렇지만 솔론이 돌아간 후에 크로이소스에게 무서운 신의 벌이 내렸다. 헤로도토스는 크로이소스가 자신이 이 세상에서 가장 행복한 사람이라고 생각했기 때문에 내려진 신의 형벌이라 생각했다(*Historia*, 1.34). 그가 너무나 사랑하는 자신의 아들을 잃게 되었을 뿐만 아니라 자신의 제국이 페르시아에게 패망하는 것을 지켜보는 불행을 맛보게 되었다.

우리는 솔론의 말처럼 때로는 인간의 삶이 우연으로 가득 차 있다고 생각할 수 있다. 그렇지만 아리스토텔레스는 인간의 행복이 '단지' 우연적이라는 주장에 대해 반대한다. 물론 때로는 우연에 의해 일어날 수도 있지만 행복이 전적으로 우연에 달려있다고 할 수는 없다. 아리스토텔레스에게 행복은 가장 위대하고 가장 고귀한 것이다. 그런데 그것이 단지 우연적으로 획득된다는 것은 너무나 부조리하기 때문이다(*Eth. Nic.* 1099b20-24). 오히려 행복은 '탁월성에 따른 영혼의 어떤 활동'이며 어떤 종류의 배움이나 노력을 통해 획득되는 것이다. "행복에 결정적인 것은 탁월성에 따른 활동이고, 그 반대의 활동은 불행에 결정적이기 때문이다."(*Eth.Nic.* 1100b9). 우리가 탁월성에 따른 활동을 한다면 행복한 삶을 살 것이다.

> "행복한 사람은 추구하는 것을 이루며 한평생 행복할 것입니다. 그는 항상 또는 대부분 시간을 탁월성에 따른 행동을 하며 관조하면서 보내기 때문입니다. 그가 진정으로 좋은 사람이며 모든 면에서 나무랄 데 없는 사람이라면 모든 운명을 가장 훌륭하고 적절하게 견딜 것이기 때문입니다."(*Eth.Nic.* 1100b18-23)

아리스토텔레스가 말하는 '탁월성에 따르는 활동'은 이성의 기능과 연관되어 있다. 그래서 아리스토텔레스는 이성이 탁월하게 발휘될 수 있다면 다른 감정들이나 욕망들에 의해 쉽게 동요되지 않기 때문에 안정된 삶을 살아갈 수 있다고 말하는 것이다. 비록 인생의 불운이 닥치더라도 다른 사람들보다 훨씬 적절한 방식으로 견뎌낼 수 있기 때문이다.

사람들은 흔히 나이가 들어서 또는 늙어서 비참하다고 말한다. 그러나 누군가가 비참하게 되는 것은 '늙었다'거나 또는 '젊다'는 것에 의해 좌우되지 않는다. 아무리 어린 청년이라 할지라도 비참해질 수 있는 것이다. 다만 늙었을 때에는 젊을 때와 달리 다른 부차적인 요소들 때문에 훨씬 더 비참하다고 생각하는 것일 뿐이다. 그러나 그것은 나이와 상관없이 우리에게 일어난 일을 어떻게 받아들이냐에 따라 얼마든지 다르게 평가할 수 있다(장영란 2009:133-143). 아리스토텔레스가 말하듯이 만약 진정으로 훌륭하고 분별이 있다면 우리에게 닥치는 모든 운을 잘 견뎌낼 것이고 가장 훌륭하게 행동할 것이기 때문이다(*Eth.Nic.* 1101a1-3). 그렇다면 프리아모스가 당한 것과 같은 비운이 닥친다면 누구도 행복하다고 할 수는 없겠지만 결코 비참하게 되지는 않을 것이라고 말한다(*Eth.Nic.* 1101a6-8). 인간은 살아가면서 예기치 않은 많은 일들을 겪게 된다. 그것들은 개별적인 의지에 의해 통제되거나 조절되지 않는다. 대부분의 경우에 우리는 그것들을 불가피하게 겪을 수밖에 없다. 그러나 우리들 각자의 세계관이나 인간관 및 가치관 등에 따라 슬픔이나 고통의 정도가 달라질 수 있다. 아리스토텔레스는 인간의 행복과 불행을 단지 우리에게 우연히 일어난 사건들에만 달려있지 않으며, 인간이 자신의 고유한 기능인 이성적 능력을 탁월하게 발휘할 수 있도록 노력한다면 불운이 닥친다고 할지라도 보다 적절하게 극복할 수 있다고 말한다. 우리는 이러한 노력을 통해 보다 행복한 삶을 살 수 있을 것이다.

2. 삶의 목적으로서의 행복과 영혼의 탁월성

그리스 서사시와 비극에 따르면 인간의 운명은 우연으로 가득 차 있으며, 누구도 죽음에 이르기까지 행복하다고 말할 수 없다. 그럼에도 불구하고 아리스토텔레스는 '인간은 본성적으로 행복을 추구한다'는 전제로부터 출발한다. 비록 행복이 결코 도달할 수 없는 것일 수 있을지라도 인간은 그것을 추구하지 않을 수 없는 것이다. 우리는 여기서 행복이란 무엇인가를 설명하기 위해 고대 그리스의 윤리학에서 가장 중요한 세 가지 개념들, 즉 좋음, 영혼, 탁월성을 살펴볼 필요가 있다. 다시 말해 인간의 삶의 목적으로서의 '좋음'과 삶의 주체로서의 인간의 '영혼' 및 삶의 훈련의 대상으로의 '탁월성'이 바로 아리스토텔레스의 행복 개념을 이해하는 데 가장 핵심적인 용어들이다.

아리스토텔레스는 인간의 모든 행위는 목적을 가지고 있다는 주장으로부터 출발한다. 어떤 것은 그 자체로 행해지지만 다른 것은 그 외 어떤 것을 위해 행해진다. 가장 궁극적인 목적은 다른 어떤 것이 아니라 그 자체를 목적으로 하는 것이다. 인간의 행위의 궁극적 목적은 바로 '좋음' 또는 최고선이다(*Eth. Nic.* 1094a22). 여기서 아리스토텔레스는 인간이 무엇보다도 좋음을 추구한다고 할 때 도대체 '좋음'은 무엇이라 말해져야 하는가를 밝히고 있다.

아리스토텔레스는 좋음을 구별하는 기준으로 '완전성'과 '자족성'이라는 두 가지 특성들을 제시한다(*Eth. Nic.* 1097a25-1097b21). 먼저 가장 좋은 것은 '완전한' 것이다. 여러 가지 목적들 중에 어떤 것은 다른 것을 위해 추구되는 것이지만, 또 다른 것은 그 자신 이외의 다른 것을 목적으로 하지 않는다. 우리는 그 자체로 추구되는 것이 다른 것 때문에 추구되는 것보다 더 완전하다고 말한다. 그러므로 항상 그 자체로 선택될 뿐이며 다른 것 때문에 선택되지 않는 것을 단적으로 완전한 것이라 할 것이다. 아리스토텔레스는 가장 완전한 것으로 행복을 제시한다. 왜냐하면 우리는 행복을 항상 그 자체 때문에 선택하며, 결코 다른 것 때문에 선택하지는 않기 때문이다.

다음으로 가장 좋은 것은 '자족적'이다. 여기서 말하는 자족성은 자기 혼자만을 위한 자족성이 아니라 부모, 자식, 아내와 일반적으로 친구들과 동료 시민들을 위한 자족성이다. 그것은 그 자체만으로도 삶을 선택할 만한 것으로 만들고 아무것도 부족하지 않도록 만드는 것이다. 따라서 아리스토텔레스는 자족적인 것으로 역시 행복을 제시한다. 궁극적으로 행복은 완전하고 자족적인 어떤 것으로 가장 좋은 것이라 할 수 있다. 아리스토텔레스는 '완전성'과 '자족성'이라는 두 가지 기준에 의해 가장 좋은 것이라 판단되는 것은 바로 행복eudaimonia이라고 말한다.

　인간의 모든 행위의 원인은 인간 영혼의 기능과 밀접한 연관이 있다. 따라서 최소한 모든 행위의 주체인 인간이란 무엇인지를 알기 위해 인간의 다양한 능력과 기능들에 대해 연구할 필요가 있다. 또한 가장 훌륭한 삶을 살기 위해 무엇이 좋은 것이고 무엇이 나쁜 것인지를 판별하고, 어떠한 상황에서 어떻게 행동하는 것이 가장 좋은가를 연구할 필요가 있다. 그리하여 우리는 인간 영혼의 능력들인 이성과 욕망을 살펴보고 각 능력의 다양한 특징들과 본성들이 무엇인지를 면밀히 검토해야 할 것이다. 이러한 인간의 영혼에 대한 연구는 단지 윤리학자의 임무만이 아니라 정치학자의 임무이기도 하다. 왜냐하면 정치학도 윤리학과 마찬가지로 행복 또는 가장 좋은 것을 목표로 하기 때문이다. 그러나 아리스토텔레스에 따르면 이들 학문에서 영혼의 연구는 문제가 되는 사안들을 해결할 목적으로, 또 탐구 주제에 충분할 정도만큼만 하면 된다(Eth. Nic. 1102a23-26). 따라서 윤리학과 관련해서는 영혼의 기능에 대한 기초적인 구분을 제시하고 있다.

　아리스토텔레스는 『니코마코스 윤리학』에서 인간의 영혼을 분류하는 기준으로서 '이성'logos을 제시한다(Eth. Nic. 1102a26ff). 영혼은 이성을 가진 부분to logon echon과 이성을 가지지 않은 부분to alogon으로 나누어진다. 이성이 없는 부분은 다시 두 부분으로 구분된다. 한 부분은 식물적인 것으로 보이며 영양과 성장의 원인이라 불린다. 이것은 모든 생명체에 공통적인 것으로 인간에게만 있는 것 같지는 않다. 다른 부분도 이성이 없는 부분이지만 어떤 방식으로는 이성에 참여하고 있다.

"이성이 없는 부분도 두 부분이 있는 것처럼 보인다. 한편으로 식물적인 부분은 이성을 전혀 공유하지 않는다. 다른 편으로 욕구 능력epithymetikon과 욕망 능력 전체holos orektikon인 부분은 어떤 방식으로는 이성에 귀를 기울이고 설복될 수 있는 한 이성을 나눠 가진 것이다."(*Eth. Nic.* 1102b29-31).

아리스토텔레스는 여기서 이성의 말을 듣고 설득될 수 있는 부분은 이성이 없는 부분에 넣지만 이성을 가진 부분이라 부를 수 있는 가능성도 배제하지 않는다. 만약 우리가 이 부분을 이성을 가진 부분이라고 불러야 한다면 이성을 가지고 있는 부분이 두 부분이 될 것이다. 아리스토텔레스가 이렇게 비이성적인 부분을 설명하는 것은 특이하게도 이성적이지 않으면서도 이성에 귀를 기우릴 줄 알고 설득될 수 있기 때문이다. 이 부분이 바로 욕구인 것이다.

아리스토텔레스는 영혼의 두 부분에 기초하여 탁월성의 두 종류를 구분한다(*Eth. Nic.* 1103a3-10). 이성을 가진 부분과 관련해서는 지성의 탁월성이, 이성을 가지지 않은 부분과 관련하여 성품의 탁월성이 상응한다. 지성의 탁월성으로는 지혜sophian, 실천적 지혜phronesin, 추론적 사유dianoetikos가 예시되고, 성품의 탁월성으로는 자유인다움eleutherioteta이나 절제sophrosynen가 예시된다. 그러므로 인간의 탁월성을 말하기 위해서는 영혼의 본성과 기능에 대해 잘 알 필요가 있다. 아리스토텔레스에게서 영혼에 대한 연구가 윤리학과 정치학에 중요한 이유는 그것들의 주제와 내용과 관련된 상당 부분이 인간 영혼의 분석으로부터 나오기 때문이다. 탁월성arete에 대한 설명도 역시 영혼의 기능에 대한 분석에 기초하고 있다. 사실 아리스토텔레스의 윤리학의 구체적인 논의들 중에서 핵심적인 개념은 탁월성이다. 탁월성에 대한 논의로부터 개인의 행복과 공동체의 행복에 대해 보다 명확한 설명을 도출할 수 있는 것이다. 아리스토텔레스에게 개인의 행복과 공동체의 행복은 다른 것이 아니다. 궁극적으로 윤리학과 정치학의 공통 목표는 인간의 행복이며 가장 좋은 삶을 사는 것이다.

아리스토텔레스는 행복은 완전한 탁월성에 따르는 영혼의 어떤 활동이기 때문에 탁월성에 관해 검토해야 한다고 말한다(*Eth.Nic.* 1102a5). 아리스토텔레스에 따르면 "우리가 인간의 탁월성을 말할 때 신체의 탁월성을 말하는 것이 아니라 영혼의 탁월성을 말하는 것이다. 우리는 행복도 영혼의 활동이라 말한다."(*Eth.Nic.* 1102a16-18). 그렇다면 탁월성이란 무엇인가? 우선 탁월성은 우리에게 본성적으로 생기는 것은 아니다. 지성의 탁월성은 경험과 시간이 필요하다. 우리는 오랜 시간 동안 노력하여 지성의 탁월성에 도달할 수 있다. 성품의 탁월성도 '습관'의 결과로 생겨난다. 그래서 성격이란 말은 습관을 의미하는 에토스ethos를 변형해서 만들어졌다. 가령 돌은 본성적으로 아래로 움직이는 것인데 습관을 들인다고 해서 위로 움직일 수는 없는 것이다(*Eth.Nic.* 1103a14-21). 또한 우리의 감각 능력도 본성적으로 타고난 것이다. 그래서 그것을 가지고 사용하기 시작한 것이지, 나중에 사용함으로써 갖게 된 것은 아니다.

그러므로 탁월성은 본성적으로 가지고 태어나는 것이 아니라 나중에 생겨나는 것이다. 그것은 마치 기술과 같이 먼저 발휘함으로써 갖게 된 것이다. 가령 건축가는 집을 지어봄으로써 건축가가 되며, 키타라 연주자는 그것을 연주함으로써 키타라 연주자가 되는 것과 마찬가지이다. 이와 같은 방식으로 우리는 정의로운 일들을 함으로써 정의로운 사람이 되며, 절제 있는 일들을 함으로써 절제 있는 사람이 되고, 용감한 일들을 행함으로써 용감한 사람이 되는 것이다(*Eth. Nic.* 1103a24-1103b2). 따라서 탁월성은 일정하게 어떠한 행동들을 함으로써 획득되는 것이다. 우리가 어떠한 행동들을 하는가에 따라서 성품이 달라진다. 일정하게 어떠한 방식으로 행동을 하면 특정한 성품으로 된다. 이러한 행동의 차이에 따라 성품의 차이가 생긴다. 아리스토텔레스는 습관의 역할을 다음과 같이 말한다. "어린 시절부터 줄곧 이렇게 습관을 들였는지, 혹은 저렇게 습관을 들였는지는 결코 사소한 차이를 만드는 것이 아니다. 그것은 대단히 큰 차이 아니 모든 차이를 만드는 것이다."(*Eth. Nic.* 1103b24-25). 탁월성은 일정한 방식으로 행동함으로써, 또는 어떻게 습관을 들이느냐에 따라 달리 나타난다. 따라서 아리스토텔레스는 습관이나 교육의 역할을 매우 중요하게 생각했다. 그리하여『정치학』에서는 이상적 정치체제를 만들기 위해 국가 구성원의 '교육'을 중시하기에 이른다. 아리스토텔레스는 국가 공동체의 주요 관심사로 교육을 매우 중시한다. 국가 전체가 하나의 목표를 추구하듯이 교육도 사적으로 이루어지면 안 되고 공적으로 이루어져야 한다. 그래서 교육은 법에 의해 규제되고 국가에 의해 주도되어야 한다(*Pol.* 1337a11ff).

3. 최선의 삶의 방식으로서의 관조적 삶

아리스토텔레스는 무엇이 행복한 삶인지를 살펴보기 위해 통상적으로 사람들이 좋다고 하는 삶의 종류를 검토한다. 우리는 과연 인간의 삶의 종류 중에서 최선의 삶이 무엇이며, 어떻게 최선의 삶에 도달할 수 있는지를 살펴볼 필요가 있다. 아리스토텔레스는 인간의 삶의 종류를 세

가지로 구분했다. 그것들은 바로 쾌락적 삶, 정치적 삶, 관조적 삶이다 (*Eth.Nic.* 1095b14-19). 먼저 '쾌락적 삶'은 즐거움을 목표로 한다(*Eth. Nic.* 1095b20-22). 아리스토텔레스는 이것을 짐승들의 삶이라 말하며 노예 생활이나 마찬가지라고 한다. 아마도 그것은 욕망에 의해 지배되어 욕망의 노예가 되기 때문일 것이다. 사람들은 막연히 세상의 권력자들이 쾌락을 추구하는 것을 보고 좋은 것으로 생각하는 것일 뿐이다. 따라서 아리스토텔레스는 쾌락적 삶은 결코 행복한 삶이 될 수 없다고 말한다.

다음으로 '정치적 삶'은 명예를 목표로 한다(*Eth.Nic.* 1095b23-1096a3). 문제는 명예가 그것을 받는 사람보다는 주는 사람에게 달려 있다는 것이다. 그것은 자기 자신의 본성보다는 다른 사람들의 평판에 달려있기 때문에 상황에 따라 언제나 변할 수 있다. 따라서 명예에 의존하는 정치적 삶은 항상 행복한 삶은 아니게 된다. 그런데 명예를 추구하는 이유는 여러 가지가 있다. 어떤 경우에는 명예를 추구하는 것은 자신이 훌륭한 사람이라는 확신을 가지기 위해서이다. 그들은 자신의 '탁월성'을 근거로 명예를 얻으려고 한다. 그래서 아예 명예가 아닌 탁월성이 정치적 삶의 목적이라 생각하는 사람도 있다. 그리하여 정치적 삶은 '명예'나 또는 '탁월성'을 목표로 삼는다고 말할 수 있다. 아리스토텔레스는 비록 탁월성을 목표로 한다고 할지라도 이것도 불완전할 수 있다고 생각한다. 탁월성을 가졌으면서도 일생 동안 잠을 자거나 아무런 활동을 하지 않을 수 있으며, 더 나아가 나쁜 일을 당하거나 아주 큰 불행을 겪을 수도 있기 때문이다. 따라서 탁월성을 단지 갖고 있는 상태만으로는 행복하다고 말할 수는 없다. 그렇지만 만약 탁월성을 상태로만 갖고 있는 것이 아니고 활동_energeia_ 또는 현실태로 가지고 있다면 정치적 삶에 대한 평가는 다르게 될 수도 있다.

여기서 아리스토텔레스가 가장 좋은 삶으로서 여기는 것은 '관조적 삶'이다. 아리스토텔레스는 훌륭한 삶, 즉 행복은 인간의 기능과 밀접하게 연관되어 있다고 생각했다(*Eth.Nic*. 1097b22-24). 인간은 본성적으로 가장 좋은 것을 추구한다. 그것은 통상적으로 행복이라 불린다. 인간에게 가장 고유한 기능은 이성이다. 관조*theoria*는 인간이 가진 가장 고유한 기능을 탁월하게 발휘하는 것으로 인간의 최고의 활동이다(*Eth.Nic*. 1177a11-19). 아리스토텔레스는 관조적 활동이 '자족성'과 '완전성'을 모두 갖추고 있다고 말한다.

우선 관조적 활동은 자족적이다(*Eth.Nic*. 1177b19-26). 지혜로운 사람이나, 정의로운 사람 또는 그 외 다른 탁월성을 가진 사람은 모두 삶의 필수 조건들이 갖추어 졌을 경우에도 그러한 행동을 할 대상을 필요로 하지만 지혜로운 사람은 혼자서도 관조할 수 있으며 지혜로우면 지혜로울수록 혼자서 더 잘 관조할 수 있다. 이러한 점에서 관조적 활동은 다른 것과 달리 자족적으로 보인다. "관조적 활동만이 그 자체 때문에 사랑받는 것 같다. 관조적 활동으로부터는 관조한다는 사실 이외에 아무것도 생겨나지 않는 반면, 실천적 활동으로부터는 행위 자체 외의 무엇인가를 다소간 얻고자 하기 때문이다."(*Eth.Nic*. 1177b1-5). 다음으로 관조적 활동은 완전하다(*Eth.Nic*. 1177b19-26). 그것은 그것 이외에는 어떤 다른 목적으로 추구하지 않고 자신의 고유한 즐거움을 가지는 것이다. 따라서 아리스토텔레스는 관조적 삶이야말로 인간의 완전한 행복teleia eudaimonia일 것이라고 말한다.

나아가 관조적 삶은 인간적 차원보다 더 높은 것일 것이다. 왜냐하면 인간 자신이 아니라 인간 안에 신적인 어떤 것이 존재하는 한 관조적 삶을 살 수 있을 것이기 때문이다. 그것은 바로 인간의 지성일 것이다. 만약 지성이 신적인 것이라면 지성을 따르는 삶은 신적인 삶일 것이다.

그렇기 때문에 아리스토텔레스는 우리에게 다음과 같이 충고한다.

"우리는 인간이기 때문에 단지 인간적인 것들만을 생각해야 하든가, 또는 죽을 수밖에 없는 운명이기 때문에 단지 죽을 수밖에 없는 것들만을 생각해서는 안 된다. 오히려 우리 자신을 가능한 불멸하게 만들도록 하고, 또 우리 안의 가장 강력한 것to kratiston에 따라 살도록 해야 한다."(*Eth.Nic.* 1177b32-35).

아리스토텔레스는 각자에게 고유한 것이 본성적으로 가장 좋고 가장 즐거운 것이라고 말하며, 그것은 인간에게는 바로 지성이라 할 수 있다. 그래서 지성을 따르는 삶이 가장 좋고 가장 즐거운 것이다. 그러므로 관조적 삶이 가장 행복한 삶이다. 그러나 "인간은 본성적으로 정치적 동물zoon politikon"이다(*Pol.* 1253a1). 따라서 인간에게 가장 행복한 삶이 관조적 삶이라 할지라도 현실적으로 대부분의 인간은 활동적 또는 정치적 삶을 살아갈 수밖에 없다. 따라서 국가 공동체 안에서 인간이 차선의 삶으로 선택할 수 있는 정치적 삶의 중요성을 살펴보고, 때때로 관조적 삶을 즐기기 위한 필요한 교양 교육의 중요성을 살펴볼 필요가 있다.

고대 그리스의 아테네인들은 정치적 삶을 매우 중시했다. 현대인들과 같이 공적인 삶과 사적인 삶이 분리되어 있기보다는 하나로 통합되어 있었다. 소크라테스나 플라톤은 진리를 추구하는 철학적 삶을 살면서도 아테네 시민으로서 정치적 삶을 공유했다. 그들에게 철학적 삶과 비철학적 삶 또는 정치적 삶은 다른 것이 아니었다. 소크라테스가 자기 자신을 알기 위해 여러 사람들을 찾아다니며 대화한 것도 '정치적인' 활동이었다. 그것은 아테네 시민이 있는 자리에서 이루어지는 '공적인'

활동이었기 때문이다. '정치적'politikos이라는 말은 폴리스polis, 즉 도시 국가에서 이루어진 일들과 관련 있다.

플라톤은 가장 훌륭한 삶을 살기 위해 가장 훌륭한 국가를 만들어야 한다고 생각했다. 그래서 그는 최고의 정치 지도자, 즉 통치자를 교육시키고 훈련시키는 데 전념했다. 소크라테스나 플라톤은 행동하는 지식인이었다. 소크라테스가 아테네 법정에서 사형 선고를 받고 죽은 후에, 플라톤은 정치에 더욱 관심을 가지게 되었고 이상적인 통치자를 만들기 위한 교육에 관심을 쏟았다. 실제로 시라쿠사를 방문했던 것도 자신의 정치적 이상을 현실로 이루고 싶었기 때문이었다. 그러나 실패로 돌아간 후에 플라톤은 남은 인생을 아카데메이아에서 제자들을 가르치는 데 매진했다. 그것은 결국 자신의 정치적 이상을 포기하지 않았다는 증거이다. 그는 국가 공동체에 영향력 있는 인물들을 철학적으로 훈련하여 정치를 바꿀 수가 있다고 믿었기 때문이다(Hadot 2008:81). 플라톤이 『국가』에서 '가장 훌륭한 삶은 무엇인가'를 말하면서 개인과 국가 공동체를 자연적인 유비 관계라고 전제한 것은 개인의 행복과 국가 공동체의 행복은 다른 것이 아니라고 생각했기 때문이다.

국가의 기원에 대해 플라톤은 각자가 자급자족하지 못하고 서로 많은 것을 부족하게 느끼게 되어 함께 모여 살게 된 데에 있다고 말한다(Resp. 369b-371e). 아리스토텔레스도 국가는 분명히 자연의 산물이고 개인에 우선한다고 말하며 만약 국가가 고립되어 자급자족하지 못하면 개인도 마찬가지라고 말한다. 만약 국가 안에서 살 수 없거나, 자급자족하여 그럴 필요를 느끼지 못하는 자는 국가의 부분이 아니며 짐승이거나 신일 것이다(Pol. 1253a25-28). 그러나 아리스토텔레스에게 국가는 단지 물질적 필요만이 아니라 좋은 삶 또는 훌륭한 삶을 살기 위해 필요한 것이다. 국가는 단지 살기zen 위해 형성되었지만 잘 살기eu zen

위해 형성된 것이다(*Pol*. 1252b30-31). 따라서 인간은 본성적으로 정
치적 동물, 즉 국가 안에서 살아가야 하는 동물이라는 것이다. 인간이
국가 공동체에서 살아가기 위해 반드시 필요한 것은 무엇인가? 그것은
바로 언어이다.

아리스토텔레스는 "자연은 어떤 목적 없이는 아무것도 만들지 않는
다"고 하며, "인간은 언어logos를 가진 유일한 동물이다"라고 주장한다
(*Pol*. 1253a9-10). 인간이 언어를 가지고 있는 목적은 과연 무엇인가?
또는 언어를 통해 무엇을 할 수 있는가? 아리스토텔레스는 인간이 언어
를 가졌기 때문에, 우리는 무엇이 유익하고 무엇이 유해한지, 그리고
무엇이 옳고 무엇이 그른지를 알 수 있다고 말한다. 인간과 다른 동물
들의 차이점은 인간만이 선과 악, 옳고 그름 등을 인식할 수 있다는 것
이다(*Pol*. 1253a16-18). 아리스토텔레스에 따르면, 인간이 완전한 상태
에 있을 때에는 가장 훌륭한 동물이지만, 법nomos과 정의dike를 벗어났
을 때는 가장 사악한 동물이다. 인간은 실천적 지혜phronesis와 탁월
성arete을 위해 쓰도록 무기를 갖고 태어나지만, 이런 무기들은 너무나
쉽게 정반대의 목적을 위해 쓰일 수 있다. 그래서 만약 탁월성을 갖지
못한다면 인간은 가장 불경하고 가장 야만적이며, 색욕과 식욕을 가장
밝히는 동물일 것이다(*Pol*. 1253a32-37). 인간이 가장 인간다운 것은
로고스logos를 통해 이성적이고 합리적으로 살아갈 때이다.

아리스토텔레스는 근본적으로 인간은 국가 공동체 안에서 자신의 고
유한 기능을 가장 잘 발휘할 수 있다고 생각했다. 그런데 이미 앞서 살
펴보았듯이 『니코마코스 윤리학』에서 인간의 삶의 세 가지 종류 중에서
가장 행복한 삶은 정치적 삶이 아니라 관조적 삶이다. 만약 그렇다면
『정치학』에서 아리스토텔레스가 강조하는 정치적 삶은 어떻게 평가할
수 있는가? 아리스토텔레스 자신은 『정치학』에서 가장 바람직한 삶이

탁월성을 발휘하는 삶이라고 동의할지라도 정치적 또는 '활동적'praktikos 삶이 바람직한가, 아니면 관조적theoretikos 삶이 더 바람직한가를 평가하기 어렵다고 한다. 사실 정치적 삶이 최선의 삶이라고 하는 주장하는 사람은 아무런 활동도 하지 않는 사람은 잘 행동할 수 없다고 하는데, 잘 행동하는 것eupraxia과 행복eudaimonia은 같다고 한다(Pol. 1325a20-23).

만약 그렇다면 활동적인 삶이 국가 전체를 위해서나 개인을 위해서나 최선의 삶일 것이다. 그러나 활동적인 삶이라고 해서 반드시 다른 사람들과의 관계를 포함하는 삶일 필요는 없다. 그 자체로 완전하고 그 자체가 목적인 관조theoria와 추론적 사고dianoesis가 다른 어떤 활동보다 더 활동적이라 할 수 있다(Pol. 1325b15-23). 따라서 관조적 삶이 활동적이지 않아서 정치적 삶이 최선이라는 주장은 반박될 수 있다. 왜냐하면 관조 자체가 일종의 활동praxia이기 때문이다(Depew 1991 : 352). 아리스토텔레스는 관조를 가장 완전한 활동이라 주장하면서 관조적 삶을 최선의 삶이라 하는 자신의 입장을 확고히 한다. 그렇지만 인간은 이성적 동물이자 정치적 동물이다. 인간이 자신의 고유한 기능을 가장 탁월하게 발휘할 수 있는 것은 일차적으로 정치적 삶이라 할 수 있다. 국가 공동체 안에서 인간은 다양한 활동을 통해서 이성적 능력을 적절히 발전시킬 수 있다. 따라서 관조적 삶이 가장 좋은 삶이라는 것은 확실하지만, 일반적으로 인간은 정치적 삶에 기초하여 이성적 훈련을 한 후에 관조적 삶으로 나아갈 수 있는 것이다.

4. 정치적 삶의 대안으로서의 시민교육

사실 아리스토텔레스는 진리를 관조하는 삶을 최선의 삶이라 했다. 그렇지만 관조적 삶이 반드시 정치적 삶을 배제하는 것이라 생각하지는 않았다. 관조적 삶이 자족적인 이유는 그것이 행복한 삶에 본질적인 어떤 것도 결여하지 않았기 때문이다. 그러나 이상적인 자기 충족적 상태가 단지 정치적 삶에서 벗어날 때에만 실현될 수 있다고 믿는 것은 잘못이다(Depew 1991:354). 이 세계에서 가장 좋은 삶을 살기 위해 개인은 무엇보다도 가장 좋은 국가를 만들도록 노력해야 한다. 인간은 국가polis 안에서 살아가는 존재로서 국가 공동체의 행복은 개인의 행복에 중대한 영향을 미치기 때문이다. 따라서 우리는 관조적 삶이 최선이기는 하지만 현실적으로는 정치적 또는 활동적 삶을 살아가지 않을 수 없다. 실제로 모든 사람이 관조적 삶을 살 수 있는 것은 아니다. 대부분의 경우에 시민들은 정치적인 삶을 살아갈 수밖에 없다. 가장 훌륭한 국가가 되려면 정치에 참여하는 시민들이 훌륭해야 한다.

그래서 아리스토텔레스는 사람들을 훌륭하게 만드는 세 가지 요소를 고찰한다. 그것들은 바로 '본성' physis과 '습관' ethos, 그리고 '이성' logos이다(Pol. 1332a39-40). 사람은 다른 동물이 인간으로 태어나야 하고, 특정한 신체와 영혼을 갖고 태어나야 한다. 그러나 타고난 탁월성은 습관에 의해 더 좋게 바뀔 수도 있고 더 나쁘게 바뀔 수도 있다. 다른 동물들은 대체로 본성대로 살고, 그 중의 소수는 습관에 따라서 산다. 그러나 인간은 이성에 의해서도 살아간다. 인간만이 이성을 갖고 있기 때문이다. 인간은 이성 때문에 습관과 본성에 반대되는 행동을 할 때도 많다. 아리스토텔레스는 이 세 가지 요소가 서로 조화를 이루어야 한다고 생각한다(Pol. 1332b6-11).

사람이 훌륭해지기 위해 가장 중요한 것은 '교육'이다. 왜냐하면 사람은 어떤 것은 습관에 의해 배우고, 어떤 것은 들어서 배우기 때문이다. 교육의 목적은 "자연이 남겨 놓은 것을 채우는 데 목표"가 있기 때문이다(Pol. 1337a2). 아리스토텔레스는 국가 공동체가 하나의 목표를 추구하기 때문에 교육도 하나로 이루어져야 한다고 말한다(Pol. 1337a21-32). 교육은 공공의 관심사이며 사적인 관심사가 되어서는 안 된다는 것이다. 왜냐하면 개인은 국가의 한부분이고 부분의 활동은 당연히 전체의 활동에 맞춰야 하기 때문이다. 따라서 아리스토텔레스는 국가 공동체의 구성원, 즉 시민에 대한 교육이 필요하다고 생각했다. 이것은 시민들의 행복을 위한 것이고, 나아가 국가 공동체의 행복을 위한 것이다.

나아가 아리스토텔레스는 인간의 삶이 노동과 여가, 전쟁과 평화로 양분된다고 한다(Pol. 1333a30ff). 우리는 노동은 여가를 위해, 전쟁은 평화를 위해 선택해야 한다. 사실 전쟁의 목표는 평화eirene이고 노동의 목표는 여가schole이다. 여가 선용을 위해 분명히 배우고 교육받아야 할 것들이 있다. 노동을 위해 배우는 것은 다른 목적을 위한 수단인 반면에, 여가 선용을 위해 배우고 교육받는 것은 그 자체가 목적이어야 한다(Pol. 1338a9-11). 개인이나 국가는 여가 선용에 필요한 탁월성들을 갖고 있어야 한다. 그것들은 단지 여가 활동을 할 때만 작용하는 것이 아니라 일을 할 때도 작용한다. 그런데 아리스토텔레스는 여가를 즐길 수 있기 위해서 필요한 것들로 용기andreia, 인내karteria, 절제sophrosyne, 정의dikaiosyne 등을 말한다(Pol. 1334a23-25).

용기와 인내는 노동에, 철학은 여가에, 절제와 정의감은 노동과 여가에 모두 필요하며, 특히 여가를 즐기며 평화롭게 사는 사람들에게 필요하다. 더욱이 세상 사람들이 행복이라고 여기는 모든 것을 누리는 사람들에게 특히 정의와 절제 및 철학philosophia이 많이 필요하다고 한다. 이러한 사람들이 더 쉽게 교만해지기 때문이다(*Pol*. 1334a28-34). 국가나 개인이나 행복하기 위해서는 이러한 탁월성을 가지고 있어야 한다(*Pol*. 1334a35-39). 인간의 삶에서 가장 좋은 것을 제대로 사용할 줄 모르는 것은 부끄러운 일이다. 전쟁이나 노동을 할 때는 유능해 보이지만 평화나 여가가 있을 때 제대로 사용할 줄 몰라 노예보다 나을 것이 없다면 부끄럽지 않겠는가.

사실 아리스토텔레스는 관조적 삶을 정치적 삶의 우위에 두고 있지만 정치적 삶의 역할과 중요성을 잘 알고 있었다. 현실적으로 우리는 정치적 삶을 살아가고 있고 살아갈 수밖에 없는 존재이다. 정치적 삶은 일차적으로 물질적으로 자족적인 삶을 살아가는 데 가장 좋으며 정신적으로도 인간의 탁월성을 잘 발휘할 수 있게 해준다. 인간의 삶은 노동과 여가로 나눠질 수 있다. 아리스토텔레스가 여가 생활에 대해 특히 주목하고 있는 것은 정치적 삶을 보다 자족적이며 완전한 삶인 관조적 삶과 유사하게 만들 수 있기 때문일 것이다. 특히 여가 활동에 적절한 탁월성의 계발과 훈련으로 철학, 즉 지혜에 대한 사랑philosophia을 제시한다. 최소한 국가 공동체의 일원으로 철학을 하지 않거나 할 수 없다면 수치스러운 일이다. 노예나 마찬가지로 자유로운 삶을 살 수 없기 때문이다. 아리스토텔레스는 일반적인 시민들이 현실적인 삶 속에서 가장 자족적인 삶을 누릴 수 있는 방법이 바로 철학 교육이라고 말하고 있다. 즉 일상적인 삶에서 '지혜에 대한 사랑'을 통해 우리는 가장 자족적이고 완전한 삶을 추구할 수 있다는 것이다. 그것은 바로 인간 영혼의 탁월성을 가장 잘 발휘할 수 있는 가장 행복한 삶이기 때문이다.

아리스토텔레스는 일반적으로 구분할 수 있는 세 가지 종류의 삶들, 즉 쾌락적 삶, 정치적 삶, 관조적 삶 중에서 가장 좋은 삶은 '관조적 삶'

이라고 확신한다. 그것이 다른 종류의 삶들과 달리 가장 자족적이고 완전한 삶이기 때문이다. 그렇지만 현실적인 측면에서 인간은 정치적 동물로 국가polis 안에서 공적인 삶을 살아갈 수밖에 없는 존재이다. 더욱이 이러한 정치적 삶이야말로 인간이 가진 고유한 기능을 탁월하게 발휘할 수 있게 해준다. 그러나 아리스토텔레스는 우리가 정치적 삶을 살아갈지라도 보다 나은 삶을 살기 위해 반드시 필요한 것이 있다고 한다. 그것은 바로 우리가 노동을 하지 않을 때 가지게 되는 여가 시간에 가장 좋은 삶이 될 수 있도록 더 많은 노력을 해야 한다는 것이다. 다시 말해 인간은 정치적 삶을 살아가면서도 여가 활동을 통해 진리를 관조하는 삶을 위해 노력할 필요가 있다는 것이다. 아리스토텔레스는 여가를 위한 시민 교육에 가장 적절한 것으로 철학, 즉 '지혜에 대해 사랑'할 수 있는 훈련이 필요하다고 강조했다.

이름	저작
Aeschylus [=Aesch.]	*Persians[=Pers.], Seven Against Thebes[=Sept.], Suppiant[=Supp.], Prometheus Bound [=PV(Prometheus Vinctus)], Agamemnon [=Ag.], Libation-Bearers[=Cho.(Choephorae)], Eumenides[=Eum.]*
Apollodorus [=Apolld.]	*Bibliotheke[=Bibl.], Epitome[=Epit.]*
Apollonius Rhodius [=Ap. Rhod.]	*The Argonautika[=Argon]*
Aristophanes[=Ar.]	*The Peace[=Pax], The Birds[=Av.(Aves)], The Frogs[=Ran.(Ranae)], The Acharnians[=Ach.], The Clouds[=Nub.(Nubes)], The Knights[=Eq. (Equites)], The Wasps[=Vesp.(Vespae)], The Lysistrata[=Lys.], The Thesmophoriazusae [=Thesm.], The Ecclesiazusae[=Eccl.], The Plutus[=Plut.]*

Aristotle [=Arist.]	*De Anima [=De. an, DA], Parva Naturalia [=Parv. nat.], On Memory[=Mem.(De Memoria)], On Breath[=Resp.(De respiratione)], The Nicomachean Ethics [=EN], Eudemian Ethics[=Eth. Eud.], Politics [=Pol.], Poetics [=Poet.], Art of Rhetoric[=Rh.], Metaphysics [=Metaph]*
Cicero [=Cic.]	*De oratore[=De or.], Partitiones oratoriae[=Part. or.], De natura deorum[=Nat. D.], De finibus [=Fin.], De officiis[=Off.], Tusculanae disputationes[=Tusc.]*
Diels, H. &W. Kranz [=DK]	*Die Fragmente der Vorsokratiker, Weidmann*
Diogenes Laertius [=DL]	*Lives of Eminent Philosophers*
Epictetus [=Epict.]	*The Discourses as Reported by Arrian[=Diss.], The Manual[=Ench.]*
Orpheus [=Orph.]	*Orphei Argonautica[=Orph. Argo.], Orphei Hymni[=Orph. Hym.], Orphicorum Fragmenta [=Orph. frag.]*
Euripides [=Eur.]	*Cyclops[=Cyc.], Alcestis[=Alc.], Medea[=Med.], Trojan Women[=Tro.(Troades)], Iphigeneia among the Taurians[=IT (Iphigenia Taurica)], Suppliant Women[=Supp.], Electra[=El], Heracles[=Her.], Helen[=Hel.], Phoenician Women[=Phoen.], Orestes[=Or.], Children of Heracles[=Heracl.], Hippolytus[=Hipp]. Andromache[=Andr]*
Hesiod [=Hes.]	*Theogony[=Theo.(Theogonia), Works and Days [=EH (Ergai kai hemerai), Homeric Hymns [=Hom. Hymn],*
Herodotus [=Hdt.]	*Historia*
Hippolytus [=Hippol.]	*Refutatio omnium haeresium[=Haer.]*
Homeros [=Hom.]	*The Iliad[=Il.], The Odyssey[=Od.]*
Iamblicus [=Iambl.]	*The Life of Pythagoras [=VP]*

Marcus Aurelius [=M. Aur.]	*Meditations[= Med.]*
Ovidius [=Ov.]	*Metamorphoses[=Met.]*
Pausanias [=Paus.]	*Description of Greece(Periegeta)*
Pindaros [=Pind.]	*Olympian Odes [=Pind. Ol.], Pythian Odes [=Pind. Pyth.]*
Plato [=Pl.]	*The Republic[=Resp.], Phaedrus=[Phdr.], Timaeus[=Ti.], Euthyphro[=Euthyphr.], Apology[=Ap.], Crito[=Cri.], Phaedo[=Phd.], Theaitetos[=Tht.], Sophist[=Sop.], Laches[=La], Protagoras[=Prt.], Meno, Cratylus[=Cra.], Euthydemus[=Euthyd], Lysis[Lys.], Symposium [=Symp.], Gorgias[=Grg.], Laws[=Leg.(Leges)], Charmides[=Charm.], Critias[=Criti.], Alcibiades[=Alc.] 1 & 2, Hipparchus[=Hipparch], Epinomis[=Epin.]*
Sophocles [=Soph.]	*Ajax[=Aj.], Electra[=El.], Oedipus Tyrannus [=OT], Antigone[=Ant.], The Women of Trachis [=Trach.], Philoctetes[=Phil.], Oedipus Colonus [=OC]*
	Insciptones Graecae[=IG]

참고문헌

김영균, "『국가』편에서 혼의 조화와 이성의 지배에 대한 플라톤의 견해", 『철학』
　　　제79집, 2004.

김인곤 외 옮김, 『소크라테스 이전 철학자들의 단편 선집』, 아카넷, 2005.

박희영, "엘레우시스 비밀의식의 철학적 의미", 『한국외국어대학교 논문집』 제30
　　　집, 1997.

_____, "종교란 무엇인가?", 『서양고전학연구』 제13집, 한국서양고전학회, 1999.

이상인, "초중기 대화편에서의 플라톤의 상기", 『철학』 제59집, 1999.

이태수, "호메로스의 인간관", 『희랍 라틴 문학연구』, 성균관대학교 출판부, 1993.

장영란, 『아리스토텔레스의 인식론』, 서광사, 2000a.

_____, 『영혼의 역사』, 글항아리, 2010.

_____, 『장영란의 그리스 신화』, 살림, 2005.

_____, 『좋은 삶이란 무엇인가』, 서광사, 2018a.

_____, 『죽음과 아름다움의 신화와 철학』, 루비박스, 2015.

_____,『플라톤의 국가: 정의를 꿈꾸다』, 사계절, 2008.

_____,『호모 페스티부스』, 서광사, 2018b.

장영란 외, "고대 그리스 철학 이전의 영혼의 개념: 그리스 서사시와 서정시 및 비극을 중심으로",『철학연구』제64집, 철학연구회, 2004a.

_____, "고대 그리스의 죽음과 영혼의 제의의 철학적 의미",『동서철학연구』제31호, 한국동서철학회, 2004b.

_____, "그리스 신화와 철학에 나타난 네 요소에 관한 철학적 상상력의 원천(1)",『서양고전학연구』제14집, 한국서양고전학회, 2000b.

_____, "늙음과 죽음의 윤리",『서양고전학연구』제35집, 한국서양고전학회, 2009.

_____, "아리스토텔레스의 기억과 종합의 원리",『철학』제52집, 한국철학회, 1997.

_____, "오르페우스교와 피타고라스학파의 영혼윤회설",『철학과 현상학 연구』제26집, 2005.

_____, "원시신화에 나타난 철학적 사유의 기원과 모델",『서양고전학연구』제12집, 한국서양고전학회, 1998.

_____,『성과 사랑, 그리고 욕망에 관한 철학적 성찰』, 서광사, 1999.

Adam, J., Plato, *The Republic of Plato*, Cambridge University Press, 1902.

Adkins, A.W.H., "The Connection between Aristotle's Ethics and Politics", *A Companion to Aristotle's Politics*, David Keyt & Fred D. Miller Jr.(ed), Basil Blackwell, 1991.

Aeschylus[＝Aesch.], 1. *Persians[=Pers.]. Seven Against Thebes[=Sept.], Suppiant[=Supp.] Prometheus Bound[=PV]*, tr. by Alan H. Sommerstein, The Loeb Classical Library 145, Harvard University Press, 2009.

_____, 2. *Agamemnon[=Ag.]*, *Libation-Bearers[=Cho.=Choephorae]*, *Eumenides[=Eum.]*, *Fragments*, tr. by Alan H. Sommerstein, The Loeb Classical Library 146, Harvard University Press, 1960.

_____, 3. *Fragments*, tr. by Alan H. Sommerstein, The Loeb Classical Library 505, Harvard University Press, 2009.

Alderink, L.J., *Creation and Salvation in Ancient Orphism*, Scholars Press, 1981.

Allan, D.J., *Plato: Republic Book I*, Methuen, 1953.

Allen, R.E. and Furly, D.J.(ed), *Studies in Presocratic Philosophy*, vol.2, 1975.

Annas, J., *An Introduction to Plato's Republics*, Oxford, 1981.

_____, "Aristotle on Human Nature and Political Virtue", *Aristotle*, L. P. Gerson(ed), Routledge, 1999.

_____, "Aristotle on Memory and the Self", in *Essays on Aristotle's De Anima*, Nussbaum M. C. (ed), Clarendon Press, 1992.

Apollodorus[=Apolld.], *The Library 1,2 [Bibliotheke=Bibl.: Epitome=Epit.]*, tr. by J. G. Frazer, The Loeb Classical Library 121, Harvard University Press, 1921.

Apollonius Rhodius[=Ap. Rhod.], *The Argonautika[=Argon]*, tr. Peter Green, University of California Press, 2008.

Arieti, J.A., "How to Read a Platonic Dialogue", in *Platon: Critical Assessments vol.1*, ed. Nicholas D. Smith, Routledge, 1998.

Aristophanes[=Ar.], *The Acharnians[=Ach.]*, *the Clouds*, *the Knights[=Eq. (Equites)]*, *Wasps*, tr. by Benjamin B Rogers, The Loeb Classical Library 178, Harvard University Press, 1986.

_____, *The Birds[=Av.(Aves)]*, *The Lysistrata[=Lys.]*, *The Thesmophoriazusae [=Thesm.]*, tr. by Jeffrey Henderson, The Loeb Classical Library 179, Harvard University Press, 2000.

_____, *The Clouds[=Nub.(Nubes)]*, *The Wasps[=Vesp.(Vespae)]*, *The Peace[=Pax]*, tr. by Jeffrey Henderson, The Loeb Classical Library 488, Harvard University Press, 1998.

_____, *The Frogs[=Ran.(Ranae)]*, *The Ecclesiazusae[=Eccl.]*, *The Plutus [=Plut.]*, tr. by Jeffrey Henderson, The Loeb Classical Library 180, 2002.

Aristotle[=Arist.], *Art of Rhetoric[=Rh.]*, tr. by J. H. Freese, The Loeb Classical Library 193, Harvard University Press, 1926.

_____, *Aristotle's De Anima*, ed. D.W. Ross, Clarendon Press, Oxford, 1961.

_____, *Aristotle's De Anima*, tr. by D.W. Hamlyn, Clarendon Press, 1968.

_____, *Aristotle De Anima [=De. an, DA]*, tr. by R.D. Hicks, Cambridge University Press, 1907.

_____, *Athenian Constitution. Eudemian Ethics[=Eth. Eud.]. Virtues and Vices*. tr. by H. Rackham, The Loeb Classical Library No. 285, Harvard University Press, 1935.

_____, *Metaphysics[=Metaph] I-IX*, tr. by H. Tredennick, The Loeb Classical Library 271, Harvard University Press, 1968.

_____, *Metaphysics X-XIV*, Oeconomica, Magna Moralia, tr. by G.P. Goold, The Loeb Classical Library 287, 1990.

_____, *Nicomachean Ethics*, tr. by Terence Irwin, Hackett Publishing Company, 1985.

_____, *On Memory[=Mem.(De Memoria)]*. translated with introduction and notes by R. Sorabji, Providence, 1972.

_____, *On the Soul, Parva Naturalia[=Parv. nat.], on Breath[=Resp.; De respiratione]*, tr. by W.S. Hett, The Loeb Classical Library 288, Harvard University Press, 1957.

_____, *Poetics[=Poet.]; Longinus: On the Sublime; Demetrius: On Style*, tr. by Stephen Halliwell, The Loeb Classical Library 199, Harvard University Press, 1995.

_____, *Politics [=Pol.]*, tr. by H. Rackham, The Loeb Classical Library 264, Harvard University Press, 1932.

_____, *The Nicomachean Ethics [=Eth.Nic.]*, tr. by H. Rackham, The Loeb Classical Library 73, Harvard University Press, 1926.

Athanassakis, A.N.(tr), *The Orphic Hymns[=Orph. Hym.]: Text, Translation and Notes*, Scholars Press, 1977.

Augustinus, *De Civitate Dei*, Corpus Christianorum, Series Latina, 47-48.

_____, 『신국론』, 성염 역주, 분도출판사, 2004.

_____, *Confessiones*, Corpus Christianorum, Series Latina, 27.

_____, 『고백록』, 최민순 옮김, 바오로출판사, 1965.

_____, 『고백록』, 선한용 옮김, 대한기독교서회, 2003.

_____, 『신국, 고백』, 윤성범 옮김, 을유문화사, 1989.

Barker, E., *Greek Political Theory: Plato and His Predecessors*. Methuen, 1918.

Barnes, J., *The Presocratic Philosophers*, 2 vols, Routledge and Kegan Paul, 1979.

Bluck, R. S., "The Phaedrus and Reincarnation", *American Journal of Philology* 79, 1985.

Bostock, D., *Aristotle's Ethics*, Oxford, 2000.

Bremmer, J.N., *Greek Religion*, Oxford University Press, 1994.

_____, *The Early Greek Conception of Soul*, Princeton, 1983.

Burger, Ronna, *Platon's Phaedrus: A Defence of a Philosophic Art of Writing*, University of Alabama Press, 1980.

Burkert, Walter, *Ancient Mystery Cults*, Harvard University Press, 1987.

_____, *Greek Religion*, Basil Blackwell, 1985.

_____, *Homo Necans*, University of California Press, 1983.

_____, *Orphism and Baccic Mysteries: New Evidence and Old Problems of Interpretation*, Center for Hermeneutical Studies in Hellenistic and Modern Culture, 1977.

Burnet, John, *Early Greek Philosophy*, Adam and Charles Black, 1945.

_____, *Platonis Opera*, 5 vols., Clarendon Press, 1900-7.

Cashdollar, S., "Aristotle's Politics of Morals", *Journal of the History of Philosophy*, 1973.

Charlotte Witt, *Substance and Essence in Aristotle*, Cornell University Press, 1989.

_____, "Dialectic, Motion, and Perception: De Anima, Book 1", from *Essays on Aristotle's De Anima*, Nussbaum M. C. (ed), Clarendon Press, 1992.

Charlton, W., "Aristotle's definition of soul", *Phronesis* 25, 1980.

Cherniss, H.F., "The Characteristics and Effect of Presocratic Philosophy", from *Studies in Presocratic Philosophy* vol. 1, Allen, R.E. and Furly,

D.J(ed), 1970.

_____, *Aristotle's Criticism of Presocratic Philosophy*, Octagon Books, 1976.

Christopher Gill, *Personality in Greek Epic, Tragedy, and Philosophy*, Clarendon Press, 1996.

Claus, D., *Toward the Soul*, Yale University Press, 1981.

Cooper, J., "Plato's Theory of Human Motivation", *History of Philosophy Quarterly*, 1984. reprinted in *Reason and Emotion: Essays on Ancient Moral Psychology and Ethical Theory*, 1999.

_____, "The Psychology of Justice in Plato's Republic", in *Classical Philosophy: Collected Papers, : Plato's Ethics*, Terence Irwin(ed.), A Garland Series, 1995.

_____, *Reason and Human Good in Aristotle*, Cambridge, 1977.

Cornford, F.M., "Was the Ionian Philosophy Scientific?", from *Studies in Presocratic Philosophy*, vol. 1, Allen, R.E. and Furly, D.J(ed), 1970.

_____, *From Religion to Philosophy*, 『종교에서 철학으로』, 남경희 옮김, 이화여대출판부, 1995.

_____, *Principium Sapientiae: The Origins of Greek Philosophical Thought*, W.K.C. Guthrie(ed), Peter Smith, 1971.

Cross, R.C., & Woozley, A.D., *Plato's Republic: A Philosophical Commentary*, Macmillan, 1979.

Diels, H. & Kranz, W. [=DK], *Die Fragmente der Vorsokratiker*, Weidmann, 1952.

Diogenes Laertius[=DL], *Lives of Eminent Philosophers 1*, The Loeb Classical Library 184, Harvard University Press, 1925.

_____, *Lives of Eminent Philosophers 2*, The Loeb Classical Library 185, Harvard University Press, 1925.

Dodds, E. R., *The Greeks and The Irrational*,『그리스인들과 비이성적인 것들』, 주은영 외 옮김, 까치, 2002.

Easterling & Muir, *Greek Religion and Society*, Cambridge University Press, 1985.

Epictetus[=Epict.], *The Discourses as Reported by Arrian[=Diss.], The Manual[=Ench.], and Fragments*, tr. by Oldfather, W.A., The Loeb Classical Library, Harvard University Press, 1928.

_____,『왕보다 더 자유로운 삶』, 김재홍 옮김, 서광사, 2013.

Eschenbach, A.C., *Orphei Argonautica[=Orph. Argo.], Hymni[=Orph. Hym.] Et De Lapidibus* (1689: Latin Edition), Kessinger Publishing, 2010.

Euripides[=Eur.], *Cyclops[=Cyc.], Alcestis[=Alc.], Medea[=Med.]*, tr. by David Kovacs, The Loeb Classical Library 12, Harvard University Press, 1994.

_____, *Trojan Women[=Tro.], Iphigeneia among the Taurians[=IT], Ion*, tr. by David Kovacs, The Loeb Classical Library 10, Harvard University Press, 1999.

_____, *Suppliant Women[=Supp.]. Electra[=El.]. Heracles[=Her.]*, tr. by David Kovacs, The Loeb Classical Library 9, Harvard University Press, 1998.

_____, *Helen[=Hel.], Phoenician Women[=Phoen.], Orestes[=Or.]*, tr. by David Kovacs, The Loeb Classical Library 5, Harvard University Press, 2002.

_____, *Children of Heracles. Hippolytus[=Hipp]. Andromache[=Andr]*, tr. by David Kovacs, The Loeb Classical Library 484, Harvard University Press, 1995.

_____, 『에우리피데스 비극』, 천병희 옮김, 단국대출판부, 1998.

Faulkner, Andrew; Schwab, Andreas; Vergados, Athanassios, *The Reception of the Homeric Hymns*, Oxford University Press, 2016.

Finley, J.H., *Homer's Odyssey*, Harvard University Press, 1979.

Foucault, M., "Politics and Reason", *Michel Foucault: Politics, Philosophy, Culture*, ed. Kritzman, L.D., Routledge, 1988.

_____, *Ethics: Subjectivity and Truth*, vol. 1, ed. Paul Rabinow, New York, 1984.

_____, *Fearless Speach*, ed. Joseph Pearson, Los Angeles, 2001.

_____, *L'hermeneutique de sujet*, 『주체의 해석학』, 동문선, 2001.

_____, *Technology of the Self*, eds. Luther H. Martin, Huck Gutman, and Patrick H. Hutton, 『자기의 테크놀로지』, 이희원 옮김, 동문선, 1988.

_____, *The Use of Pleasure: The History of Sexuality*, vol. 2. 『성의 역사』 제2권, 신은영, 문경자 옮김, 나남출판사, 1990.

Frankel, Hermann, *Early Greek Poetry and Philosophy*, tr. by Moses Hadas and James Willis, Harcourt Brace Jovanovich, 1975.

Frankfort, Henri, et al. *Before Philosophy: the Intellectual Adventure of Ancient Man*, Penguin Books Ltd, 1949.

Frede, Michael, "On Aristotle's Conception of the Soul", from *Essays on Aristotle's De Anima*, Nussbaum M. C. (ed), Clarendon Press, 1992.

Furly, D.J. *The Greek Cosmologists*, Cambridge University Press, 1987.

_____, *Two Studies in the Greek Atomists*, Princeton University Press, 1967.

Gerson, L.P., *God and Greek Philosophy*, Routledge, 1994.

Gorman, Peter. *Pythagoras: A Life*, Routledge & Kegan Paul, 1979.

Green, W.C., *Moira: Fate, Good, Evil in Greek Thought*, Harvard University

Press, 1963.

Griswold, C.L., *Self-Knowledge in Plato's Phaedrus*, Yale University Press, 1968.

Griswold, C.Jr., "Platon's Metephilosophy: Why Platon wrote Dialogues", from *Platon: Critical Assessments*, Routledge, 1998.

Guthrie, K. S.(tr.), *The Pythagorean Sourcebook and Library*, Phanes Book, 1987.

Guthrie, W.K.C., *A History of Greek Philosophy*, Cambridge, 1965.

_____(1952), *Orpheus and Greek Religion*, Princeton University Press, 1993.

_____, *The Greeks and Their Gods*, Methuen & Co. LTD., 1950.

Hadot, P., *Philosophy as a Way of Life: Spiritual Exercises from Socrates to Foucault*, trans. Chase, M., Blackwell, 1995.

_____, *Qu'est que la Philosophie Antique?*, 『고대철학이란 무엇인가?』, 이세진 옮김, 이레, 2008.

Halliwell, S. ed. & trans., *Aristotle Poetics*, Cambridge, 1995.

Harrison, Jane Ellen, *Prolegomena to the Study of Greek Religion*, London, Merlin Press, 1980.

_____, *Themis*, The World Publishing Company, 1912.

Havelock, Eric., *Preface to Plato*, Harvard University Press, 1963.

Hesiod[=Hes.], *Homeric Hymns[=Hom. Hymn]. Homeric Apocrypha. Lives of Homer*, tr. by M. L. West, The Loeb Classical Library 496, 2003.

_____, *The Homeric Hymns: A Translation, with Introduction and Notes*, Rayor, Diane J., University of California Press, 2014.

_____, *The Homeric hymns: interpretative essays*, Andrew Faulkner, Oxford University Press, 2011

_____, *Theogony[=Theo.]*(*Theogonia*), edited with Prolegomena and Commentary by M.L. West, Clarendon Press, 1966.

_____, *Theogony, Works and Days, Testimonia* tr. by Glenn W. Most, The Loeb Classical Library 57, Harvard University Press, 2007.

_____, *Works and Days[=EH]*(*Ergai kai hemerai*), edited with Prolegomena and Commentary by M.L. West, Clarendon Press, 1978.

Homeros[=Hom.], *Homeri Opera*, rec. T. W. Allen, I-II, Oxford, 1956.

_____, *Homeri Opera*, rec. T. W. Allen, III-IV, Oxford, 1917-1919.

_____, *The Iliad[=Il.]: Volume I, Books 1-12*, tr. by William F. Wyatt, The Loeb Classical Library 170, 1924.

_____, *The Iliad[=Il.]: Volume II, Books 13-24*, tr. by A. T. Murray, The Loeb Classical Library 171, 1925.

_____, 『일리아스』, 천병희 옮김, 단국대학교 출판부, 1996.

_____, *The Odyssey[=Od.]: Books 1-12*, tr. by George E. Dimock, The Loeb Classical Library 104, 1919.

_____, *The Odyssey[=Od.]: Books 13-24*. tr. by George E. Dimock, The Loeb Classical Library 105, 1919.

_____, 『오뒤세이아』, 천병희 옮김, 단국대학교 출판부, 1996.

Hussey, Edward, "Heraclitus on Living and Dying", *The Monist* 74, 1991.

Iamblicus[=Iambl.], *The Life of Pythagoras[=VP]*, tr. by Thomas Taylor, Theosophical Publishing, 1918.

Irwin, T. H. *Plato's Ethics*, Oxford, 1995.

Joseph, H.W.B., "Plato's *Republic*: The Argument with Thrasymachus", from *Classical Philosophy: Collected Papers*, Terence Irwin(ed.), A Garland Series, 1995.

Kahn, C.H., "Platon's Theory of Desire", *Review of Metaphysics* 44, 1987.

＿＿＿, "Pytagorean Philosophy before Platon", Mourelatos, A.P.D. (ed), *The Pre-socratics, a Collection of Critical Essays*, Anchor Press, 1974.

＿＿＿, *Pythagoras and the Pythagoreans: a brief history*, Hackett Pub., 2001.

Kerenyi, Karl, *Dionysos: Archetypal Image of Indestructible Life*, Princeton U.P., 1976.

＿＿＿, *The Gods of the Greeks*, Thames and Hudson, 1951.

＿＿＿, *The Gods of the Greeks*, 『그리스 신화: I. 신들의 시대』, 장영란, 강훈 옮김, 궁리, 2002.

＿＿＿, *The Heroes of The Greeks*, Thames and Hudson, 1959.

Kern, Otto, *Orphicorum Fragmenta[=Orph. frag.]*, Berlin, 1922.

Keyt, D., "Three Basic Theorems in Aristotle's Politics", *A Companion to Aristotle's Politics*, David Keyt & Fred D. Miller Jr.(ed), Basil Black-well, 1991.

Kirk, G.S., Raven, J.E. and Schofield, M., *The Presocratic Philosophers*, Cambridge University Press, 1984.

Kirk, G.S., *Heraclitus: the Cosmic Fragments*, Cambridge, 1954.

Kirwan, C.A., "Glaucon's Challenge", from *Classical Philosophy: Collected Papers*, Terence Irwin(ed.), A Garland Series, 1995.

Knox, B., *The Heroic Temper*, University of Califonia Press, 1966.

Kraut, R., "Reason and Justice in Plato's Republic", in *Classical Philosophy: Collected Papers: Plato's Ethics*, Terence Irwin(ed.), A Garland Series, 1995.

＿＿＿, "The Defence of Justice in Plato's *Republic*", in *The Cambridge Companion to Plato*, Cambridge, 1992.

Kullmann, W., "Man as a Political Animal in Aristotle", *A Companion to Aristotle's Politics*, David Keyt & Fred D. Miller Jr.(ed), Basil Blackwell, 1991.

Kurt von Fritz, "Nous, Noein, and their Drivatives in Pre-Socratic Philosophy", from *The Pre-socratics, a Collection of Critical Essays*, Mourelatos, A.P.D. (ed), Anchor Press, 1974.

Lang, H. S., "On Memory: Aristotle's Corrections of Plato", *Journal of the History of Philosophy*, 1982.

Mansion, S., "Soul and life in the De Anima", in *Aristotle on mind and the senses*, G.E.R. Lloyd / G. E. L. Owen(ed), Cambridge University Press, 1978.

Mattews, G. B., "De Anima 2. 2-4 and the Meaning of Life", from *Essays on Aristotle's De Anima*, Nussbaum M. C. (ed), Clarendon Press, 1992.

McDowell, J., "The Role of Eudaimonia in Aristotle's Ethics", *Essays on Aristotle's Ethics*, A. O. Rorty (ed), University of California Press, 1980.

Mikalson, Jon D., *Honor Thy Gods Popular Religion in Greek Tragedy*, Chapel Hill / London, 1991.

Miller, F.D., "Plato on the Parts of the Soul" in *Plato: Critical Assessments vol.3*, ed. Nicholas D. Smith, Routledge, 1998.

Moravcsik, Julius M.E., "Learning as Recollection" in *Plato: A Collection of Critical Essays*. vol. 1, *Metaphysics and Epistemology*, edited by Gregory Vlastos, Anchor Books, 1970.

Mourelatos, A.P.D. (ed), *The Pre-socratics, a Collection of Critical Essays*, Anchor Press, 1974.

Neel, Jasper, *Plato, Derrida and Writing*, Southern Illinois University Press,

1988.

Nettleship, R.L., *Lectures on the Republic of Plato*, Macmillan, 1958.

Nietzsche, F., *Die Geburt der Tragodie aus dem Geist der Musik*, 『비극의 탄생』, 이진우 옮김, 책세상, 2005.

Nussbaum, M.C, "Philosophy and Literature", from *The Cambridge Companion to Greek and Roman Philosophy*, ed. David Sedley, Cambridge University Press, 2003.

_____, "Psyche in Heraclitus I", *Phronesis* 17, 1972.

_____, "Psyche in Heraclitus II", *Phronesis* 17, 1972.

_____, *The Fragility of Goodness*, Cambridge University Press,1986.

Ong, Walter, J., *Rhetoric, Romance, and Technology: Studies in the Interaction of Expression and Culture*, Cornell University Press, 1971.

Onians, R.B., *The Origins of European Thought*, Cambridge University Press, 1954.

Ovid, *Metamorphoses* [=Ov. *Met.*], The Loeb Classical Library 42, 43, Harvard University Press, 1984.

Owens, J., "The Self in Aristotle", *Review of Metaphysics*, 1988.

Pausanias[=Paus], *Description of Greece(Periegeta)*, The Loeb Classical Library 93, Harvard University Press, 1918.

Penner, T.M., "Platon and Davison: Parts of the Soul and Weakness", from *Classical Philosophy Collected Papers: Plato's Ethics*, Terence Irwin(ed.), A Garland Series, 1995.

Pindar, *Olympian Odes[=Pind. Ol.]*, *Pythian Odes[=Pind. Pyth.]*, The Loeb Classical Library 56, Harvard University Press, 1977.

Plato[=Pl.], *Plato's Meno*, tr. by Bluck, R. S., Cambridge University Press,

1961.

_____, *The Republic of Plato*, James Adam(ed), Cambridge University Press, 1902.

_____, *The Republic[=Resp.]*, tr. by Chris Emlyn-Jones, William Preddy, The Loeb Classical Library 237, 276, Harvard University Press, 1971.

_____, *Politeia*, 『국가』, 박종현 옮김, 서광사, 1997.

_____, *Plato's Phaedrus=[Phdr.]*, Cambridge University Press,1952.

_____, *Plato's Phaedrus*, tr. by Hackforth, R., Cambridge University Press, 1972.

_____, 『파이드로스』, 조대호 역해, 문예출판사, 2008.

_____, *Timaeus[=Ti.]*, *Critias*, *Cleitophon*, *Menexenus*, *Epistles*, tr. by R. G. Bury, The Loeb Classical Library 234, Harvard University Press,

_____, *Plato's Cosmology: The Timaeus of Plato*, F. M. Cornford (trans), Routledge & Kegan Paul, 1937.

_____, *A Commentary on Plato's Timaeus*, Taylor, A.E.A.(ed), Clarendon Press, 1928.

_____, 『티마이오스』, 박종현, 김영균 옮김, 서광사. 2000.

_____, *Euthyphro[=Euthyphr.]*, *Apology[=Ap.]*, *Crito[=Cri.]*, *Phaedo[=Phd.]*, *Phaedrus[=Phdr.]*, tr. by Fowler, H.N., The Loeb Classical Library 38, Harvard University Press, 1999.

_____, 『에우티프론, 소크라테스의 변론, 크리톤, 파이돈』, 서광사, 2003.

_____, *Theaitetos[=Tht.]*. *Sophist[=Sop.]*, tr. by Fowler, H.W., The Loeb Classical Library 165, Harvard University Press, 1921.

_____, *Laches[=La] Protagoras[=Prt.]*, *Meno*, *Euthydemus[=Euthyd]*, tr. by W.R.M. Lamb, The Loeb Classical Library 165, Harvard University

Press, 1924.

_____, *Lysis[Lys.]. Symposium[=Symp.]. Gorgias[=Grg.]*, tr. by W.R.M. Lamb, The Loeb Classical Library 166, Harvard University Press, 1925.

_____, *Laws[=Leg(Leges)]*, 1-6, 7-12, tr. by R.G. Bury, The Loeb Classical Library 187, 192, Harvard University Press, 1926.

_____, 『법률』, 박종현 옮김, 서광사, 2009.

_____, *Charmides[=Charm.], Alcibiades[=Alc.] 1 & 2, Hipparchus[=Hipparch], The Lovers, Theages, Minos, Epinomis[=Epin.]*, The Loeb Classical Library 201, Harvard University Press, 1927.

Reeve, C.D.C., *Socrates in the Apology: An Essay on Plato's Apology of Socrates*, Hackett Publishing Company, 1989,

Regnell, H., *Ancient Views on the Nature of Life*, CWK Gleerup, Lund, 1967.

Richardson, N.J, "Early Greek Views about Life after Death", in *Greek Religion and Society*, eds. P.E. Easterling and J.V. Muir, Cambridge University Press, 1985.

Robb, Kevin, "Psyche and Logos in the Fragments of Heraclitus", *The Monist* 69, 1986.

Robinson, J.M., *An Introduction to Early Greek Philosophy*, Houghton Mifflin Company, 1968.

Robinson, T.M., "Heraclitus on Soul", in Capp, D and MacIntosh JoJa(edd.), from *New Essays in the Philosophy of Mind, Canadian Journal of Philosophy*, supp. vol. II, 1985.

_____, *Heraclitus: Fragments*, University of Toronto Press, 1987.

Rohde, E., *Psyche: The Cult of Souls and Belief in Immortality among the Greeks*, tr. by W. B. Hillis 8th ed. New York, Harper Torchbooks,

1966.

Rorty, A.O., "The Place of Contemplation in Aristotle's Nicomachean Ethics", in *Essays on Aristotle's Ethics*, University of California Press, 1980.

Ross, D., *Aristotle*, London, 1923.

Schofield, Malcom, *An essays on Anaxagoras*, Cambridge University Press, 1980.

Segal, Charles, *Orpheus: The Myth of Poet*, Johns Hopkins University, 1989.

Sellas, J., *The Art of Living*, Ashgate Publishing, 2003.

Snell, Bruno, *Die Entdeckung des Geistes, The Discovery of the Mind*, tr. by T.G. Rosenmeyer, Cambridge University Press, 『정신의 발견: 서구적 사유의 그리스적 기원』, 김재홍 옮김, 까치, 1994.

Sophocles[=Soph.], *Ajax[=Aj.], Electra[=El.], Oedipus Tyrannus[=OT]*, tr. by Huge Lloyd-Jones, The Loeb Classical Library 20, Harvard University Press, 1994.

_____, *Antigone[=Ant.], The Women of Trachis[=Trach.], Philoctetes[=Phil.], Oedipus Colonus[=OC]*, tr. by Huge Lloyd-Jones, The Loeb Classical Library 21, Harvard University Press, 1994.

_____, 『소포클레스 비극』, 천병희 옮김, 단국대학교출판부, 1998.

Stoke, M.C., *Plato: Apology*, Warminster, 1997.

Vernant, J. P., *Mythe & pensee chez les Grecs, Myth and Thought among the Greeks*, Routledge and Kegan Paul, 1985.

_____, 『그리스인들의 신화와 사유』, 박희영 옮김, 아카넷, 2005.

_____, J. P., *Mortals and Immortal*, ed. Froma I. Zeitlin, Princeton University Press, 1991.

Vlastos, G., *Plato: A Collection of Critical Essays*, University of Notre Dame Press, 1978.

_____, *Platonic Studies*, Princeton University Press, 1981.

_____, "Justice and Happiness in the Republic", from Plato, vol. 2, *Ethics, Politics, and Philosophy of Art and Religion*, Anchor Books, 1971.

Vogel C.J., *Pythagoras and Early Pythagoreanism*, Assen and New York, 1966..

Warden, John, *Orpheus: The Metamorphoses of a Myth*, University of Toronto Press, 1982.

West, M.L., *The Orphic Poems*, Clarendoon Press, 1983.

Wilcok, Joel, "Barbarian Psyche in Heraclitus", *The Monist*, 1991.

Williams, B., "The Analogy of City and Soul in Plato's Republic" from *Exegesis and Argument: Studies in Greek Philosophy Presented to Gregory Vlastos*, E. N., Lee, Alexander P. D. Mourelatos and R.M. Rorty(ed.), Assen, Netherlands, 1973.

Woods, M., "Plato's Division of Soul", from *Classical Philosophy: Collected Papers, : Plato's Ethics*, Terence Irwin(ed.), A Garland Series, 1995.

Wright, M.R., *Empedocles: The Extant Fragments*, Yale University Press, 1981.

[본문출처]

* 저자가 기존에 연구하여 발표했던 다음의 논문들이 이 책의 토대가 되었다.

장영란, "고대 그리스 철학 이전의 영혼 개념", 『철학연구』, 2004.

장영란, "기억과 상기의 신화와 철학", 『철학과 현상학 연구』, 2010.

장영란, "오르페우스교와 피타고라스학파의 영혼윤회설", 『철학과 현상학 연구』, 2005.

장영란, "플라톤의 영혼의 글쓰기와 윤리적 치유", 『철학연구』, 2009.

장영란, "플라톤의 영혼의 돌봄과 윤리적 삶의 방식", 『철학과 문화』, 2009.